Tumpel

Steuern kompakt 2022

Steuern kompakt 2022

Eine Einführung in die Steuerlehre

Dr. Michael Tumpel
Universitätsprofessor in Linz

Bibliografische Information der Deutschen Nationalbibliothek

Die Deutsche Nationalbibliothek verzeichnet diese Publikation in der Deutschen Nationalbibliografie; detaillierte bibliografische Daten sind im Internet über http://dnb.d-nb.de abrufbar.

Hinweis: Aus Gründen der leichteren Lesbarkeit wird auf eine geschlechtsspezifische Differenzierung verzichtet. Entsprechende Begriffe gelten im Sinne der Gleichbehandlung für alle Geschlechter.

ISBN 978-3-7073-4490-5 (Print)
ISBN 978-3-7094-1208-4 (E-Book-PDF)
ISBN 978-3-7094-1209-1 (E-Book-ePub)

© Linde Verlag Ges.m.b.H., Wien 2022
1210 Wien, Scheydgasse 24, Tel.: 01/24 630
www.lindeverlag.at
Druck: Hans Jentzsch & Co GmbH
1210 Wien, Scheydgasse 31
Dieses Buch wurde in Österreich hergestellt.

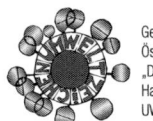

Gedruckt nach der Richtlinie des Österreichischen Umweltzeichens „Druckerzeugnisse", Druckerei Hans Jentzsch & Co GmbH, UW-Nr. 790

PRINTED IN AUSTRIA

Vorwort

Steuern kompakt soll einen möglichst umfassenden und zugleich konzentrierten Einblick in das österreichische und internationale Steuerrecht geben. Gleichzeitig sollen die Wirkungen der Steuern auf unternehmerische Entscheidungen gezeigt werden. Das Buch dient als Arbeitsunterlage für Studierende der Betriebswirtschaftslehre und Wirtschaftswissenschaften. Der Aufbau ist so gewählt, dass ein Überblick über die Grundlagen sowohl des materiellen Steuerrechts als auch des Verfahrensrechts erworben werden kann. Im Mittelpunkt steht der Einfluss von Steuern auf das Rechnungswesen, die Rechtsform- und Standortwahl.

Das Buch ist die Literaturunterlage für den Kurs „Steuern" an der Johannes Kepler Universität Linz. Die vorliegende Fassung stellt eine Erweiterung und Überarbeitung der ursprünglichen Fassungen dar. Die Ausgabe Steuern kompakt 2022 basiert auf dem Stand des Steuerrechts zu Beginn des Jahres 2022, insbesondere die jüngsten Änderungen durch das COVID-19-Steuermaßnahmengesetz und das BGBl I 2021/227 sowie das Ökosoziale Steuerreformgesetz 2022 Teil I, welches im Zeitpunkt der Drucklegung als Regierungsvorlage vorlag, aber noch nicht beschlossen war. Das Konzept, die Wissensvermittlung möglichst benutzerfreundlich zu gestalten und gleichzeitig einen ausreichenden Überblick über die Maßgeblichkeit der Besteuerung für betriebliche Entscheidungen zu geben, wurde wie in den Vorauflagen beibehalten. Wiederholungsfragen dienen der selbständigen Überprüfung des Gelesenen. Am Ende jedes Kapitels finden sich Richtig/Falsch-Fragen mit Lösungen, welche zur Prüfungsvorbereitung genutzt werden können.

An der Gestaltung haben gegenwärtige und frühere Mitarbeiterinnen und Mitarbeiter des Instituts für betriebswirtschaftliche Steuerlehre der Johannes Kepler Universität Linz mitgewirkt (an der aktuellen Ausgabe Gernot Aigner, Peter Bräumann und Marina Luketina). Ihnen sei an dieser Stelle herzlich gedankt.

Linz, im Februar 2022   *Michael Tumpel*

Inhaltsverzeichnis

Steuern 2022

Das österreichische **Steuerrecht** ist einem ständigen und raschen Wandel unterworfen. Änderungen des wirtschaftlichen Umfelds, die Schaffung neuer Steuerquellen zur Erzielung zusätzlichen Aufkommens, das Schließen von Steuerlücken, die Anpassung an Vorgaben der Europäischen Union, die Reaktion auf die Rechtsprechung der Höchstgerichte und viele weitere Gründe sind für die schnelle Abfolge immer neuer Steuergesetze ausschlaggebend. Jährlich fünf bis sechs Gesetze (zB Abgabenänderungsgesetze, Steuerreformgesetze, Budgetbegleitgesetze), durch welche einzelne steuerrechtliche Bestimmungen oder ganze Steuergesetze geändert werden, sind keine Seltenheit.

Steuerrecht im Wandel

Wer seine steuerliche Belastung erkennen und planen will, muss daher den jeweils **aktuellen Stand des Steuerrechts** wissen. Aus diesem Grund ist die laufende Anpassung von Fachbüchern an neue Steuergesetze notwendig. Die aktuelle Ausgabe dieses Buches berücksichtigt den für 2022 maßgeblichen Stand des österreichischen Steuerrechts.

Aktueller Stand des Steuerrechts

Um sich im Dickicht der sich ständig ändernden Steuergesetze zurechtzufinden, ist es notwendig, die **Grundbegriffe** der Steuern und die Grundsätze der wesentlichsten **Steuerarten** zu kennen. Diese werden in den Kapiteln 1 und 2 beschrieben.

Grundbegriffe und Steuerarten

Das österreichische Steuersystem ist **nicht entscheidungsneutral**. Die Rangordnung privater und unternehmerischer Entscheidungsalternativen kann sich durch die Besteuerung verändern. Die Kapitel 3 bis 6 widmen sich besonders Fragen, die im Rahmen der Unternehmensbesteuerung aus dem Blickwinkel der betriebswirtschaftlichen Steuerlehre bedeutsam sind, nämlich wie sich Steuerwirkungen quantifizieren lassen (Kapitel 3), wie die steuerliche Gewinnermittlung ausgestaltet ist (Kapitel 4), welchen Einfluss die Besteuerung auf die Wahl der Rechtsform (Kapitel 5) und auf die Standortwahl hat (Kapitel 6).

Steuersystem nicht entscheidungsneutral

1. Grundbegriffe der Steuern

Die folgende **Begriffsklärung** dient als Ausgangspunkt für die nachfolgenden Erläuterungen der Steuerarten und der betriebswirtschaftlichen Konsequenzen der Besteuerung. Überdies soll die Kenntnis der Grundbegriffe des Steuerrechts und der betriebswirtschaftlichen Steuerlehre die Anwendung der Steuergesetze erleichtern.

Begriffsklärung

1.1. Abgaben

Abgaben[1] wird als Oberbegriff für alle Geldleistungen verwendet, die von Gebietskörperschaften kraft öffentlichen Rechts zur Erzielung von Einnahmen auferlegt werden. Innerhalb der Abgaben wird zwischen Steuern, Beiträgen und Gebühren unterschieden.

Abgaben

1.1.1. Abgabenarten

1.1.1.1. Steuern

Steuern sind Geldleistungen an Gebietskörperschaften, denen eine unmittelbare Gegenleistung nicht gegenübersteht (zB Einkommensteuer, Körperschaftsteuer, Umsatzsteuer). Die Steuerpflicht entsteht somit **unabhängig von der Nutzung** öffentlicher Leistungen aufgrund der Verwirklichung des Steuertatbestandes.

Steuern

1.1.1.2. Beiträge

Beiträge sind Geldleistungen, die demjenigen auferlegt werden, der an der Errichtung oder Erhaltung einer öffentlichen Einrichtung ein besonderes Interesse hat (zB Anliegerbeiträge für die Straßenerrichtung). Davon zu unterscheiden sind Beiträge an andere öffentlich-rechtliche Körperschaften (zB Sozialversicherungsbeiträge). Beiträge werden erhoben, wenn die **Möglichkeit zur Nutzung** öffentlicher Leistungen besteht.

Beiträge

1.1.1.3. Gebühren

Als **Gebühren** werden öffentlich-rechtliche Entgelte für eine besondere, vom Bürger unmittelbar in Anspruch genommene Leistung einer Gebietskörperschaft bezeichnet (zB Wasser-, Kanal- oder Müllabfuhrgebühren). Gebühren fallen somit bei **tatsächlicher Nutzung** öffentlicher Leistungen an. Dagegen sind Gebühren nach dem Gebührengesetz 1957 Steuern, weil diese ohne unmittelbare Gegenleistung der Gebietskörperschaft entrichtet werden müssen, auch wenn Stempelgebühren (zB Ausstellung von Reisepässen) im Zusammenhang mit der Inanspruchnahme von Verwaltungsbehörden erhoben werden.

Gebühren

---

[1]   vgl Doralt/Ruppe I, 12. Auflage, Tz 3

1.1.2. Abgrenzung der Abgabenarten

Abgrenzungsmerkmale

Die drei Abgabenarten werden durch folgende Kriterien abgegrenzt:

1.1.2.1. Höhe der Abgaben

Opfertheorie

Die Höhe der Steuern richtet sich entsprechend der **Opfertheorie** nach der jeweiligen Leistungsfähigkeit des Einzelnen, zur Erfüllung der Staatsaufgaben beizutragen. Personen mit höherem Einkommen oder größerem Vermögen kann daher bei Unterstellung einer fallenden Nutzenfunktion eine sowohl absolut als auch relativ höhere Steuerbelastung abverlangt werden (vgl progressiver Steuertarif). Aus diesem Grund steigt beispielsweise der Einkommensteuersatz mit der Höhe des Einkommens. Mit steigendem Einkommen steigt die Einkommensteuer nicht nur absolut, sondern auch relativ.

Äquivalenztheorie

Nach der **Äquivalenztheorie** wird bezüglich der Höhe von Gebühren und Beiträgen eine Gleichwertigkeit von Leistung und Gegenleistung angestrebt. Für Gebühren gilt das individuelle, für Beiträge das gruppenbezogene Kostendeckungsprinzip.

1.1.2.2. Zweckbindung

Keine Zweckbindung von Steuern

Das Aufkommen allgemeiner Steuern (zB Einkommensteuer, Umsatzsteuer) unterliegt **keiner Zweckbindung**. Es steht der Finanzierung sämtlicher Staatsaufgaben zur Verfügung. Ausnahmsweise kann eine solche Zweckbindung (zB Dienstgeberbeitrag zum Familienlastenausgleichsfonds) jedoch vorgesehen sein. Überdies verfügt das Finanzausgleichsgesetz eine Widmung von Teilen des Einkommensteuer-, Körperschaftsteuer- und Umsatzsteueraufkommens (zB Dotierung des Katastrophenfonds).

Zweckbindung von Gebühren und Beiträgen

Der Ertrag aus der Erhebung von Gebühren und Beiträgen dient hingegen zur **Finanzierung bestimmter öffentlicher Leistungen**.

1.2. Steuersystem

Steuersystem

Als **Steuersystem** lassen sich alle in einem Staat erhobenen Steuern, ihre wechselseitigen Beziehungen sowie die Grundsätze ihrer Ausgestaltung bezeichnen.

Das Steuersystem lässt sich unter verschiedenen Aspekten darstellen. Nachfolgend werden aus der Vielzahl von Gesichtspunkten vier Merkmale näher beschrieben.

1.2.1. Steuerarten

1.2.1.1. Direkte und indirekte Steuern

Direkte Steuern

Als **direkte Steuern** werden diejenigen bezeichnet, bei denen Steuerzahler und Steuerträger (vgl 1.3.1.) nach der Absicht des Gesetzgebers identisch sind. Die

Steuer wird unmittelbar beim Steuerträger erhoben (zB Einkommen- und Körperschaftsteuer).

Bei **indirekten Steuern** wird typisierend davon ausgegangen, dass der Steuerzahler die Steuerbelastung auf den beabsichtigten Steuerträger überwälzen kann. Der Steuerträger wird bloß mittelbar erfasst (zB Umsatzsteuer, spezielle Verbrauchsteuern wie Tabaksteuer, Alkoholabgabe etc). Die Überwälzbarkeit hängt jedoch von der Marktsituation (Elastizität der Nachfrage) ab. Kann etwa der Unternehmer eine Verbrauchsteuer nicht durch einen erhöhten Preis auf den Konsumenten abwälzen, so mindert die Steuer sein Einkommen.

Indirekte Steuern

1.2.1.2. Personen- und Sachsteuern

Bei **Personensteuern** werden der Steuergegenstand und die Steuerhöhe (Bemessungsgrundlage, Steuersätze, Freibeträge, etc) durch personenbezogene Merkmale (Wohnsitz, Alter, Familienstand, etc) bestimmt (zB bei der Einkommensteuer).

Personensteuern

Sachsteuern sind solche, bei denen die Steuer (Steuergegenstand und Steuerhöhe) anhand objektbezogener Merkmale (Art, Alter, Größe eines Gegenstandes oder einer Leistung) bestimmt wird (zB Mineralölsteuer, Energieabgaben, Tabaksteuer).

Sachsteuern

1.2.1.3. Abschnittssteuern und einmalig erhobene Steuern

Abschnittssteuern erfassen periodisch in bestimmten Zeitabschnitten (zB jährlich, vierteljährlich, monatlich) verwirklichte Steuertatbestände (zB erzieltes Einkommen). Die Besteuerungsabschnitte folgen einander lückenlos (zB Einkommensteuer, Umsatzsteuer).

Abschnittssteuern

Einmalige Steuern werden im Anschluss an die Verwirklichung einzelner Tatbestände erhoben (zB Grunderwerbsteuer nach Erwerb eines inländischen Grundstücks).

Einmalige Steuern

1.2.1.4. Veranlagungs- und Selbstbemessungssteuern

Veranlagungssteuern werden aufgrund von Steuererklärungen nach Durchführung eines förmlichen Verfahrens durch Steuerbescheide festgesetzt und sind danach zu entrichten (zB Einkommensteuer, Körperschaftsteuer).

Veranlagungssteuern

Selbstbemessungssteuern sind Steuern, die vom Steuerpflichtigen selbst berechnet und ohne bescheidmäßige Festsetzung abgeführt werden. Die Lohnsteuer und Kapitalertragsteuer sind Selbstbemessungsabgaben, die nicht vom Schuldner, sondern einem Dritten (Arbeitgeber, Bank) zu berechnen und abzuführen sind. Die Umsatzsteuer ist hinsichtlich der (monatlichen bzw. quartalsweisen) Vorauszahlungen eine Selbstbemessungssteuer.

Selbstbemessungssteuern

1.2.2. Aufkommensverteilung

1.2.2.1. Finanzverfassung

Finanz-Verfassungsgesetz

Die Kompetenzverteilung auf dem Gebiet des Steuerwesens ist gem Art 13 Bundes-Verfassungsgesetz dem **Finanz-Verfassungsgesetz (F-VG)** vorbehalten, das die finanziellen Beziehungen zwischen dem Bund, den Ländern und den Gemeinden regelt.

Finanzausgleichsgesetz

Das F-VG überlässt dem (einfachen) Bundesgesetzgeber die Regelung der Zuständigkeiten auf dem Gebiet des Steuerwesens, der durch das zwischen dem Bund und den anderen Gebietskörperschaften paktierte **Finanzausgleichsgesetz (FAG)** die Besteuerungsrechte verteilt. Bei der Verteilung der Besteuerungsrechte hat sich der Bundesgesetzgeber an der Verteilung der Lasten der öffentlichen Verwaltungen und der Leistungsfähigkeit der Gebietskörperschaften zu orientieren.

Abgabentypen

Die Verteilung der Besteuerungsrechte wird formal im Hinblick auf die Ertragshoheit insbesondere anhand der folgenden in § 6 F-VG vorgesehenen **Abgabentypen** vorgenommen:

- Ausschließliche Bundesabgaben (Erhebung und Ertrag: Bund; zB Energieabgaben, Kapitalverkehrsteuern, Versicherungssteuer)
- Gemeinschaftliche Bundesabgaben (Erhebung: Bund; Ertrag: Bund, Länder und Gemeinden; zB Einkommensteuer, Körperschaftsteuer, Umsatzsteuer)
- Ausschließliche Landesabgaben (Erhebung und Ertrag: Länder; zB Fremdenverkehrsabgaben, Vergnügungssteuern)
- Ausschließliche Gemeindeabgaben (Erhebung und Ertrag: Gemeinden; zB Grundsteuer, Kommunalsteuer, Hundesteuer, Benützungsgebühren)

1.2.2.2. Finanzausgleichsgesetz

Verteilung der Besteuerungsrechte

Im Finanzausgleichsgesetz (FAG) wird über die **Verteilung der Besteuerungsrechte** derart entschieden, dass unter Wahrung der Abgabentypen Abgabentatbestände festgelegt werden.

Verteilung des Aufkommens

Die **Verteilung des Aufkommens** der gemeinschaftlichen Bundesabgaben auf Bund, Länder und Gemeinden regelt ebenfalls das FAG. Die Verteilung auf die Länder und in einem weiteren Schritt auf die Gemeinden wird nach einem Bevölkerungsschlüssel vorgenommen, welcher sich aus dem von der Bundesanstalt Statistik Österreich festgestellten Bevölkerungsstand ableitet.

1.2.2.3. Aufkommen 2020

Abgabenerträge des Bundes laut Bundesrechnungsabschluss 2020 (Ergebnisrechnung) des Rechnungshofes vom 30.06.2021:

Bezeichnung	Erfolg 2020 (in Millionen Euro, gerundet)
Erträge aus Abgaben netto	**63.123,3**
I. Abgaben – brutto	**82.883,4**
Einkommen- und Vermögensteuern	**40.387,4**
Veranlagte Einkommensteuer	3.213,1
Lohnsteuer	27.755,7
EU-Quellensteuer	0,08
Kapitalertragsteuer	2.591,6
Körperschaftsteuer	6.511,6
Abgeltungsteuern aus internationalen Abkommen	−0,01
Stiftungseingangsteuer	15,8
Abgabe von Zuwendungen	−0,04
Wohnbauförderungsbeitrag	0,0
Kunstförderungsbeitrag	18,4
Abgabe von land- und forstwirtschaftlichen Betrieben	33,8
Bodenwertabgabe	6,0
Stabilitätsabgabe	241,9
Verbrauchs- und Verkehrsteuern	**41.993,4**
Umsatzsteuer	28.502,1
Tabaksteuer	1.983,4
Biersteuer	187,0
Alkoholsteuer	150,0
Schaumweinsteuer – Zwischenerzeugnissteuer	9,8
Mineralölsteuer	3.793,1
Energieabgaben	829,3
Normverbrauchsabgabe	440,5
Kraftfahrzeugsteuer	52,8
Motorbezogene Versicherungssteuer	2.605,6
Versicherungssteuer	1.239,7
Flugabgabe	31,6
Grunderwerbsteuer	1.331,9
Kapitalverkehrsteuer	0,2
Abgaben nach dem Glückspielgesetz	638,8
Werbeabgabe	93,5
Altlastenbeitrag	59,8
Digitalsteuer	43,1
Gebühren, Bundesverwaltungsabgaben und sonstige Abgaben	**502,6**
Gebühren und Bundesverwaltungsabgaben	460,2
Sonstige Abgaben, Resteingänge, Nebenansprüche und Kostenersätze	42,4

Bezeichnung	Erfolg 2020 (in Millionen Euro, gerundet)
II. Abgabenähnliche Erträge	**13.833,1**
Beiträge zur Arbeitslosenversicherung (ALV)	7.007,2
Beiträge zum Familienlastenausgleichsfonds (FLAF)	6.774,3
Sonstige Abgabenähnliche Erträge	51,6
III. Ab-Überweisungen	**–33.593,2**
Überweisungen an Gebietskörperschaften	**–24.824,9**
Ertragsanteile der Gemeinden	–10.078,1
Ertragsanteile der Länder	–14.746,8
Beitrag zur EU	**–3.548,6**
Überweisungen für Gesundheit und Soziales	**–2.651,4**
Steueranteil für Krankenanteilfinanzierung	–164,4
USt-Anteil für Gesundheitsförderung	–7,3
Für Gesundheits- und Sozialbereichs-Beihilfengesetz	–2.479,8
Überweisungen an Fonds	**–2.568,3**
Steueranteil für Siedlungswasserwirtschaft	–289,8
Ausgleichsfonds für Familienbeihilfen	–1.221,0
Katastrophenfonds	–424,7
Umsatzsteueranteil für Pflegefonds	–599,0
Lohnsteueranteil für Österreich-Fonds	–33,7

1.2.3. Einfluss auf unternehmerische Entscheidung

Keine Entscheidungs-neutralität

Die Besteuerung beeinflusst die unternehmerischen Entscheidungen in mehrfacher Weise. Das österreichische Steuersystem ist **nicht entscheidungsneutral** in dem Sinne, dass die Rangordnung unternehmerischer Entscheidungen durch die Besteuerung gleichbliebe. Die Steuern wirken sowohl auf die betriebliche Aufbau- als auch auf die Ablauforganisation.

Betrieblicher Erfolg

Der **betriebliche Erfolg** wird durch Gewinn- oder Ertragsteuern beeinflusst (Einkommensteuer und Körperschaftsteuer). Diese haben zudem Einfluss auf die Ausgestaltung des betrieblichen Rechnungswesens.

Betriebliche Leistungsfaktoren

Die Besteuerung beeinflusst die Kosten für den Einsatz **betrieblicher Leistungsfaktoren.**

- Produktionsfaktoren: zB Ertragsteuern (Abschreibungen); Energiesteuern (Elektrizität); Grunderwerbsteuer (Grundstücke)
- Arbeit: zB Lohnsteuer (Arbeitslohn und -gehalt); Sozialversicherungsbeiträge (Arbeitgeberanteil zur SV); Lohnnebenabgaben (Dienstgeberbeitrag zum Familienlastenausgleichsfonds, etc)
- Kapital: zB Ertragsteuern (Dividenden bzw Zinsen)

Betriebliche Absatzleistungen

Die Besteuerung hat auch Einfluss auf den **betrieblichen Absatz.** So unterliegt der Absatz von Gegenständen und Dienstleistungen der Umsatzsteuer, allenfalls aber speziellen Verbrauchsteuern (zB Energieabgaben, Alkoholabgaben, Tabaksteuer) oder Verkehrsteuern (zB Grunderwerbsteuer, Versicherungssteuer).

1.2.4. Besteuerungsprinzipien

An das Steuersystem werden vielfache Anforderungen gestellt. Im Vordergrund der Besteuerung steht die **Aufkommensbeschaffung (fiskalischer Zweck)**. Die Höhe des Aufkommens und damit die Höhe der Steuern hängen von politischen Entscheidungen über den Umfang staatlicher Aufgaben ab.

Aufkommensbeschaffung

Neben der Mittelbeschaffung kann die Besteuerung **außerfiskalischen Zwecken** dienen. So kann die Ausgestaltung der Steuern im Hinblick auf die Optimierung der Verteilung (zB progressiver Einkommensteuertarif) und Allokation unterschiedlich erfolgen. Auch Lenkungsmaßnahmen können durch die Besteuerung ergriffen werden (zB Umweltabgaben). Eine Anhebung der Energieabgaben bezweckt zB neben der Steigerung des Steueraufkommens auch eine Beeinflussung des Verhaltens dergestalt, dass es zu einer Verringerung des Energieverbrauches kommt.

Außerfiskalische Zwecke

Die Ausgestaltung der Steuern muss den verfassungsrechtlichen Vorgaben (Gleichheitsgrundsatz, Eigentumsschutz, etc) angepasst sein. Ziel ist die Verwirklichung der **Gleichmäßigkeit der Besteuerung**.[2] Der Steuergesetzgeber ist verpflichtet, nicht ohne sachliche Rechtfertigung Gleiches ungleich und Ungleiches gleich zu behandeln.

Gleichmäßigkeit der Besteuerung

---

2   vgl Doralt/Ruppe II, 8. Auflage, Tz 53

Aus betriebswirtschaftlicher Sicht steht als Ziel im Hinblick auf die Ausgestaltung des Besteuerungssystems die Abwesenheit von Steuereinflüssen (**entscheidungsneutrale Besteuerung**) oder zumindest die Planbarkeit der Besteuerung im Vordergrund. Diese könnte durch die Anknüpfung der Besteuerung an ökonomische Zielgrößen wie den Cashflow besser erreicht werden.

1.3. Definitionen

1.3.1. Steuerschuldner, Steuersubjekt, Steuerzahler, Steuerträger

Steuerschuldner ist die (natürliche oder juristische) Person oder Personenvereinigung, die den durch die Steuergesetze vorgesehenen Steuertatbestand erfüllt.

Steuerschuldner

Steuersubjekt ist der als Steuerschuldner Verpflichtete.

Steuersubjekt

Steuerzahler ist derjenige, der die Steuer entrichtet. Zur Entrichtung der Steuer können auch andere Personen als der Steuerschuldner verpflichtet sein (zB der Arbeitgeber beim Lohnsteuerabzug; die Bank beim Kapitalertragsteuerabzug).

Steuerzahler

Steuerträger bezeichnet denjenigen, der durch die Steuer letztlich belastet werden soll, dh diese wirtschaftlich trägt. Sofern die Steuer auf einen Dritten überwälzt werden kann (indirekte Steuern), fallen Steuerschuldner und Steuerträger auseinander.

Steuerträger

1.3.2. Steuergläubiger

Steuergläubiger ist die Gebietskörperschaft (Bund, Länder oder Gemeinden), die für die Erhebung einer Steuer zuständig ist. Welcher Gebietskörperschaft die Erträge zukommen, regelt für die Bundesabgaben das FAG.

Steuergläubiger

1.3.3. Steuerobjekt

Steuerobjekt ist der in den Steuergesetzen umschriebene Tatbestand (Vorgang, Zustand, Gegenstand), an dessen Verwirklichung die Steuerpflicht geknüpft ist (zB die Umsatzsteuer an die Lieferung eines Gegenstandes, die Einkommensteuer an die Erzielung von Einkommen).

Steuerobjekt

1.3.4. Bemessungsgrundlage

Bemessungsgrundlage bezeichnet jene Wertgröße oder Menge, anhand derer durch Multiplikation mit dem festgelegten Steuersatz die Höhe der Steuerschuld ermittelt wird.

Bemessungsgrundlage

Ein **Freibetrag** ist ein in den Steuergesetzen festgelegter Betrag, der von der Bemessungsgrundlage abgezogen wird und daher stets steuerfrei bleibt.

Freibetrag

Freigrenze

Bei Anwendung einer **Freigrenze** bleibt die Bemessungsgrundlage bis zu einem in den Steuergesetzen festgelegten Betrag steuerfrei. Wird dieser Betrag jedoch überschritten, unterliegt der gesamte Betrag der Steuerpflicht.

1.3.5. Steuersatz und Steuertarif

Steuersatz

Steuersatz ist jener Prozentsatz oder absolute Betrag, der mit der Bemessungsgrundlage multipliziert die Höhe der Steuerschuld ergibt.

Konstanter oder variabler Steuersatz

Der Steuersatz kann von der Höhe der Bemessungsgrundlage unabhängig (**konstant**) sein oder mit der Höhe der Bemessungsgrundlage variieren (**variabel**).

Durchschnittssteuersatz

Der **Durchschnittssteuersatz** (s) ergibt sich als Quotient von Steuerschuld und Bemessungsgrundlage.

Grenzsteuersatz

Der **Grenzsteuersatz** (s´) ist jener Steuersatz, mit dem die jeweils letzte Einheit der Bemessungsgrundlage belastet wird.

Steuertarif

Als **Steuertarif** wird die tabellarische oder formelmäßige Zusammenstellung bezeichnet, die für jede beliebige Höhe der Bemessungsgrundlage einer Steuerart den Steuersatz angibt.

Tarifformen

In Abhängigkeit vom Steuersatz ergeben sich unterschiedliche **Tarifformen**:

- **Proportionaler (linearer) Tarif** (konstanter Steuersatz)
- **Progressiver Tarif** (steigender Steuersatz)
- **Degressiver Tarif** (fallender Steuersatz)
- **Regressiver Tarif** (fallende Steuer bei steigender Bemessungsgrundlage)
- **Fixer Tarif** (gleichbleibender absoluter Steuerbetrag)

Im österreichischen Steuersystem werden häufig proportionale, seltener aber auch progressive und fixe Tarife angewandt. Die Tarifverläufe sind in einigen Fällen nicht idealtypisch, sondern weisen unterschiedliche Steigungen und Sprünge auf (zB Einkommensteuertarif).

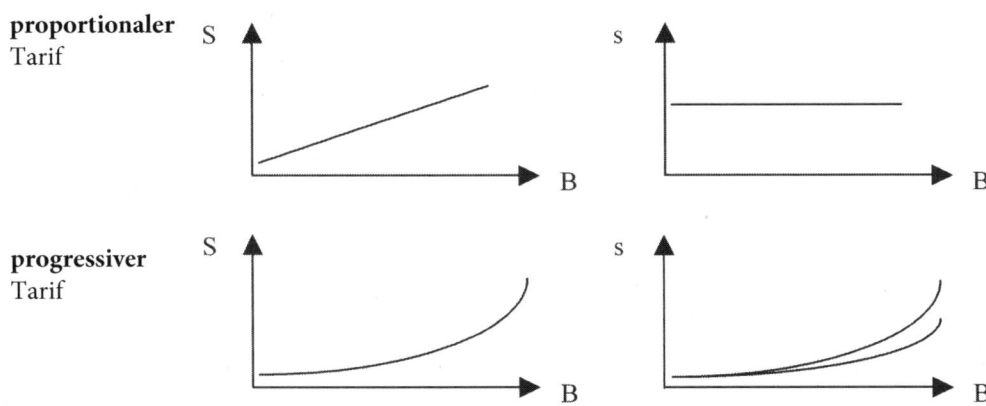

proportionaler Tarif

progressiver Tarif

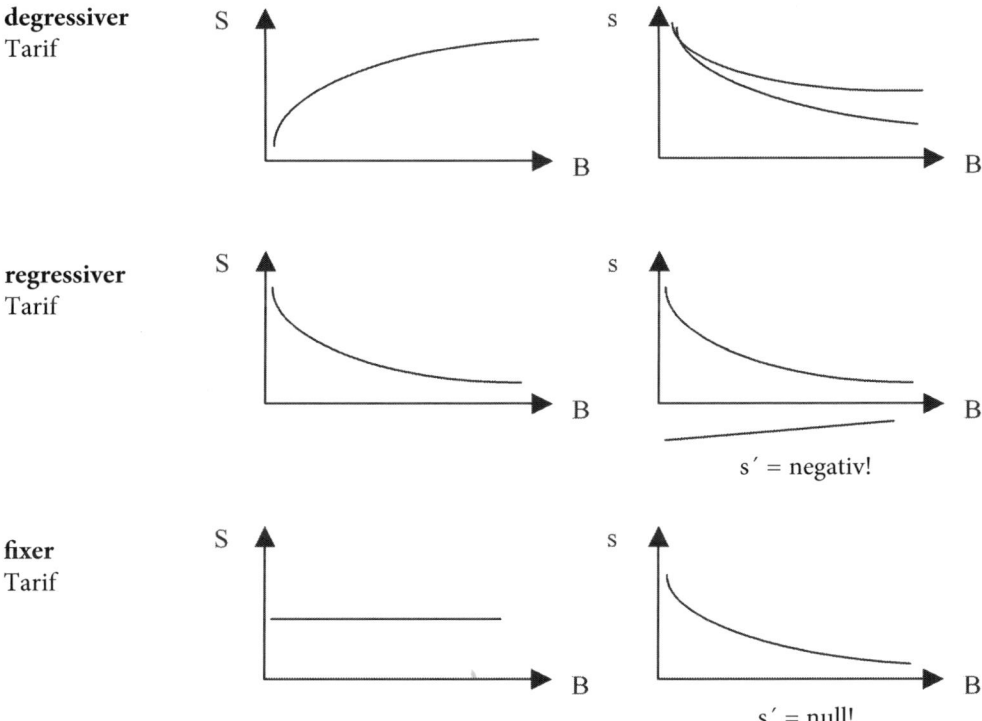

Abb: Steuerverläufe in Abhängigkeit von der Bemessungsgrundlage

1.3.6. Steuerschuld

Die **Steuerschuld** ergibt sich aufgrund des auf die Bemessungsgrundlage angewandten Steuertarifs. Die Steuerschuld wird entweder durch die Finanzbehörden ermittelt oder ist vom Steuerpflichtigen oder Abzugsverpflichteten (zB der Bank oder Arbeitgeber) selbst zu bemessen (Selbstbemessungsabgaben) oder von beruflichen Behördenvertretern, wie zB Rechtsanwälten und Notaren zu berechnen (Selbstberechnungsabgaben).

Ermittlung der Steuerschuld

Auf die zukünftig ermittelte Steuerschuld sind oftmals **Vorauszahlungen** zu leisten. Die Vorauszahlungen werden entweder aufgrund von adaptierten Daten der Vergangenheit bemessen (zB Einkommen- oder Körperschaftsteuervorauszahlungen) oder aus vor Ende der Abrechnungsperiode ermittelten Ergebnissen abgeleitet (zB Umsatzsteuervoranmeldungen). Die Vorauszahlungen müssen vom Steuerschuldner selbst (zB Umsatzsteuer) oder von Abzugsverpflichteten (zB Lohnsteuer- oder Kapitalertragsteuerabzug) an die Finanzbehörden entrichtet werden.

Vorauszahlungen

Die Vorauszahlungen werden auf die letztlich ermittelte Steuerschuld automatisch oder auf Antrag **angerechnet**. Übersteigen die Vorauszahlungen die ermittelte Steuerschuld, so können diese idR auf andere Abgaben angerechnet oder erstattet werden.

Anrechnung

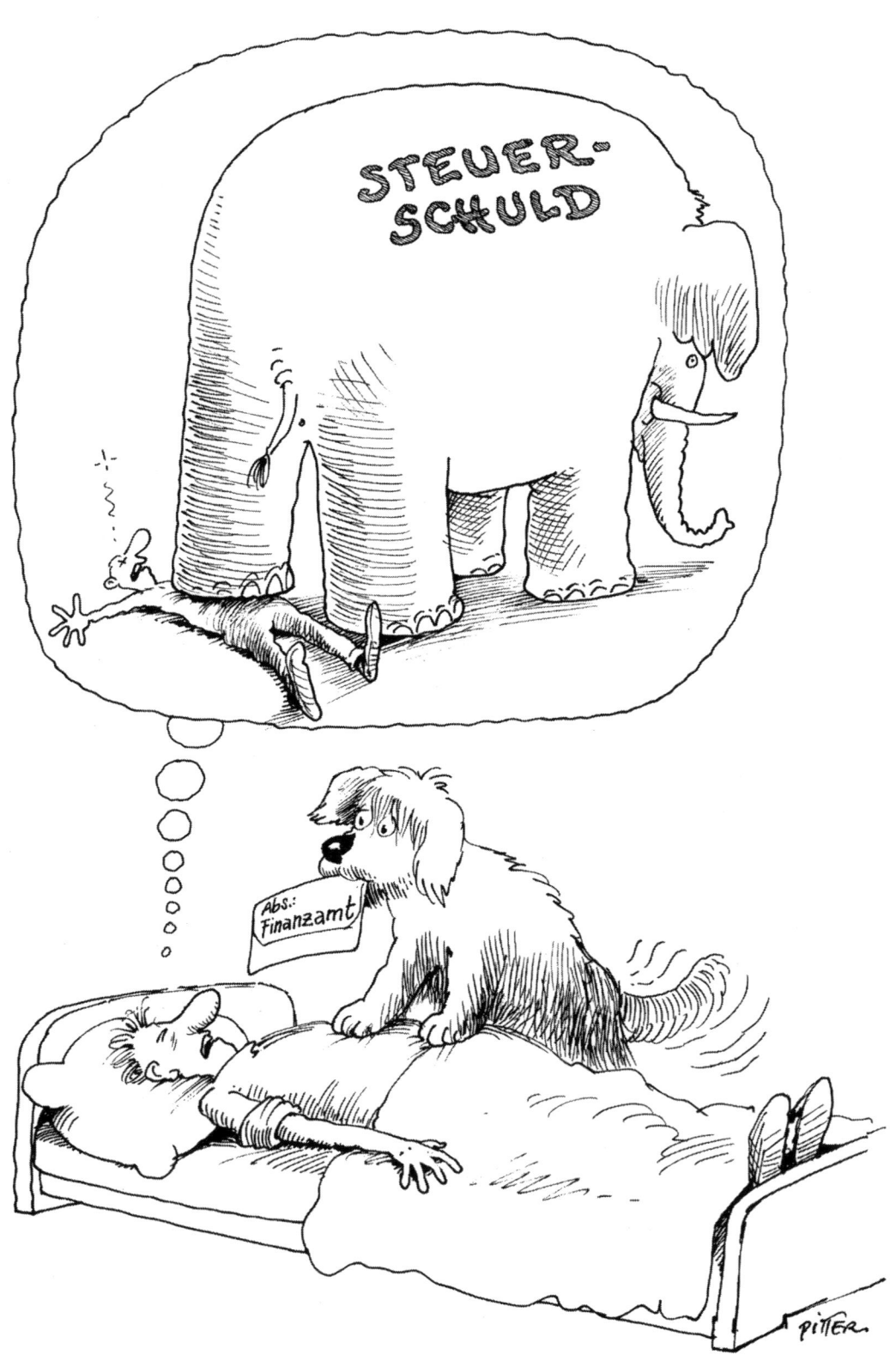

1.4. Steuerverfahren

Als **Steuerverfahren** (oder Abgabenverfahren) werden sämtliche gesetzlich festgelegten Vollzugshandlungen bezeichnet, welche die Anwendung der Steuergesetze gewährleisten.

Das Abgabenverfahren ergibt sich, soweit es nicht in den Einzelsteuergesetzen geregelt wird, im Wesentlichen aus den Bestimmungen der **Bundesabgabenordnung** (BAO). Die BAO findet insbesondere auf bundesgesetzlich geregelte Steuern Anwendung. Die BAO gilt grundsätzlich auch für Gemeinde- oder Landesabgaben. Darüber hinaus werden verfahrensrechtliche Regelungen in Nebengesetzen (zB Abgabenexekutionsordnung, Zustellgesetz) getroffen.

Steuerverfahren Abgabenverfahren

Bundesabgabenordnung

1.4.1. Pflichten der Abgabepflichtigen

Grundsätzlich haben die Finanzbehörden den Sachverhalt und in weiterer Folge die Steuerschuld von Amts wegen zu ermitteln (**Offizialmaxime**).[3]

Amtswegige Ermittlung

Amtswegigkeit bedeutet das selbständige Tätigwerden der Behörden ohne Antrag durch eine Partei. Den Abgabepflichtigen treffen jedoch trotz Amtswegigkeit des Verfahrens **Mitwirkungs- und Offenlegungspflichten**.[4] Der Abgabepflichtige hat insbesondere alle für den Bestand und Umfang der Abgabenpflicht maßgebenden Umstände vollständig und wahrheitsgemäß gegenüber den Abgabenbehörden offenzulegen. Verletzungen der Offenlegungs- und Wahrheitspflicht können einerseits zur Schätzung der Grundlagen für die Abgabenerhebung führen, anderseits aber auch finanzstrafrechtliche Konsequenzen haben.

Mitwirkungs- und Offenlegungspflichten

Die Abgabepflichtigen haben ihrem zuständigen Finanzamt alle **Umstände anzuzeigen**, die ihre persönliche Abgabenpflicht begründen, ändern oder beendigen. Dazu zählt insbesondere die Eröffnung oder Aufgabe eines Betriebes.

Anzeigepflicht

Aufzeichnungspflichten ergeben sich für diejenigen, die nach unternehmensrechtlichen Vorschriften zur Führung von Büchern oder Aufzeichnungen sowie nach steuerlichen Vorschriften der BAO oder aufgrund der Regelungen von Einzelsteuergesetzen (zB UStG) verpflichtet sind. Bücher und Aufzeichnungen sowie die dazu gehörenden Belege sind grundsätzlich sieben Jahre aufzubewahren (längere Aufbewahrungspflicht von 22 Jahren gilt im UStG iZm mit Grundstücken).

Aufzeichnungspflichten

Abgabenerklärungen (Steuererklärungen) müssen abgegeben werden, wenn dies durch die Einzelsteuergesetze vorgesehen ist. Die Steuererklärungen sind elektronisch oder auf amtlichen Vordrucken für die Einkommen-, Körperschaftsteuer oder Umsatzsteuer bis Ende des Monats April jedes Jahres einzureichen. Diese Abgabenerklärungen sind bis Ende des Monats Juni einzureichen, wenn die Übermittlung elektronisch (mittels FinanzOnline) erfolgt. Der Finanzminister

Abgabenerklärung Steuererklärung

---

3   vgl Doralt/Ruppe II, 8. Auflage, Tz 1275ff
4   vgl Doralt/Ruppe II, 8. Auflage, Tz 1303f

kann die Frist allgemein erstrecken. Eine allgemeine Erstreckung erfolgt regelmäßig für von Steuerberatern vertretene Steuerpflichtige. Darüber hinaus kann die Frist individuell auf begründeten Antrag verlängert werden.

Verspätungszuschlag Bei Verletzung der Erklärungspflicht kann dem Abgabepflichtigen von der Behörde ein **Verspätungszuschlag** in Höhe von bis zu 10 % der festgesetzten Abgabe auferlegt werden.

1.4.2. Befugnisse der Abgabenbehörden[5]

Auskunftspflicht Die Abgabenbehörde kann von jedermann **Auskünfte** über alle für die Erhebung von Abgaben maßgebenden Tatsachen verlangen. Von der Auskunftspflicht sind jedoch alle Personen befreit, denen ein Auskunftsverweigerungsrecht als Zeuge zukommt (zB Angehörige, Steuerberater).

Nachschau Die Steuerbehörden haben bei Personen, die nach abgabenrechtlichen Vorschriften Bücher oder Aufzeichnungen zu führen haben, für Zwecke der Abgabenerhebung bei diesen selbst oder bei Geschäftspartnern ein **Nachschaurecht**.

Kontenregister Für finanzstrafrechtliche Zwecke haben die Finanzstrafbehörden und das Bundesfinanzgericht sowie, wenn es im Interesse der Abgabenerhebung zweckmäßig und angemessen ist, für abgabenrechtliche Zwecke die Abgabenbehörden des Bundes und das Bundesfinanzgericht die Möglichkeit, in das zentrale Kontenregister Einsicht zu nehmen. Im Kontenregister sind nur sogenannte „äußere Kontendaten", wie zB Konto- bzw Depotnummer, Name und Geburtsdatum der Inhaber, Tag der Eröffnung und Auflösung des Kontos bzw Depots, aller Konten und Depots bei inländischen Banken aufzunehmen.

Konteneinschaurecht In Durchbrechung des Bankgeheimnisses haben auch die Abgabenbehörden ein Einschaurecht außerhalb eines Finanzstrafverfahrens, wenn die Einsichtnahme erforderlich, zweckmäßig und verhältnismäßig ist, was von einem Einzelrichter des Bundesfinanzgerichts vorab überprüft und genehmigt werden muss. Die Konteneinschau ermöglicht den Zugriff auf „innere Kontendaten", wie Konto- bzw Depotstände und einzelne Bewegungen.

1.4.3. Ermittlungsverfahren

Prüfung der Abgabenerklärungen Das Ermittlungsverfahren beginnt mit der Prüfung der Abgabenerklärungen. Bei unvollständigen Angaben oder bei Bedenken an der Richtigkeit der Angaben in der Erklärung ergeht ein Ergänzungsauftrag oder ein Bedenkenvorbehalt. Bei einem Bedenkenvorbehalt kann die Abgabenbehörde den Abgabepflichtigen zur Aufklärung bestimmter Angaben anhalten, gegen deren Richtigkeit Bedenken bestehen. Beim Ergänzungsauftrag wird der Abgabepflichtige zur Ergänzung unvollständiger Angaben aufgefordert.

---

5   vgl Doralt/Ruppe II, 8. Auflage, Tz 1279ff

In der Praxis erfolgt die Prüfung der Abgabenerklärungen mit EDV-Unterstützung schematisch und nach Vorgaben. EDV-gestützt werden Erklärungen auf der Grundlage von kennzahlen- oder ergebnisabhängigen Prüfungen ausgewählt und einer individuellen Überprüfung unterzogen (sog Vorbescheidkontrolle). Aus den verbliebenen Erklärungen werden weitere Erklärungen nach der Erlassung des Bescheids einer weiteren Überprüfung unterzogen (sog Nachbescheidkontrolle).[6]

Vorbescheid- und Nachbescheidkontrolle

Für die Abgabenfestsetzung notwendige **Beweise**[7] sind von Amts wegen zu erheben, wobei sämtliche Beweismittel wie Urkunden, Zeugen, Sachverständige sowie die Inaugenscheinnahme in Betracht kommen. Die Abgabenbehörde hat unter Berücksichtigung der Beweise nach freier Überzeugung zu beurteilen, ob eine Tatsache als erwiesen anzunehmen ist (freie Beweiswürdigung).

Beweise

Soweit die Abgabenbehörde die Grundlagen für die Abgabenerhebung nicht ermitteln oder berechnen kann (zB wegen fehlender oder mangelhafter Aufzeichnungen), kann sie schätzen. Die **Schätzung**[8] ist keine Strafe, was allerdings die Berücksichtigung eines Sicherheitszuschlages nicht ausschließt.

Schätzung

1.4.4. Festsetzungsverfahren

Die Festsetzung von Abgaben erfolgt in Form von **Bescheiden**. Der Abgabenbescheid hat die Bezeichnung als Bescheid, die erteilende Behörde, den Spruch (dh den Bescheidadressaten, die Art und die Höhe der Abgabe sowie die Fälligkeit und die Bemessungsgrundlage), die Begründung, die Rechtsmittelbelehrung und das Datum zu enthalten. Kein Bescheid ergeht grundsätzlich bei Selbstbemessungsabgaben (zB Vorauszahlungen der Umsatzsteuer).

Abgabenbescheide

Die **Verjährung**[9] des Rechts der Behörde, Abgaben mittels Bescheid festzusetzen, tritt grundsätzlich nach Ablauf von fünf Jahren ein. Bei hinterzogenen Abgaben beträgt die Verjährungsfrist zehn Jahre. Werden innerhalb der Verjährungsfrist nach außen erkennbare Amtshandlungen zur Geltendmachung des Abgabenanspruches oder zur Feststellung des Abgabepflichtigen von der Abgabenbehörde unternommen (zB Außenprüfung), verlängert sich die Verjährungsfrist um ein Jahr. Die Verjährungsfrist verlängert sich jeweils um ein weiteres Jahr, wenn solche Amtshandlungen in einem Jahr unternommen werden, bis zu dessen Ablauf die Verjährungsfrist verlängert ist. Nach Ablauf von zehn Jahren seit der Entstehung des Abgabenanspruchs tritt absolute Verjährung ein. Im Falle einer vorläufigen Abgabenfestsetzung tritt die Verjährung hingegen erst spätestens 15 Jahre nach Entstehung des Abgabenanspruches ein.

Verjährung

---

6   Zorn, Die Nachbescheidkontrolle des Finanzamtes – VwGH bestätigt Verwaltungspraxis, SWK 2011, S 909
7   vgl Doralt/Ruppe II, 8. Auflage, Tz 1328ff
8   vgl Doralt/Ruppe II, 8. Auflage, Tz 1336
9   vgl Doralt/Ruppe II, 8. Auflage, Tz 174ff

1.4.5. Einhebungsverfahren

Fälligkeit

Die **Fälligkeit**[10] von Abgaben tritt, sofern nicht besondere Vorschriften gelten, mit Ablauf eines Monates nach Bekanntgabe des Abgabenbescheids ein. Die Fälligkeit setzt somit die bescheidmäßige Festsetzung der Abgaben voraus. Nur bei Selbstbemessungsabgaben und Abzugsteuern ergibt sich die Fälligkeit aus dem Gesetz (zB 15. des zweitfolgenden Monats für Umsatzsteuer-Vorauszahlungen).

Entrichtung

Die **Entrichtung** von Abgaben kann durch Barzahlung, mittels Erlagschein, durch Banküberweisung oder Umbuchung bzw Überrechnung erfolgen. Die Umbuchung von Abgabenguthaben eines Abgabepflichtigen kann auf ein anderes Abgabenkonto desselben oder eines anderen Abgabepflichtigen erfolgen.

Säumniszuschläge

Wenn eine Abgabe nicht spätestens am Fälligkeitstag entrichtet wird, werden von der Abgabebehörde **Säumniszuschläge**[11] festgesetzt. Der erste Säumniszuschlag beträgt 2 % des nicht fristgerecht entrichteten Betrages; der zweite Säumniszuschlag 1 %, wenn die Abgabe nicht spätestens drei Monate nach dem Eintritt der Vollstreckbarkeit entrichtet ist; nach weiteren drei Monaten ist ein dritter Säumniszuschlag in Höhe von 1 % zu entrichten. Sofern kein grobes Verschulden vorliegt, kann der Säumniszuschlag auf Antrag des Steuerpflichtigen unterbleiben oder herabgesetzt werden.

Anspruchszinsen

Anspruchszinsen[12] werden für den Zeitraum zwischen dem dem Entstehen des Abgabenanspruches folgenden 1.10. des Folgejahres bis zum Zeitpunkt der Bekanntgabe des Bescheides, höchstens aber für 48 Monate, in Höhe von 2 % über dem Basiszinssatz erhoben. Verzinst werden im Wesentlichen Differenzbeträge zwischen Vorauszahlungen und der nachfolgend festgesetzten Einkommen- oder Körperschaftsteuer. Im Falle von Nachzahlungen muss der Abgabepflichtige Anspruchszinsen an das Finanzamt entrichten. Bei Gutschriften erhält der Abgabepflichtige Zinsen vom Finanzamt. Sinn und Zweck von Anspruchszinsen besteht darin, Zinsvorteile sowie Zinsnachteile auszugleichen, die aus verschiedenen Festsetzungszeitpunkten der Abgaben resultieren.

Zahlungserleichterungen

Die fristgerechte Entrichtung fälliger Abgaben kann durch **Zahlungserleichterungen**[13] hinausgeschoben werden, wenn die sofortige Entrichtung mit erheblichen Härten verbunden wäre und die Einbringlichkeit der Abgaben nicht gefährdet wird. Als Zahlungserleichterungen können die **ratenweise Entrichtung** der Abgabe oder die **Stundung** (Hinausschieben des Entrichtungszeitpunkts) bewilligt werden. Sofern die gestundeten Abgabenschuldigkeiten die Freigrenze von € 750 übersteigen, werden Stundungszinsen in Höhe von 4,5 % über dem Basiszinssatz verrechnet.

---

10   vgl Doralt/Ruppe II, 8. Auflage, Tz 159ff
11   vgl Doralt/Ruppe II, 8. Auflage, Tz 161
12   vgl Doralt/Ruppe II, 8. Auflage, Tz 162
13   vgl Doralt/Ruppe II, 8. Auflage, Tz 160

Ab 15.3.2020 bis 30.6.2021 waren durch die COVID-19-Krise bedingt keine Stundungszinsen vorzuschreiben. Ab 1.7.2021 bis 30.6.2024 betragen die Stundungszinsen zwei Prozent über dem jeweils geltenden Basiszinssatz pro Jahr.

Festgesetzte und fällige Abgaben, die nicht entrichtet wurden, werden durch Exekution im Rahmen eines **finanzbehördlichen oder gerichtlichen Exekutionsverfahrens** zwangsweise vollstreckt. Fällige Abgabenschulden können auf Antrag des Abgabepflichtigen aber auch im Wege der Nachsicht ganz oder zum Teil abgeschrieben werden, wenn die Einhebung nach der Lage des Falles unbillig wäre. Werden keine Einhebungsmaßnahmen ergriffen, so verjährt das Recht nach Ablauf von fünf Jahren seit Fälligkeit.

Abgabenexekution

1.4.6. Rechtsschutzverfahren

Gegen Bescheide, welche die Abgabenbehörden erlassen, kann das Rechtsmittel der **Bescheidbeschwerde** erhoben werden. Die Beschwerdefrist beträgt einen Monat, ist aber aus berücksichtigungswürdigen Gründen auf Antrag verlängerbar. Die Bescheidbeschwerde muss die Bezeichnung des Bescheides, die Erklärung der Anfechtungspunkte und Änderungsbegehren sowie eine Begründung enthalten. Die Bescheidbeschwerde ist bei der bescheiderlassenden Behörde einzubringen. Soweit eine bereits entrichtete Abgabenschuldigkeit, deren Höhe unmittelbar oder mittelbar von der Erledigung einer Bescheidbeschwerde abhängt, als Folge der Bescheidbeschwerde herabgesetzt wird, werden auf Antrag des Abgabepflichtigen Zinsen für den Zeitraum ab Entrichtung bis zur Bekanntgabe des die Abgabe herabsetzenden Bescheides von 2 % über dem Basiszinssatz gezahlt.

Bescheidbeschwerde und Beschwerdezinsen

Die Bescheidbeschwerde hat keine aufschiebende Wirkung, sodass fällige Abgaben entrichtet werden müssen, sofern nicht die **Aussetzung der Abgabeneinhebung** bewilligt wurde. Die Aussetzung ist nicht zu bewilligen, wenn die Bescheidbeschwerde wenig erfolgversprechend erscheint, in Punkten angefochten wird, in denen der Bescheid von der Erklärung des Steuerpflichtigen nicht abweicht, oder die Einbringlichkeit gefährdet erscheint. Für die Aussetzung sind Aussetzungszinsen in Höhe von 2 % über dem Basiszinssatz zu entrichten, sofern nicht der Bescheidbeschwerde Folge geleistet wird.

Aussetzung der Einhebung

Die Abgabenbehörde überprüft die Bescheidbeschwerde. Wurde die Bescheidbeschwerde unzulässigerweise oder nach Ablauf der einmonatigen Beschwerdefrist eingebracht, so erfolgt eine **Zurückweisung** der Bescheidbeschwerde. Ansonsten hat die Abgabenbehörde im Wege einer Beschwerdevorentscheidung abzusprechen. Die Erlassung einer Beschwerdevorentscheidung durch die Abgabenbehörde hat zu unterbleiben, wenn der Beschwerdeführer ausdrücklich in der Bescheidbeschwerde das Unterbleiben beantragt und die Abgabenbehörde die Bescheidbeschwerde innerhalb von drei Monaten dem Verwaltungsgericht (idR BFG) vorlegt, wenn in der Bescheidbeschwerde lediglich die Gesetzwidrigkeit

Zurückweisung, Beschwerdevorentscheidung

von Verordnungen, die Verfassungswidrigkeit von Gesetzen oder die Rechtswidrigkeit von Staatsverträgen behauptet wird, oder wenn der Bundesminister für Finanzen den angefochtenen Bescheid erlassen hat. Gegen die Beschwerdevorentscheidung kann vom Abgabepflichtigen ein Antrag auf Entscheidung durch das zuständige Verwaltungsgericht gestellt werden (Vorlageantrag).

Erkenntnis/Beschluss durch das BFG

Dem **Bundesfinanzgericht (BFG)** obliegen Entscheidungen über Rechtsmittel in Abgaben- und Zollangelegenheiten sowie in finanzstrafrechtlichen Belangen. Das BFG ist eines der beiden Verwaltungsgerichte des Bundes[14] und hat seinen Sitz in Wien mit Außenstellen in Feldkirch, Graz, Innsbruck, Klagenfurt, Linz und Salzburg. Über die Bescheidbeschwerde (samt Beschwerdevorentscheidung) wird durch Erkenntnis entschieden. Formalerledigungen des BFG (Zurückweisung, Zurücknahmeerklärung, Gegenstandsloserklärung, Zurückverweisung) ergehen hingegen durch Beschlüsse.

Maßnahmenbeschwerde

Gegen die Ausübung unmittelbarer verwaltungsbehördlicher Befehls- und Zwangsgewalt durch die Abgabenbehörden kann wegen Rechtswidrigkeit **Maßnahmenbeschwerde** erhoben werden. Die Maßnahmenbeschwerde ist innerhalb von sechs Wochen ab dem Zeitpunkt, in dem der Beschwerdeführer von der Ausübung unmittelbarer verwaltungsbehördlicher Befehls- und Zwangsgewalt Kenntnis erlangt, beim BFG einzubringen.

Revision beim VwGH

Entscheidungen (und Beschlüsse) des Verwaltungsgerichts können innerhalb von sechs Wochen ab der Zustellung wegen Rechtswidrigkeit des Inhalts, Unzuständigkeit des Verwaltungsgerichts und Verletzung der Verfahrensvorschriften mit **Revision beim Verwaltungsgerichtshof (VwGH)** angefochten werden. Es ist zwischen der ordentlichen und außerordentlichen Revision zu unterscheiden. Das Verwaltungsgericht hat in seinen Erkenntnissen und Beschlüssen auch über die Zulässigkeit einer Revision an den VwGH abzusprechen. Wird die Revision vom Verwaltungsgericht zugelassen, kann eine ordentliche Revision an den VwGH erhoben werden. Im Falle einer Verneinung der Zulässigkeit der Revision ist dennoch eine außerordentliche Revision möglich, wobei dann die Revision auch gesondert die Gründe zu enthalten hat, aus denen entgegen dem Ausspruch des Verwaltungsgerichtes die Revision für zulässig erachtet wird.

Beschwerde beim VfGH

Entscheidungen (und Beschlüsse) des Verwaltungsgerichts können innerhalb von sechs Wochen ab der Zustellung wegen Verfassungswidrigkeit von Bescheiden mit **Beschwerde beim Verfassungsgerichtshof (VfGH)** angefochten werden. An den **Europäischen Gerichtshof (EuGH)** in Luxemburg kann vom Abgabepflichtigen keine Beschwerde gerichtet werden. Der EuGH entscheidet aber über die Auslegung und Gültigkeit des Rechts der Europäischen Union (EU-Recht), wenn ihn ein – unter Umständen vom Abgabepflichtigen angeregtes – nationales Gericht (zB BFG oder VwGH) im Rahmen eines Vorabentscheidungsverfahrens darum ersucht.

---

14   Verwaltungsgerichte sind die Verwaltungsgerichte der Länder, das Bundesverwaltungsgericht und Bundesfinanzgericht.

1.4.7. Finanzstrafverfahren

Das **Finanzstrafrecht** dient dem strafrechtlichen Schutz des Besteuerungsanspruches des Steuergläubigers. Wenn der strafbestimmende Wertbetrag € 100.000 übersteigt, sind für vorsätzliche Finanzvergehen die Gerichte zuständig, ansonsten die Finanzstrafbehörde.

Finanzstrafrecht

Strafbar ist insbesondere die **Abgabenhinterziehung.** Einer Abgabenhinterziehung macht sich schuldig, wer vorsätzlich unter Verletzung der Anzeigen-, Offenlegungs- oder Wahrheitspflicht eine Abgabenverkürzung bewirkt. Eine Abgabenverkürzung ist bewirkt, wenn bescheidmäßig festzusetzende Abgaben zu niedrig oder nicht festgesetzt werden, Selbstbemessungsabgaben nicht entrichtet wurden oder Abgabengutschriften zu Unrecht oder zu hoch bemessen wurden. Abgabenhinterziehung wird mit Geldstrafen bis zum Zweifachen des verkürzten Betrages bestraft; daneben können vom Gericht auch Freiheitsstrafen bis zu zwei Jahren, bei gewerbsmäßiger Begehung eine Geldstrafe bis zum Dreifachen und bei einem strafbestimmenden Wertbetrag von mehr als € 500.000 Freiheitsstrafen bis zu fünf Jahren verhängt werden.

Abgabenhinterziehung

Des **Abgabenbetruges** macht sich schuldig, wer ausschließlich durch das Gericht zu ahndende Finanzvergehen der Abgabenhinterziehung unter Verwendung falscher oder verfälschter Urkunden, falscher oder verfälschter Daten, oder anderer solcher Beweismittel mit Ausnahme unrichtiger nach abgabenrechtlichen Vorschriften zu erstellenden Abgabenerklärungen, Anmeldungen, Anzeigen, Aufzeichnungen und Gewinnermittlungen oder unter Verwendung von Scheingeschäften und anderen Scheinhandlungen begeht. Eines Abgabenbetruges macht sich auch schuldig, wer Vorsteuerbeträge geltend macht, denen keine Lieferungen oder sonstigen Leistungen zugrunde liegen, um dadurch eine ungerechtfertigte Abgabengutschrift zu erlangen. Im Falle des Abgabenbetruges ist primär eine Freiheitsstrafe von bis zu zehn Jahren vorgesehen; zudem kann eine Geldstrafe von bis zu 2,5 Millionen Euro verhängt werden.

Abgabenbetrug

Grob fahrlässige Abgabenverkürzungen werden mit Geldstrafen bis zum Einfachen des Verkürzungsbetrages bestraft. Daneben sind vorsätzliche Zuwiderhandlungen gegen abgabenrechtliche Vorschriften, die zu keiner Verkürzung von Abgaben führen, als **Finanzordnungswidrigkeiten** idR mit Geldstrafen bis zu € 5.000 strafbar.

Grob fahrlässige Abgabenverkürzung und Finanzordnungswidrigkeit

Eine **Selbstanzeige** einer Steuerpflichtigen, die sich eines Finanzvergehens schuldig gemacht hat, ermöglicht ihr insoweit straffrei zu bleiben, als sie ihre Verfehlung gegenüber einem Finanzamt darlegt und innerhalb eines Monats die verkürzten Beträge tatsächlich entrichtet.

Selbstanzeige

1.5. Rechtsquellen

Zu den **Rechtsquellen** des österreichischen Steuerrechts und damit zu den Grundlagen der betriebswirtschaftlichen Steuerlehre gehören die österreichischen Gesetze

Rechtsquellen

und Verordnungen. Daneben gilt es noch Erlässe und Richtlinien der Finanzverwaltung sowie die Rechtsprechung der Höchstgerichte zu beachten. Als Mitgliedstaat der Europäischen Union gelten in Österreich darüber hinaus auch der EU-Vertrag (EUV) sowie der Vertrag über die Arbeitsweise der EU (AEUV) und die davon abgeleiteten Rechtsakte der EU, wie Verordnungen und Richtlinien.

1.5.1. Gesetze

Verfassungsgesetze und einfache Gesetze

Entsprechend dem Stufenbau der österreichischen Rechtsordnung stehen an der Spitze die österreichische **Bundesverfassung (B-VG)** sowie andere **Bundesverfassungsgesetze (BVG)**. Unter dieser sind die (einfachen) Gesetze des Bundes (**Bundesgesetze**) sowie der Länder (**Landesgesetze**) eingeordnet, durch welche das Steuerrecht geregelt wird. Bundesverfassungsgesetze sowie Bundesgesetze sind im Teil I des Bundesgesetzblattes veröffentlicht. Das gesamte österreichische Bundesrecht lässt sich auch über http://www.ris.bka.gv.at/Bundesrecht im Internet kostenlos abfragen. Die Landesgesetze finden sich in den Landesgesetzblättern, können aber auch im Internet unter http://www.ris.bka.gv.at/Lr- [**jeweiliges Bundesland**]/ abgerufen werden.

Einzel- und allgemeine Steuergesetze

Die Bestimmungen des österreichischen Steuerrechts sind in **Einzelsteuergesetzen** (zB EStG, KStG, UStG), welche die Vorschriften des materiellen Steuerrechts enthalten, sowie in **allgemeinen Steuergesetzen** (BAO, BewG, UmgrStG etc), die allgemeine Verfahrensvorschriften, Definitionen und übergreifende Rechtsvorschriften beinhalten, niedergelegt.

Völkerrechtliche Verträge

Völkerrechtliche Verträge sind zwischen Österreich und anderen Staaten abgeschlossene Vereinbarungen, die im Wege der Ratifizierung durch den österreichischen Nationalrat auf derselben Ebene wie einfache Bundesgesetze Teil der österreichischen Rechtsordnung werden. Für den Bereich des Steuerrechts sind vor allem die Abkommen zur Vermeidung der Doppelbesteuerung (DBA) sowie Verträge über völkerrechtliche Privilegien von Diplomaten und diplomatischen Vertretungen zu beachten.

EU-Recht

Als Teil der österreichischen Rechtsordnung gelten auch die **Rechtsakte der Europäischen Union**. Für das Steuerrecht bedeutsam sind vor allem der Vertrag über die Europäische Union und der Vertrag über die Arbeitsweise der Europäischen Union

(EUV und AEUV) sowie davon abgeleitete Rechtsakte (zB Mehrwertsteuersystem-Richtlinie, auf der das österreichische Umsatzsteuerrecht fußt). Diese Rechtsakte finden sich unter http://eur-lex.europa.eu im Internet.

1.5.2. Verordnungen

Verordnungen des BMF

Aufgrund der allgemeinen Ermächtigung im B-VG oder spezieller Ermächtigungen in den Einzelsteuergesetzen hat der Bundesminister für Finanzen (BMF)

das Recht, im Rahmen der gesetzlichen Regelungen Ausführungsvorschriften als **Verordnungen** zu erlassen (zB Liebhaberei-Verordnung). Verordnungen sind im Teil II des Bundesgesetzblattes veröffentlicht. Diese können ebenfalls im Internet unter https://www.ris.bka.gv.at/Bgbl-Auth/ abgefragt werden.

1.5.3. Erlässe und Richtlinien

Bei **Erlässen** handelt es sich um allgemeine Weisungen des BMF an die Unterbehörden, die der einheitlichen Vollziehung dienen, die über die gesetzlichen Bestimmungen hinaus für den Abgabepflichtigen unmittelbar aber keine weiteren Rechte und Pflichten begründen. Bedeutsam sind diese im Amtsblatt der österreichischen Finanzverwaltung veröffentlichten als von den Finanzämtern zu vollziehende Rechtsansichten des BMF. Erlässe zu größeren Rechtsgebieten wurden vom BMF in **Richtlinien** zusammengefasst (zB Einkommensteuer-Richtlinien 2000). Neue Erlässe und Richtlinien können auf der Homepage des BMF unter **https://findok.bmf.gv.at/** eingesehen werden.

Erlässe und Richtlinien des BMF

1.5.4. Rechtsprechung

Die Gerichte (insbesondere BFG, VwGH, VfGH und EuGH) legen die Steuergesetze in Bezug auf die ihnen vorliegenden Sachverhalte aus. Die Auslegung durch die **Rechtsprechung** hat aber darüber hinaus zumindest präjudizielle Wirkung für andere Sachverhalte. Im Internet stehen unter http://www.ris.bka.gv.at/vfgh die Erkenntnisse des VfGH, unter http://www.ris.bka.gv.at/vwgh die des VwGH, unter **https://findok.bmf.gv.at** die des BFG und unter http://curia.europa.eu/juris/recherche.jsf?language=de die Urteile des EuGH zur Verfügung.

Rechtsprechung

1.5.5. Literatur und Online-Informationen

Für Alltagsprobleme des Steuerrechts stehen **Leitfäden** insbesondere zur Anfertigung der Steuererklärungen zur Verfügung. Für anspruchsvollere Informationen sind hingegen **Lehrbücher** (zB *Bieber/Kofler/Tumpel*, Steuerrecht – Studieren und verstehen, 7. Auflage), welche einen systematischen Überblick, und **Kommentare** (zB *Melhardt/Tumpel*, UStG-Kommentar, 3. Auflage), welche eine detaillierte Erläuterung bestimmter Gesetze geben, zur Verfügung. Daneben existieren zu Detailproblemen **Monografien** (zB *Tumpel*, Mehrwertsteuer im innergemeinschaftlichen Warenverkehr).

Leitfäden, Lehrbücher, Kommentare, Monografien

Aktuelle Tagesfragen werden in **Zeitschriften** (zB Steuer- und Wirtschaftskartei) besprochen. Zunehmend an Bedeutung gewinnen **Online-Dienste** (zB Linde-Digital unter https://www.lindedigital.at), welche im Internet aktuelle Informationen sammeln und systematisch dem Nutzer zum Teil kostenfrei zur Verfügung stellen.

Zeitschriften und Online-Dienste

A) Wiederholungsfragen

1) Wie werden Steuern, Beiträge und Gebühren abgegrenzt?
2) Was wird unter dem Begriff Opfertheorie, was unter Äquivalenztheorie verstanden?
3) Was wird unter direkten und indirekten Steuern verstanden?
4) Wie werden Personen- und Sachsteuern voneinander abgegrenzt?
5) Was wird unter Abschnittsbesteuerung verstanden?
6) Wie werden Veranlagungs- und Selbstbemessungssteuern voneinander abgegrenzt?
7) Welche Abgabentypen werden unterschieden?
8) Welchen Einfluss nimmt die Besteuerung auf betriebliche Leistungsfaktoren?
9) Was wird unter der Gleichmäßigkeit der Besteuerung verstanden?
10) Wie werden Steuerschuldner, Steuersubjekt, Steuerzahler und Steuerträger unterschieden?
11) Worin besteht der Unterschied zwischen einer Freigrenze und einem Freibetrag?
12) Was ist unter dem Begriff Durchschnittssteuersatz, was unter Grenzsteuersatz zu verstehen?
13) Welche Tarifformen lassen sich unterscheiden?
14) Was ist unter „Offizialmaxime" zu verstehen?
15) Bis zu welchem Tag sind Steuererklärungen für die Einkommen-, Körperschaft- oder Umsatzsteuer spätestens einzureichen?
16) Welche Strafe kann dem Abgabepflichtigen bei Verletzung der Erklärungspflicht auferlegt werden?
17) Was geschieht, wenn wesentliche Grundlagen zur Abgabenerhebung von Seiten der Abgabenbehörde nicht ermittelt werden können?
18) Wie erfolgt die Festsetzung von Abgaben?
19) Worin besteht der Unterschied zwischen Festsetzung und Einhebung von Abgaben?
20) Wann werden Verspätungszuschläge, wann Säumniszuschläge festgesetzt?
21) Welche Arten von Zahlungserleichterungen existieren im österreichischen Verfahrensrecht?
22) Welches Rechtsmittel kann gegen Abgabenbescheide erhoben werden?
23) Wie kann gegen ein Erkenntnis des BFG vorgegangen werden?
24) Kann beim Europäischen Gerichtshof vom Abgabepflichtigen eine Beschwerde eingebracht werden?
25) Welche Rechtsquellen existieren im österreichischen Steuerrecht?

B) Richtig/Falsch-Fragen

1) Steuerzahlungen an Gebietskörperschaften steht eine unmittelbare Gegenleistung nicht gegenüber.
2) Im Gegensatz zu Gebühren werden Beiträge nur bei tatsächlicher Nutzung der öffentlichen Leistungen erhoben.

3) Dass Personen mit niedrigerem Einkommen eine geringere Steuerbelastung zukommt, entspricht der Opfertheorie.

4) Wenn Steuerschuldner und Steuerobjekt ident sind, wird von direkten Steuern gesprochen.

5) Bei indirekten Steuern wird der Steuerzahler bloß mittelbar erfasst, da er die Steuerbelastung auf den Steuerträger überwälzen kann.

6) Personensteuern knüpfen an personenbezogene Merkmale wie Alter und Familienstand an. Die Einkommensteuer und die Körperschaftsteuer zählen daher zu den Personensteuern.

7) Die (monatlichen) Vorauszahlungen der Umsatzsteuer stellen eine Veranlagungssteuer dar.

8) Gemeinschaftliche Bundesabgaben werden durch den Bund erhoben, der Ertrag fließt jedoch dem Bund, den Ländern und den Gemeinden zu. Energieabgaben sind solche gemeinschaftlichen Bundesabgaben.

9) Es ist dem Steuergesetzgeber nicht erlaubt, ohne sachliche Rechtfertigung Ungleiches gleich und Gleiches ungleich zu behandeln.

10) Führt ein Arbeitgeber für seine Arbeitnehmer Lohnsteuer ab, so wird der Arbeitgeber zum Steuerschuldner, die einzelnen Arbeitnehmer werden jedoch durch den Lohnsteuerabzug wirtschaftlich belastet und deshalb als Steuerträger bezeichnet.

11) Freigrenzen mindern die Bemessungsgrundlage, bei Anwendung eines Freibetrages bleibt die Bemessungsgrundlage nur bis zu einem in den Steuergesetzen festgelegten Betrag steuerfrei.

12) Der Begriff Offizialmaxime bedeutet die Verpflichtung zur amtswegigen Ermittlung eines Sachverhalts und der Steuerschuld durch die Behörden.

13) Wird eine Steuererklärung nicht rechtzeitig eingereicht, kann ein Säumniszuschlag von bis zu 10 % der festgesetzten Abgabe auferlegt werden.

14) Die Festsetzungsverjährung beträgt grundsätzlich fünf Jahre, bei hinterzogenen Abgaben zehn Jahre.

15) Sofern die Entrichtung von Abgaben mit erheblichen Härten verbunden ist, kann um Zahlungserleichterungen (etwa ratenweise Entrichtung oder Stundung) angesucht werden.

16) Wenn eine Abgabe nicht spätestens am Fälligkeitstag entrichtet wird, liegt es im Ermessen der Behörden Säumniszuschläge festzusetzen.

17) Gegen Bescheide der Abgabenbehörde kann das Rechtsmittel der Bescheidbeschwerde erhoben werden. Die Bescheidbeschwerde ist bei der bescheiderlassenden Behörde einzubringen.

18) Ein Abgabepflichtiger selbst kann gegen einen Abgabenbescheid keine Beschwerde beim Europäischen Gerichtshof (EuGH) einbringen.

Lösungen S 143

2. Grundlagen der wichtigsten Steuerarten

2.1. Einkommensteuer

Einkommensteuer

Der **Einkommensteuer** (ESt) unterliegt das Einkommen **natürlicher Personen**. Die Besteuerung erfolgt mit einem **progressiven Tarif**. Der ESt ist das Einkommen zugrunde zu legen, das der Steuerpflichtige innerhalb eines Kalenderjahres bezogen hat (vgl § 2 Abs 1 EStG).

Die ESt wird im Wesentlichen in folgenden Formen erhoben:

- **Veranlagung** (bescheidmäßige Festsetzung)
- **Lohnsteuer** (Steuerabzug vom Arbeitslohn)
- **Kapitalertragsteuer** (Steuerabzug von bestimmten Kapitalerträgen).
- **Immobilienertragsteuer** (Steuerabzug bei bestimmten Grundstücksveräußerungen).
- **Besondere Abzugsteuer** (sogenannte „Ausländersteuer" bei beschränkt steuerpflichtigen Personen)

2.1.1. Persönliche Steuerpflicht

Natürliche Personen

Der ESt unterliegen nur **natürliche Personen**. Juristische Personen und andere Körperschaften sind dagegen körperschaftsteuerpflichtig.

Unbeschränkte Steuerpflicht

Wer als natürliche Person im Inland seinen Wohnsitz oder gewöhnlichen Aufenthalt (Legaldefinitionen von Wohnsitz und gewöhnlichem Aufenthalt finden sich im § 26 Abs 1 und 2 BAO) hat, ist gemäß § 1 Abs 2 EStG **unbeschränkt einkommensteuerpflichtig** mit sämtlichen im In- oder Ausland erzielten Einkünften (= Welteinkommen). Die Staatsangehörigkeit einer natürlichen Person hat für die unbeschränkte Steuerpflicht – anders als in den USA – in Österreich keine Bedeutung. Daher können auch ausländische Staatsbürger, die in Österreich eine Wohnung innehaben, unbeschränkt steuerpflichtig sein.

Zweitwohnsitz-Verordnung

Eine Ausnahme hiervon besteht für jene Abgabepflichtigen, deren Mittelpunkt der Lebensinteressen sich **länger als fünf Jahre** im Ausland befindet. Sie begründen mit einer inländischen Wohnung nur in jenen Jahren einen Wohnsitz iSd § 26 Abs 1 BAO, in denen diese (allein oder gemeinsam mit anderen inländischen Wohnungen) an **mehr als 70 Tagen** benutzt wird, vorausgesetzt, dass ein Verzeichnis geführt wird, aus dem die Tage der inländischen Wohnungsbenutzung ersichtlich sind.[15]

Beschränkte Steuerpflicht

Hat eine natürliche Person im Inland weder einen Wohnsitz noch einen gewöhnlichen Aufenthalt, ist sie in Österreich nur **beschränkt einkommensteuerpflichtig** (vgl § 1 Abs 3 EStG). Die beschränkte Steuerpflicht bezieht sich bloß auf bestimmte in § 98 Abs 1 EStG aufgezählte inländische Einkünfte. Die im Ausland

---

15   vgl VO zu § 1: Zweitwohnsitze, BGBl II Nr 528/2003

erzielten Einkünfte bleiben dagegen in Österreich unbesteuert (**Territorialitätsprinzip**).

2.1.2. Steuerobjekt

Steuerobjekt ist das Einkommen, das der Steuerpflichtige innerhalb eines Kalenderjahres bezogen hat (vgl § 2 Abs 1 EStG).

Steuerobjekt

Das Einkommen ist im Wesentlichen

- der Gesamtbetrag der Einkünfte (vgl 2.1.3.),
- nach Ausgleich mit den Verlusten,
- nach Abzug der Sonderausgaben und
- nach Abzug der außergewöhnlichen Belastungen
- sowie des Freibetrags nach § 105 EStG (vgl § 2 Abs 2 EStG).

Wurden in einzelnen Einkunftsarten **Verluste** erwirtschaftet, dann können sie prinzipiell mit den positiven Einkünften aus den anderen Einkunftsarten im selben Kalenderjahr ausgeglichen werden (vgl hierzu 4.9.). Für bestimmte Einkünfte wird der Verlustausgleich jedoch beschränkt oder sogar gänzlich ausgeschlossen.

Verlustausgleich/
-rücktrag

2.1.3. Persönliche Zuordnung von Einkünften

Die Einkünfte sind demjenigen zuzurechnen, der sie bezieht. Zurechnungssubjekt ist daher derjenige, der die zu Einkünften führenden Leistungen erbringt. Dementsprechend muss die **Zurechnung von Einkünften** nicht mit dem zivilrechtlichen Eigentum an der Einkunftsquelle übereinstimmen.[16] Im Zweifel bezieht derjenige die Einkünfte, der die Möglichkeit hat, die sich ihm bietenden Marktchancen auszunützen, Leistungen zu erbringen oder zu verweigern.[17] Das ist in der Regel der (wirtschaftliche) Eigentümer der Einkunftsquelle (zB Miethaus oder Gewerbebetrieb). Ist die Einkunftsquelle aber zB verpachtet, dann bezieht der Pächter Einkünfte aufgrund seiner Leistungen am Markt. Die Einkünfte des Verpächters sind hingegen der Pachtzins.

Persönliche
Zuordnung

Einkünfte aus einer Tätigkeit als organschaftlicher Vertreter einer Körperschaft (zB Vorstand einer AG) sowie aus einer höchstpersönlichen Tätigkeit (als Künstler, Schriftsteller, Wissenschaftler, Sportler und Vortragender) sind der leistungserbringenden natürlichen Person zuzurechnen, wenn die Leistung von einer Körperschaft (zB GmbH) abgerechnet wird, die unter dem Einfluss dieser Person steht und über keinen eigenständigen, sich von dieser Tätigkeit abhebenden Betrieb verfügt.

---

16 vgl das Erkenntnis des VwGH vom 25.02.1997, 92/14/0039
17 vgl Ruppe, Möglichkeiten und Grenzen der Übertragung von Einkunftsquellen als Problem der Zurechnung von Einkünften, in DStJG (Hrsg), Übertragung von Einkunftsquellen im Steuerrecht, 2. Auflage, 1979, 18

2.1.4. Die Einkunftsarten des EStG

Einkunftsarten des EStG

Die Differenz zwischen Einnahmen und Ausgaben wird als Einkünfte den folgenden sieben im EStG erschöpfend aufgezählten **Einkunftsarten** zugerechnet (vgl § 2 Abs 3 EStG):

1. Einkünfte aus **Land- und Forstwirtschaft** (§ 21 EStG)
2. Einkünfte aus **selbständiger Arbeit** (§ 22 EStG)
3. Einkünfte aus **Gewerbebetrieb** (§ 23 EStG)
4. Einkünfte aus **nichtselbständiger Arbeit** (§ 25 EStG)
5. Einkünfte aus **Kapitalvermögen** (§ 27 EStG)
6. Einkünfte aus **Vermietung und Verpachtung** (§ 28 EStG)
7. **Sonstige Einkünfte** (§ 29 EStG)

Subsidiaritätsprinzip

Haupteinkunftsarten sind die ersten vier Einkunftsarten. Die restlichen drei Einkunftsarten sind demgegenüber Nebeneinkünfte. Einkünfte zählen nur dann zu den letzten drei Einkunftsarten, wenn sie nicht im Rahmen einer der vier Haupteinkunftsarten angefallen sind (**Subsidiaritätsprinzip**). Allerdings besteht auch innerhalb der Nebeneinkünfte eine eigene Reihenfolge.

Betriebliche Einkünfte

Ferner zählen die ersten drei Einkunftsarten zu den **betrieblichen Einkunftsarten** (Grundlage der Einkünfteerzielung ist ein Betrieb); als Einkünfte ist gemäß § 2 Abs 4 Z 1 EStG der „**Gewinn**" anzusetzen. Betriebseinnahmen bzw -ausgaben sind die Einnahmen oder Erträge bzw Aufwendungen oder Ausgaben, die durch den Betrieb veranlasst sind.

Außerbetriebliche Einkünfte

Die übrigen vier Einkunftsarten werden als **außerbetriebliche** Einkunftsarten bezeichnet; als Einkünfte ist gemäß § 2 Abs 4 Z 2 EStG der „**Überschuss der Einnahmen über die Werbungskosten**" anzusetzen. Einnahmen liegen vor, wenn dem Steuerpflichtigen Geld oder geldwerte Vorteile im Rahmen der jeweiligen Einkunftsart zufließen. Werbungskosten sind Aufwendungen oder Ausgaben zur Erwerbung, Sicherung oder Erhaltung der Einnahmen.

Unterschied zwischen betrieblichen und außerbetrieblichen Einkünften

Bei den betrieblichen Einkünften ist die **Veräußerung von Wirtschaftsgütern und der Einkunftsquelle selbst** grundsätzlich immer steuerpflichtig. Bei den außerbetrieblichen Einkünften führt die Veräußerung von **Wirtschaftsgütern** hingegen nur dann zu Einnahmen, wenn dies ausdrücklich angeordnet ist, wie zB für realisierte Wertsteigerungen von Kapitalvermögen und Grundstücksveräußerungen.

2.1.4.1. Einkünfte aus Land- und Forstwirtschaft

Einkünfte aus Land- und Forstwirtschaft

Die **Einkunftsart „Land- und Forstwirtschaft"** (L&F) erfasst Erträge aus der Erzeugung von pflanzlichen und tierischen Produkten mit Hilfe der Naturkräfte. Zudem muss ein Mindestmaß an Beziehung zu Grund und Boden vorliegen.[18]

---

18   vgl Erkenntnis des VwGH vom 19.03.1985, 84/14/0139

Zu den Einkünften aus L&F zählen im Wesentlichen die in § 21 Abs 1 Z 1 bis 5 EStG aufgezählten Tatbestände.

Einkünfte aus land- und forstwirtschaftlichen **Nebenbetrieben**, das sind Betriebe, die dem land- und forstwirtschaftlichen Hauptbetrieb zu dienen bestimmt sind, zählen ebenfalls zu den Einkünften aus L&F (vgl § 21 Abs 2 Z 1 EStG). Derartige Betriebe wären ohne Beziehung zu einem land- und forstwirtschaftlichen Betrieb in der Regel als gewerbliche Betriebe anzusehen, werden jedoch infolge ihrer Hilfsfunktion dem land- und forstwirtschaftlichen Betrieb zugerechnet. Einen solchen Nebenbetrieb stellen beispielsweise Verarbeitungsbetriebe für eigene Produkte wie etwa ein Sägewerk oder eine Brennerei dar.

Einkünfte aus Nebenbetrieben

Zu den Einkünften aus L&F gehören auch Gewinnanteile und Vergütungen von Gesellschaftern einer Personengesellschaft (**Mitunternehmerschaft**), die eine ausschließlich land- und forstwirtschaftliche Tätigkeit entfaltet, sowie Gewinne aus der **Veräußerung** des gesamten land- und forstwirtschaftlichen Betriebes, eines Teilbetriebes oder aus der **Aufgabe** der betrieblichen Tätigkeit (vgl § 21 Abs 2 Z 2 und 3 iVm § 24 EStG).

Mitunternehmerschaft, Veräußerung und Aufgabe

2.1.4.2. Einkünfte aus selbständiger Arbeit

Die **selbständige Arbeit** im Sinne des § 22 EStG erfasst Tätigkeiten, die eine bestimmte Berufsausbildung oder persönliche Fähigkeiten oder Fachkenntnisse erfordern.[19] § 22 EStG erfasst Einkünfte aus **freiberuflicher Tätigkeit** (Z 1) sowie aus **sonstiger selbständiger Arbeit** (Z 2).

Einkünfte aus selbständiger Arbeit

Die Einstufung von Einkünften als **Einkünfte aus freiberuflicher Tätigkeit** setzt voraus, dass die Tätigkeit persönlich durch Ausnützung spezieller höchstpersönlicher Kenntnisse und Fähigkeiten ausgeübt wird. Zu den Einkünften aus freiberuflicher Tätigkeit gehören unter anderem Einkünfte aus einer wissenschaftlichen, künstlerischen, schriftstellerischen, unterrichtenden oder erzieherischen Tätigkeit sowie Einkünfte aus der Berufstätigkeit der Ziviltechniker, Ärzte sowie Einkünfte aus Stipendien.

Einkünfte aus freiberuflicher Tätigkeit

Zu den **Einkünften aus sonstiger selbständiger Arbeit** (Z 2) zählen die Einkünfte aus einer vermögensverwaltenden Tätigkeit (Hausverwalter, Aufsichtsratsmitglied) sowie die Gehälter und sonstigen Vergütungen, die wesentlich beteiligte Gesellschafter einer Kapitalgesellschaft (Anteil > als 25 % am Grund- oder Stammkapital) von dieser für ihre sonst alle Merkmale eines Dienstverhältnisses (§ 47 Abs 2 EStG) aufweisende Beschäftigung erhalten.

Einkünfte aus sonstiger selbständiger Arbeit

Zu den Einkünften aus selbständiger Arbeit zählen ferner Gewinnanteile und sonstige Vergütungen von Gesellschaftern einer Personengesellschaft (**Mitunternehmerschaft**), wenn diese ausschließlich eine Tätigkeit entfaltet, die als selbständige Arbeit anzusehen ist (§ 22 Z 3 EStG), sowie Gewinne aus der **Veräußerung oder Aufgabe** des Betriebes im Sinne des § 24 EStG (§ 22 Z 5 EStG).

Mitunternehmerschaft, Veräußerung und Aufgabe

---

19   vgl Erkenntnis des VwGH vom 07.11.1952, 1486/50

2.1.4.3. Einkünfte aus Gewerbebetrieb

Einkünfte aus Gewerbebetrieb

Die **Einkünfte aus Gewerbebetrieb** im Sinne des § 23 EStG sind positiv und negativ umschrieben. Die positiv formulierten Tatbestandsmerkmale müssen grundsätzlich bei allen betrieblichen Einkunftsarten gegeben sein. Hierzu zählen Selbständigkeit, Unternehmerwagnis, Nachhaltigkeit, Gewinnerzielungsabsicht sowie die Beteiligung am allgemeinen wirtschaftlichen Verkehr. Der Begriff des Gewerbebetriebes in § 23 Z 1 EStG entspricht jenem in § 28 BAO. Die Tätigkeit muss aber über die bloße Vermögensverwaltung hinausgehen (vgl § 32 BAO). Als negatives Tatbestandsmerkmal gilt die Abgrenzung gegenüber den Einkünften aus Land- und Forstwirtschaft und aus selbständiger Arbeit.

Mitunternehmerschaft, Veräußerung und Aufgabe

Zu den Einkünften aus Gewerbebetrieb zählen auch die Gewinnanteile und die Vergütungen von Gesellschaftern an Personengesellschaften (**Mitunternehmerschaft**), wenn die Personengesellschaft gewerblich tätig ist, sowie Gewinne anlässlich der **Veräußerung** oder **Aufgabe** eines Gewerbebetriebes oder bei Veräußerung eines Anteils an einer gewerblich tätigen Mitunternehmerschaft (§ 23 Z 2 und 3 EStG).

2.1.4.4. Veräußerungsgewinne

Veräußerungsgewinne

Mit der Besteuerung des Veräußerungsgewinns werden alle bis zur Veräußerung bzw Aufgabe eines Betriebes, Teilbetriebes oder Mitunternehmeranteiles unversteuert gebliebenen Vermögensvermehrungen erfasst und der Besteuerung unterzogen. Ein etwaiger Veräußerungsgewinn bzw -verlust zählt zu den betrieblichen Einkünften der jeweiligen Einkunftsart.

Gliederung der Veräußerungsgeschäfte

Zu den Veräußerungsgeschäften iSd § 24 EStG zählt die Veräußerung

- eines Betriebes,
- eines Teilbetriebes oder
- eines Mitunternehmeranteiles.

Ferner gilt die Aufgabe

- eines Betriebes oder
- eines Teilbetriebes

als Veräußerungsgeschäft im Sinne des § 24 EStG.

2.1.4.5. Einkünfte aus nichtselbständiger Arbeit

Einkünfte aus nichtselbständiger Arbeit

Kernbereich der **Einkünfte aus nichtselbständiger Arbeit** (Arbeitslohn) im Sinne des § 25 EStG sind die Bezüge und Vorteile aus einem bestehenden oder früheren Dienstverhältnis. Der Begriff „Bezüge und Vorteile" ist weit auszulegen und umfasst alle Einnahmen und geldwerten Vorteile, die dem Arbeitnehmer im Rahmen eines Dienstverhältnisses zufließen. Entscheidend ist, dass der dem Arbeitnehmer gewährte Vorteil durch das Dienstverhältnis veranlasst ist, also

Frucht seiner Arbeitsleistung ist. Für das Vorliegen von Arbeitslohn ist es ohne Bedeutung, in welche äußere Form ein solcher Zufluss gekleidet ist. Überlässt der Arbeitgeber dem Arbeitnehmer beispielsweise einen Dienstwagen für private Zwecke, stellt dies für den Arbeitnehmer einen Vorteil aus dem Dienstverhältnis dar, der somit der Besteuerung unterliegt. Einnahmen liegen aber auch dann vor, wenn einmalige Zuwendungen – obwohl ein Arbeitsverhältnis ein Dauerschuldverhältnis ist – an den Arbeitnehmer geleistet werden (§ 25 Abs 2 EStG). Ob dem Arbeitnehmer die gewährten Bezüge oder Vorteile unmittelbar zufließen oder ihm nur mittelbar durch Dritte zukommen, ist ebenfalls gleichgültig.[20]

Die Definition des **Dienstverhältnisses** in § 47 Abs 2 EStG ist eine eigenständige Definition des Steuerrechts und daher mit den korrespondierenden Begriffen des Arbeits- und Sozialrechtes nicht immer deckungsgleich.

Dienstverhältnis

Zu den Einkünften aus nichtselbständiger Arbeit zählen nach § 25 Abs 1 Z 1 lit b EStG neben den Vorteilen aus einem bestehenden oder früheren Dienstverhältnis ebenso Bezüge und Vorteile von Personen, die an Kapitalgesellschaften **nicht wesentlich iSd § 22 Z 2 EStG beteiligt** sind (Anteil < 25 % am Grund- oder Stammkapital), auch dann, wenn bei einer sonst alle Merkmale eines Dienstverhältnisses aufweisenden Beschäftigung die Verpflichtung, den Weisungen eines anderen zu folgen, auf Grund gesellschaftsvertraglicher Sonderbestimmung fehlt. Die Vereinbarung einer sog Sperrminorität steht einem Dienstverhältnis jedenfalls nicht entgegen. Weiters zählen zu den Einkünften aus nichtselbständiger Arbeit insbesondere die Pensionen aus der gesetzlichen Sozialversicherung (§ 25 Abs 1 Z 3 lit a EStG).

Nicht wesentlich an einer Kapitalgesellschaft Beteiligte

Nach § 26 EStG sind bestimmte Leistungen des Arbeitgebers an den Arbeitnehmer – obwohl Vorteile aus dem Dienstverhältnis – **keine Einkünfte aus nichtselbständiger Arbeit** (zB Reisekosten oder die vom Arbeitgeber überlassene typische Berufskleidung, wie etwa Arbeitsuniformen).

Keine Einkünfte aus nichtselbständiger Arbeit

Hinsichtlich Ausführungen zur **Erhebung der Lohnsteuer** siehe 2.1.11.2.

Lohnsteuer

2.1.4.6. Einkünfte aus Kapitalvermögen

Die **Einkünfte aus Kapitalvermögen** im Sinne des § 27 EStG umfassen

Einkünfte aus Kapitalvermögen

- Einkünfte aus der Überlassung von Kapital gemäß § 27 Abs 2 EStG; dazu gehören insbesondere Gewinnanteile, Zinsen und sonstige Bezüge aus Aktien und Anteilen an GmbH, Gewinnanteile aus der Beteiligung an einem Handelsgewerbe als stiller Gesellschafter (echter stiller Gesellschafter), Zinsen aus Hypotheken, Zinsen und sonstige Erträgnisse aus sonstigen Kapitalforderungen jeder Art (Darlehen, Anleihen, Einlagen, Bankguthaben, Ergänzungskapital) sowie Zuwendungen von Privatstiftungen an Begünstigte und Letztbegünstigte;

---

20   vgl Quantschnigg/Schuch, Einkommensteuer-Handbuch, § 25 Tz 1ff

- Einkünfte aus realisierten Wertsteigerungen und Wertminderungen von Kapitalvermögen gemäß § 27 Abs 3 EStG (zB Veräußerung von Aktien, Fondsanteilen, Anleihen, Nullkuponanleihen etc); als Kapitalvermögen gelten Wirtschaftsgüter, deren Erträge Einkünfte aus der Überlassung von Kapital darstellen;
- Einkünfte aus Derivaten gemäß § 27 Abs 4 EStG (zB Optionen, Futures, Swaps, Zertifikate);
- Einkünfte aus Kryptowährungen (laufende Einkünfte: Entgelte für die Überlassung von Kryptowährungen und der Erwerb von Kryptowährungen durch einen technischen Prozess, bei dem Leistungen zur Transaktionsverarbeitung zur Verfügung gestellt werden; Einkünfte aus realisierten Wertsteigerungen von Kryptowährungen: Veräußerung von Kryptowährungen, Tausch von Kryptowährungen gegen andere Wirtschaftsgüter und Leistungen, einschließlich gesetzlich anerkannter Zahlungsmittel).

Die Steuerwirksamkeit von Wertsteigerungen und Wertminderungen iSd § 27 Abs 3 und 4 EStG gilt nur für nach dem 31.12.2010 erworbene Aktien und Fondsanteile und für nach dem 31.3.2012 erworbene Forderungswertpapiere (zB Nullkuponanleihe oder Indexzertifikate) und Derivate. Sofern die Vermögenswerte vor diesen Zeitpunkten erworben wurden, bleiben Werterhöhungen und Wertminderungen sowie der gänzliche Verlust des Vermögens dagegen steuerlich unberücksichtigt (Ausnahme: Veräußerungen innerhalb der Spekulationsfrist) und es werden nur die Einkünfte aus der Überlassung des Kapitals besteuert (dh zB Besteuerung der aus der Aktie erwachsenen Dividendenerträge, aber keine Besteuerung des Aktienkursgewinnes bei Veräußerung außerhalb der Spekulationsfrist).[21]

Kryptowährungen Einkünfte aus Kryptowährungen, die nach dem 28. Februar 2021 angeschafft wurden (Neuvermögen), sind ab dem 1. März 2022 mit dem besonderen Steuersatz iHv 27,5 % endbesteuert. Vor dem 1. März 2021 angeschaffte Kryptowährungen gelten als Altvermögen und können, sofern die Jahresfrist gemäß § 31 EStG abgelaufen ist, steuerfrei verkauft werden. Nicht der Besteuerung unterliegt der Tausch einer Kryptowährung gegen eine andere Kryptowährung (sondern nur der Tausch von Kryptowährungen in Geld oder andere Gegenstände). Für Einkünfte aus realisierten Wertsteigerungen von Kryptowährungen zwischen 1. Jänner 2022 und 1. März 2022 können diese auf Antrag bereits als steuerpflichtige Kapitalerträge (statt Spekulationsgewinne) behandelt werden. Dadurch wird die Anwendung des Sondersteuersatzes von 27,5 % bzw ein Verlustausgleich mit anderen Kapitaleinkünften im Jahr 2022 ermöglicht. Ein verpflichtender KESt-Abzug tritt ab 1. Jänner 2024 in Kraft (ein freiwilliger KESt-Abzug besteht im Jahr 2022 und 2023).

---

21 Eine Ausnahme besteht für nach dem 30. September 2011 und vor dem 1. April 2012 entgeltlich erworbene Forderungswertpapiere und Derivate im Sinne des § 27 Abs 3 und 4 EStG. Die Veräußerung dieser Vermögenswerte gilt stets – dh auch außerhalb der einjährigen Spekulationsfrist – als Spekulationsgeschäft. Bei Veräußerung oder Abwicklung dieser Vermögenswerte nach dem 31.3.2012 unterliegt ein etwaiger Gewinn allerdings bereits dem Sondersteuersatz des § 27a Abs 1 Z 2 EStG von 27,5 %; vgl dazu die Übergangsvorschriften in § 124b Z 184 und 185 EStG.

§ 27 Abs 7 EStG enthält abschließend einen Katalog von steuerfreien Kapitaleinkünften.

Hinsichtlich Ausführungen zur Erhebung der **Kapitalertragsteuer** siehe 2.1.11.3.

2.1.4.7. Einkünfte aus Vermietung und Verpachtung

Die Einkunftsart **Vermietung und Verpachtung** umfasst – unabhängig von der zivilrechtlichen Begriffsbestimmung – die entgeltliche Überlassung eines Wirtschaftsgutes zum Gebrauch oder zur Nutzung. Die Begriffe Vermietung und Verpachtung im Sinne des § 28 EStG sind inhaltlich nicht mit den entsprechenden Bestimmungen des bürgerlichen Rechts ident. Insbesondere ist der steuerliche Begriff Vermietung und Verpachtung umfassender als der zivilrechtliche.

Zu den Einkünften aus Vermietung und Verpachtung zählen:

- Einkünfte aus der Vermietung und Verpachtung von **unbeweglichem Vermögen** und von Rechten, die den Vorschriften des bürgerlichen Rechts über Grundstücke unterliegen.
- Einkünfte aus der Vermietung und Verpachtung von **Sachinbegriffen**, insbesondere von beweglichem Betriebsvermögen.
- Einkünfte aus der Überlassung von **Rechten** auf bestimmte oder unbestimmte Zeit oder aus der Gestattung der Verwertung von Rechten. Dazu gehören insbesondere die Einräumung von Werknutzungsbewilligungen oder Werknutzungsrechten iSd Urheberrechtsgesetzes und die Überlassung von gewerblichen Schutzrechten, von gewerblichen Erfahrungen und von Berechtigungen.
- Einkünfte aus der **Veräußerung von Miet- und Pachtzinsforderungen**.

2.1.4.8. Sonstige Einkünfte

Bei den **sonstigen Einkünften** im Sinne des § 29 EStG handelt es sich nicht um eine Restklasse, die als Auffangtatbestand für alle nicht unter die ersten sechs Einkunftsarten fallenden Einkünfte zu verstehen ist. Vielmehr handelt es sich bei den sonstigen Einkünften um eine abschließende (taxative) Aufzählung (mit Ausnahme der Z 3, die eine bloß beispielhafte Aufzählung enthält) einzelner Einkunftstatbestände.

Nach § 29 Z 1 EStG zählen **wiederkehrende Bezüge** zu den sonstigen Bezügen. Bei wiederkehrenden Bezügen handelt es sich zB um Renten. Unbesteuert bleiben aber freiwillig, an eine gesetzlich unterhaltsberechtigte Person oder als Leistung aus einer Pensionszusatzversicherung gewährte wiederkehrende Bezüge.

Nach § 29 Z 2 EStG gehören auch **Einkünfte aus privaten Grundstücksveräußerungen iSd § 30 EStG** zu den sonstigen Einkünften. Darunter fällt die Veräußerung von Grund und Boden, Gebäuden und grundstücksgleichen Rechten. Der Besteuerung unterliegt jeweils der Veräußerungsgewinn. Ein Abzug von Werbungskosten ist bei der Veräußerungsgewinnermittlung unter Anwendung des besonderen Steuersatzes nicht zulässig (bei Anwendung der Regelbesteuerungsoption steht der Werbungskostenabzug zu). Bei Altgrundstücken[22] kann der Veräußerungsgewinn alternativ auch pauschal ermittelt werden. Er beträgt 60 % des Veräußerungserlöses bei Grundstücken, die nach dem 31.12.1987 in Bauland umgewidmet wurden, und 14 % des Veräußerungserlöses, sofern keine Umwidmung erfolgt ist.

Steuerfreie private Grundstücksveräußerungen

Nach § 30 Abs 2 EStG sind bestimmte private Grundstücksveräußerungen von der Steuerpflicht ausgenommen (zB Veräußerung von Eigenheimen, Eigentumswohnungen und selbst hergestellten Gebäuden bei Nutzung einer bestimmten Zeitdauer als Hauptwohnsitz).

Immobilienertragsteuer

Zur Erhebung der **Immobilienertragsteuer** siehe 2.1.11.4.

Spekulationsgeschäfte

Unter die sonstigen Einkünfte fallen nach § 29 Z 2 EStG weiters Einkünfte aus privaten **Spekulationsgeschäften iSd § 31 EStG**. Ein Spekulationsgeschäft liegt vor, wenn zwischen Anschaffung und Veräußerung nicht mehr als ein Jahr liegt. Bei unentgeltlichem Erwerb eines Wirtschaftsgutes ist für die Berechnung der Spekulationsfrist auf den Anschaffungszeitpunkt des Rechtsvorgängers abzustellen. Da Einkünfte aus der Veräußerung von Kapitalvermögen und Grundstücken bereits in den §§ 27 und 30 EStG erfasst werden, fällt unter § 31 EStG nur die Veräußerung von sonstigen Wirtschaftsgütern des Privatvermögens (zB Goldbarren, Kunstgegenstände, Antiquitäten). Veräußerungen dieser Wirtschaftsgüter außerhalb der Spekulationsfrist werden demgegenüber nicht besteuert.

Zu beachten ist, dass die Veräußerung von Betriebsvermögen aufgrund der Subsidiaritätsklausel nicht unter den Spekulationstatbestand fällt. Diese Erträge sind bei den betrieblichen Einkünften zu erfassen.

Einkünfte aus Leistungen

Nach § 29 Z 3 EStG zählen **Einkünfte aus Leistungen**, wie insbesondere Einkünfte aus gelegentlichen Vermittlungen und aus der Vermietung beweglicher Gegenstände, zu den sonstigen Einkünften. Leistungen im Sinne des § 29 Z 3 EStG sind dadurch charakterisiert, dass sie einem Verhältnis aus **Leistung und Gegenleistung** entspringen. Eine Angemessenheit zwischen Leistung und Gegenleistung ist genauso wenig erforderlich wie die rechtliche Erlaubtheit. Grundsätzlich ist unter § 29 Z 3 EStG jedes Verhalten zu verstehen, das einem anderen einen **wirtschaftlichen Vorteil** verschafft.[23]

Die Einkünfte sind nur steuerpflichtig, wenn die Freigrenze von 220 Euro überstiegen wird. Verluste dürfen bei der Ermittlung des Einkommens nicht ausgeglichen werden.

Funktionsgebühren

Ferner zählen gem § 29 Z 4 EStG **Funktionsgebühren** der Funktionäre von öffentlich-rechtlichen Körperschaften, soweit sie nicht unter § 25 EStG fallen, zu den sonstigen Einkünften.

---

22 Altgrundstücke sind solche, die am 31.3.2012 nicht mehr steuerverfangen waren. Dies sind im Wesentlichen jene, bei denen die zuvor geltende Spekulationsfrist von 10 Jahren zu diesem Datum bereits abgelaufen war.

23 vgl Quantschnigg/Schuch, Einkommensteuer-Handbuch, § 29 Tz 18

2.1.5. Einkünfte von Personenvereinigungen

Personengesellschaften (bzw -vereinigungen) unterliegen als solche nicht der ESt, da sie **kein Steuersubjekt sind**. Der Gewinn einer Personengesellschaft wird aber den Gesellschaftern **unmittelbar** zugerechnet (**Durchgriffs-** oder **Transparenzprinzip**). Sind die Gesellschafter natürliche Personen, so unterliegen diese mit ihren Gewinn- und Verlustanteilen der ESt.

Einkünfte von Personenvereinigungen

Personenvereinigungen mit betrieblichen Einkünften werden als **Mitunternehmerschaft** bezeichnet. Die Gesellschafter sind als Mitunternehmer anzusehen (zB OG, KG).

Mitunternehmerschaft, vermögensverwaltende Personengesellschaft

Betreibt eine Personenvereinigung ausschließlich Vermögensverwaltung (zB Vermietung einer Wohnung im Rahmen einer GesbR), so erzielen die beteiligten natürlichen Personen außerbetriebliche Einkünfte (vermögensverwaltende Personengesellschaft).

2.1.6. Nicht steuerbare und steuerbefreite Einkünfte

Einkünfte, die nicht unter eine der sieben Einkunftsarten des § 2 Abs 3 EStG fallen, unterliegen nicht der ESt, sie sind daher **nicht steuerbar** (zB Lottogewinne). Im § 3 EStG werden jene Einkünfte angeführt, die zwar steuerbar (unter eine der sieben Einkunftsarten fallend), jedoch steuerbefreit (**sachliche Steuerbefreiung**) sind.

Steuerbefreiungen

2.1.7. Gewinnermittlungsarten

Wie bereits unter 2.1.4 ausgeführt wurde, ist bei betrieblichen Einkunftsarten der Gewinn zu ermitteln. Die steuerliche Gewinnermittlung (§ 4 Abs 1 EStG) erfolgt grundsätzlich durch einen Betriebsvermögensvergleich, bei dem sich der Gewinn als Unterschiedsbetrag zwischen dem Betriebsvermögen am Ende des Wirtschaftsjahres und dem Betriebsvermögen am Ende des vorangegangenen Wirtschaftsjahres ergibt, wobei **Entnahmen** hinzuzurechnen, **Einlagen** abzuziehen sind (vgl Kapitel 4.1.1.1.).

Steuerliche Gewinnermittlung

Als Vereinfachung gegenüber dem Betriebsvermögensvergleich bestehen folgende Möglichkeiten:

1. Einnahmen/Ausgaben-Rechnung (§ 4 Abs 3 EStG) für

Vereinfachte Gewinnermittlung

- Betriebe mit Umsatzerlösen bis € 700.000 in den vorangegangenen zwei Kalenderjahren (vgl § 189 Abs 1 Z 3 iVm Abs 2 UGB),
- land- und forstwirtschaftliche Betriebe mit Umsatzerlösen bis € 700.000 in den vorangegangenen zwei Kalenderjahren (vgl § 125 Abs 1 BAO),
- Einkünfte aus freien Berufen unabhängig vom Umsatz und Vermögen.

2. Durchschnittssätze für Betriebsausgaben (§ 17 EStG; Teilpauschalierung)

Pauschalierung durch Gesetz

Die Pauschalierung durch Gesetz (**Basispauschalierung**) ist nur bei Einkünften aus selbständiger Arbeit oder bei Einkünften aus Gewerbebetrieb zulässig (§ 17 Abs 1 EStG). Gewerbetreibende und selbständig Erwerbstätige können im Rahmen

Basispauschalierung

der Gewinnermittlung nach § 4 Abs 3 EStG die **Betriebsausgaben** mit einem Durchschnittssatz von **12 % der Umsätze** ansetzen, **höchstens jedoch € 26.400**. Bei kaufmännischer oder technischer Beratung, Einkünften aus einer vermögensverwaltenden Tätigkeit, Gehältern von wesentlich beteiligten Gesellschafter-Geschäftsführern, schriftstellerischen, vortragenden, wissenschaftlichen, unterrichtenden oder erzieherischen Tätigkeiten beträgt das Betriebsausgabenpauschale hingegen nur **6 %, höchstens jedoch € 13.200**.

Neben der Betriebsausgabenpauschalierung dürfen weiters Ausgaben für den Eingang an Waren, Rohstoffen, Halberzeugnissen, Hilfsstoffen und Zutaten sowie Ausgaben für Löhne und Fremdlöhne als Betriebsausgaben in voller Höhe abgesetzt werden. Zudem können auch Sozialversicherungsbeiträge zusätzlich als Betriebsausgaben angesetzt werden.

Voraussetzungen für die Basispauschalierung

Die Betriebsausgabenpauschalierung setzt voraus, dass keine Buchführungspflicht besteht und auch nicht freiwillig Bücher geführt werden, die Vorjahresumsätze nicht mehr als € 220.000 betragen und aus der Steuererklärung hervorgeht, dass der Steuerpflichtige von der Pauschalierung Gebrauch macht (§ 17 Abs 2 EStG).

Da sich die Basispauschalierung nur auf Betriebsausgaben bezieht, sind die Betriebseinnahmen in voller Höhe anzusetzen.

Kleinunternehmerpauschalierung

Ergänzend zur oben genannten Basispauschalierung haben Kleinunternehmer (§ 6 Abs 1 Z 27 UStG) im Rahmen der Einnahmen-Ausgaben-Rechnung mit Einkünften aus selbstständiger Arbeit (§ 22 EStG) oder Einkünften aus Gewerbebetrieb (§ 23 EStG) eine antragsgebundene Pauschalierungsmöglichkeit. Vom Anwendungsbereich ausgenommen sind Gesellschafter-Geschäftsführer, Aufsichtsratsmitglieder und Stiftungsvorstände (§ 17 Abs 3a Z 1 EStG).

Die Inanspruchnahme der Pauschalierung kann auch erfolgen, wenn der Steuerpflichtige auf die umsatzsteuerliche Kleinunternehmerregelung verzichtet. Voraussetzung für die Inanspruchnahme ist, dass der Umsatz des betreffenden Jahres korrespondierend zur Kleinunternehmergrenze des § 6 Abs 1 Z 27 UStG nicht mehr als € 35.000 betragen hat. Für die Berechnung wird an die Umsätze iSd § 1 Abs 1 Z 1 UStG angeknüpft.

Die Betriebsausgaben werden bei **Handelsunternehmen und Produktionsbetrieben** mit **45 %** und bei **Dienstleistungsunternehmen** mit **20 %** Prozentsätzen der Betriebseinnahmen pauschaliert.

Pauschalierung nach Durchschnittssätzen

3. Pauschalierung aufgrund von Verordnungen des BMF

Nach § 17 Abs 4 EStG kann der Bundesminister für Finanzen im Verordnungsweg für Gruppen von Steuerpflichtigen **Durchschnittssätze für die Ermittlung des Gewinns** aufstellen. Durchschnittssätze kommen in Betracht für land- und forstwirtschaftliche Betriebe, selbständig Erwerbstätige und Gewerbebetriebe. Die Verordnung kann eine Reingewinnermittlung oder eine Betriebsausgabenpauschalierung vorsehen.

Die wichtigsten Verordnungen betreffen Land- und Forstwirtschaft, nichtbuchführende Gewerbetreibende, Gaststätten- und Beherbergungsgewerbe, Lebensmitteleinzel- und Gemischtwarenhandel, Drogisten, Handelsvertreter, Künstler und Schriftsteller sowie Pferdepensionshaltung.

Sportler mit überwiegender Tätigkeit im Ausland können den in Österreich steuerpflichtigen Anteil der Einkünfte pauschal ermitteln, wobei die Verordnung nicht zu § 17, sondern zu den §§ 2 und 33 EStG ergangen ist.

Für die steuerliche Gewinnermittlung von **rechnungslegungspflichtigen Gewerbetreibenden** sind im Rahmen des Betriebsvermögensvergleiches gem § 5 Abs 1 EStG die unternehmensrechtlichen Grundsätze ordnungsmäßiger Buchführung (unternehmensrechtliche Rechnungslegungsvorschriften; vgl §§ 189ff UGB) maßgebend, **soweit** die steuerlichen Vorschriften nichts anderes vorsehen (Maßgeblichkeitsprinzip vgl Kapitel 4.1.1.2.) | **Unternehmensrechtliche Gewinnermittlung**

2.1.8. Steuerschuldner

Steuerschuldner sind gemäß § 1 Abs 1 EStG die **natürlichen Personen**, die Einkommen erzielen. Juristische Personen und andere Körperschaften unterliegen mit ihren Einkünften nicht der ESt, sondern der Körperschaftsteuer (KSt). Auch Personengesellschaften sind nicht Steuerschuldner der ESt; vielmehr unterliegen ihre Gesellschafter mit den Einkünften aus der Gesellschaft der ESt, soweit es sich bei diesen um natürliche Personen handelt, der KSt, falls es sich bei diesen um Körperschaften handelt (**Durchgriffs-** oder **Transparenzprinzip**). | **Steuerschuldner**

2.1.9. Bemessungsgrundlage

Im Folgenden wird ein einfaches Schema zur Ermittlung des „zu versteuernden Einkommens" (**Bemessungsgrundlage**) dargestellt. | **Bemessungsgrundlage**

1. Einkünfte aus Land- und Forstwirtschaft (§ 21 EStG)
2. Einkünfte aus selbständiger Arbeit (§ 22 EStG)
3. Einkünfte aus Gewerbebetrieb (§ 23 EStG)
4. Einkünfte aus nichtselbständiger Arbeit (§ 25 EStG)
5. Einkünfte aus Kapitalvermögen (§ 27 EStG)
6. Einkünfte aus Vermietung und Verpachtung (§ 28 EStG)
7. Sonstige Einkünfte (erschöpfend aufgezählt in § 29 EStG)

= **Gesamtbetrag der Einkünfte** im Sinne des § 2 Abs 3 EStG (nach Verlustausgleich und Berücksichtigung des Veranlagungsfreibetrages)
– Sonderausgaben (§ 18 EStG)
– Außergewöhnliche Belastungen (§ 34 EStG)
– Freibetrag nach § 105 EStG

= Einkommen = **Bemessungsgrundlage** (§ 2 Abs 2 EStG)

2.1.10. Steuertarif

Steuertarif

Die (tarifliche) ESt ergibt sich durch Anwendung des Tarifs auf das „zu versteuernde Einkommen" (Bemessungsgrundlage). Der Einkommensteuertarif ist ein Stufentarif. Die Einkommensteuer beträgt jährlich € 0 bis zu einem Einkommen von € 11.000. Für höhere Einkommen berechnet sich die Einkommensteuer entsprechend den nachfolgenden Stufen. Für Einkommensteile über € 90.000 ergibt sich damit ein Steuersatz von 50 %, über € 1.000.000 von 55 %.

Die Einkommensteuer beträgt jährlich:

für die ersten € 11 000	0 %
für Einkommensteile über € 11 000 bis € 18 000	20 %
für Einkommensteile über € 18 000 bis € 31 000	35 %
für Einkommensteile über € 31 000 bis € 60 000	42 %
für Einkommensteile über € 60 000 bis € 90 000	48 %
für Einkommensteile über € 90 000	50 %

Für Einkommensteile über eine Million Euro beträgt der Steuersatz in den Kalenderjahren 2016 bis 2025 55 %.

Laufende Senkung der Einkommensteuer

Ab dem 1. Juli 2022 wird der Steuersatz für Einkommensteile von mehr als € 18.000 bis € 31.000 von 35 % auf 30 % vermindert. Bereits ab Anfang 2022 gelangt somit ein Mischsteuersatz von 32,5 % für diese Einkommensteile zur Anwendung. Ab dem 1. Juli 2023 folgt dann eine weitere Reduzierung für Einkommensteile von mehr als € 31.000 bis € 60.000 von 42 % auf 40 %.

Die Steuerschuld wird durch diverse **Absetzbeträge**, welche in den Abs 3a bis 6 des § 33 EStG aufgezählt sind (Familienbonus Plus, Alleinverdiener-, Alleinerzieher-, Unterhalts-, Verkehrs- und Pensionistenabsetzbetrag), in der gem § 33 Abs 2 EStG vorgegebenen Reihenfolge gekürzt (der Familienbonus Plus ist als erster Absetzbetrag max bis zur Höhe der errechneten Tarifsteuer abzuziehen und danach sind die Absetzbeträge nach § 33 Abs 4 bis 6 EStG zu berücksichtigen). Da der Familienbonus Plus nicht negativsteuerfähig ist und Geringverdiener davon nicht profitieren können, steht diesen ein Kindermehrbetrag zu (§ 33 Abs 7 EStG).

Negativsteuer

Ist die errechnete ESt null, kommt es zu einer Erstattung des Alleinverdiener- bzw des Alleinerzieherabsetzbetrages sowie zur Rückerstattung der Sozialversicherungsbeiträge bis zu max € 400 jährlich. Für Steuerpflichtige, die Anspruch auf ein Pendlerpauschale gem § 16 Abs 1 Z 6 EStG haben, beläuft sich dieser Betrag auf € 500 (vgl § 33 Abs 8 EStG). Für Arbeitnehmer, denen der Zuschlag zum Verkehrsabsetzbetrag zusteht, erhöht sich der max rückerstattbare Sozialversicherungsbeitrag (€ 400 bzw € 500) um € 650 – sogenannter Sozialversicherungsbonus für niedrige Einkommen (max 50 % der einbehaltenen Sozialversicherungsbeiträge).

2.1.11. Spezielle Erhebungsformen der Einkommensteuer

2.1.11.1. Grundsätzliches

Grundsätzlich ist die ESt durch **Veranlagung** des Jahreseinkommens zu erheben. Veranlagen bedeutet, dass die Abgabenbehörden auf der Grundlage einer Einkommensteuererklärung die Besteuerungsgrundlagen ermitteln und die Steuern festsetzen. Als Veranlagungszeitraum gilt grundsätzlich das Kalenderjahr. Buchführungspflichtige Gewerbetreibende und Land- und Forstwirte dürfen den Gewinn auch nach einem vom Kalenderjahr abweichenden Wirtschaftsjahr ermitteln (§ 2 Abs 5 EStG). Bei Rumpfwirtschaftsjahren können auch zwei (theoretisch auch mehrere) Wirtschaftsjahre der Veranlagung eines Kalenderjahres zu Grunde gelegt werden.

Veranlagung

Die Einkommensteuererklärung ist grundsätzlich bis 30. April des Folgejahres bzw bei elektronischer Übermittlung (FinanzOnline) bis 30. Juni des Folgejahres einzureichen.

Erklärungsfrist

Jeder Abgabepflichtige hat auf die ESt vierteljährlich **Vorauszahlungen** zu entrichten. Die Verpflichtung, eine Vorauszahlung zu leisten, beruht auf einer bescheidmäßigen Festsetzung durch das zuständige Finanzamt (§ 45 Abs 1 EStG).[24]

Vorauszahlung

Vom Steuerpflichtigen geleistete Vorauszahlungen sowie im Abzugsweg einbehaltene ESt (insbesondere Lohnsteuer, Kapitalertragsteuer) werden auf die festgesetzte Einkommensteuerschuld angerechnet. Danach ergibt sich entweder eine **Abschlusszahlung** oder eine **Gutschrift**.

Abschlusszahlung

2.1.11.2. Lohnsteuer

Bei den Einkünften aus nichtselbständiger Arbeit wird die ESt durch **Abzug vom Arbeitslohn** erhoben. Der Arbeitgeber hat die Lohnsteuer einzubehalten und an das Finanzamt abzuführen. Diesbezüglich haftet der Arbeitgeber dem Bund gegenüber (§ 82 EStG).

Lohnsteuer

Sonstige Bezüge sind Bezüge, die der Arbeitnehmer tatsächlich und rechtlich neben dem laufenden Arbeitslohn vom selben Arbeitgeber bezieht, sofern sich die tatsächliche Auszahlung vom laufenden Bezug abhebt (zB Weihnachts- und Urlaubsgeld, Abfertigungen).

Sonstige Bezüge

Sonstige Bezüge sind folgendermaßen zu besteuern: Sie sind

Besteuerung von sonstigen Bezügen

- bis € 620 steuerfrei (Freibetrag),
- darüber hinaus grundsätzlich mit einem **festen** Steuersatz von 6 % zu besteuern (insoweit die Bezüge ein Sechstel des Jahresbezuges nicht übersteigen).
- Für höhere Jahresbruttobezüge erhöht sich der feste Steuersatz stufenweise (auf 27 % bzw 35,75 %). Übersteigen die sonstigen Bezüge das Jahressechstel oder betragen die sonstigen Bezüge (nach Abzug der Sozialversicherungsbei-

---

24   vgl EStR 2000, Rz 7557f

träge) mehr als € 83.333, dann erfolgt die Besteuerung dieser übersteigenden Beträge zum laufenden Tarif des jeweiligen Kalendermonats.

Abfertigungen insbesondere aufgrund gesetzlicher und kollektivvertraglicher Vorschriften werden unabhängig von ihrer Höhe mit 6 % versteuert.

Arbeitnehmerveranlagung Der Arbeitnehmer wird zur ESt insbesondere dann veranlagt, wenn er

- neben den lohnsteuerpflichtigen Einkünften andere Einkünfte von mehr als € 730 bezogen hat,
- in mehreren Dienstverhältnissen zumindest zeitweise gleichzeitig beschäftigt war,
- Einkünfte aus Kapitalvermögen erzielt hat, die keinem Kapitalertragsteuerabzug unterlagen (zB ausländische Kapitalerträge),
- freiwillig eine Arbeitnehmerveranlagung durchführt.

Antragslose Veranlagung Wurde bis Ende Juni keine Antragsveranlagung (§ 41 Abs 2 Z 1 EStG) für das Vorjahr eingereicht, hat das Finanzamt von Amts wegen eine antragslose Veranlagung vorzunehmen, sofern die Veranlagung nach den Berechnungen der Finanzverwaltung zu einer Steuergutschrift führt und aus der Aktenlage anzunehmen ist, dass nur lohnsteuerpflichtige Einkünfte bezogen wurden sowie keine besonderen Ausgaben (Werbungskosten, bestimmte Sonderausgaben, außergewöhnliche Belastungen oder antragsgebundene Freibeträge bzw Absetzbeträge) geltend gemacht werden.

Vorauszahlung Lohnsteuerpflichtige haben nur dann **Vorauszahlungen** auf die Einkommensteuer zu leisten, wenn die nichtlohnsteuerpflichtigen Einkünfte die Veranlagungsgrenze von € 730 überschreiten oder wenn zwei oder mehrere lohnsteuerpflichtige Einkünfte nebeneinander bezogen werden, die getrennt voneinander versteuert werden (§ 45 Abs 1 EStG).

2.1.11.3. Kapitalertragsteuer

KESt Bei bestimmten **inländischen Einkünften aus Kapitalvermögen** wird die ESt durch Abzug vom Kapitalertrag erhoben (vgl §§ 93–97 EStG). Der Kapitalertragsteuer (KESt) unterliegen demnach folgende inländische Einkünfte aus Kapitalvermögen:

- Einkünfte aus der Überlassung von Kapital (zB Gewinnanteile aus Aktien und aus GmbH-Anteilen, Zinserträge aus Bankeinlagen und Forderungswertpapieren),
- Einkünfte aus realisierten Wertsteigerungen von Kapitalvermögen (zB Aktienkursgewinne),
- Einkünfte aus Derivaten (zB Gewinne aus der Veräußerung von Indexzertifikaten),
- Einkünfte aus Kryptowährungen voraussichtlich ab 1. Jänner 2024.

Die KESt beträgt 27,5 % der Bruttoerträge. Für Geldeinlagen und nicht verbriefte sonstige Forderungen bei Kreditinstituten (insb Zinsen aus Sparbüchern und

Girokonten) gilt der besondere Steuersatz von 25 % (in wirtschaftlichem Zusammenhang mit diesen Kapitalerträgen stehende Aufwendungen und Ausgaben dürfen nicht abgezogen werden; vgl § 20 Abs 2 EStG). Die KESt ist vom Schuldner der Kapitalerträge einzubehalten und an das zuständige Finanzamt abzuführen. Steuerschuldner der KESt ist hingegen der Empfänger (= Gläubiger) der Kapitalerträge. Für unter § 27a Abs 2 EStG fallende Einkünfte aus Kapitalvermögen (zB Privatdarlehen) besteht keine Verpflichtung zum KESt-Abzug.

Mit dem KESt-Abzug gilt die Einkommensteuer grundsätzlich als abgegolten (**Endbesteuerung**), und zwar unabhängig davon, ob sich die Kapitalanlagen im Privatvermögen oder im Betriebsvermögen einer natürlichen Person befinden. Eine Ausnahme besteht nur für betriebliche Einkünfte aus realisierten Wertsteigerungen von Kapitalvermögen und betriebliche Einkünfte aus Derivaten. Diese Einkünfte unterliegen zwar ebenfalls dem KESt-Abzug, allerdings entfaltet der KESt-Abzug in diesem Fall keine Endbesteuerungswirkung. Endbesteuert sind demnach unter anderem folgende Einkünfte aus Kapitalvermögen:

Endbesteuerung

- Zinserträge aus Geldeinlagen bei inländischen Banken;
- Zinserträge aus sonstigen Forderungen gegenüber inländischen Banken, denen ein Bankgeschäft zugrunde liegt;
- Zinserträge aus Forderungswertpapieren, wenn sich die kuponauszahlende Stelle im Inland befindet;
- Gewinnanteile (Dividenden) aus inländischen Aktien, GmbH-Anteilen, Genussrechten, Genossenschaftsanteilen und Zuwendungen inländischer Stiftungen;
- Gewinnanteile (Dividenden) aus vergleichbaren ausländischen Aktien, GmbH-Anteilen, Genussrechten und Genossenschaftsanteilen, die von einer inländischen auszahlenden Stelle ausbezahlt werden;
- Kapitalerträge aus Anteilsscheinen an einem in- und ausländischen Kapitalanlage- und Immobilieninvestmentfonds, wenn die jeweiligen Erträge gemeldet werden;
- im Privatvermögen erzielte Wertsteigerungen von Kapitalvermögen, wenn die Vermögenswerte auf einem inländischen Depot verwahrt oder von einer inländischen auszahlenden Stelle ausbezahlt werden;
- im Privatvermögen erzielte Einkünfte aus Derivaten, wenn die Vermögenswerte auf einem inländischen Depot verwahrt oder von einer inländischen auszahlenden Stelle ausbezahlt werden;
- Einkünfte aus Kryptowährungen.

Einkünfte aus Kapitalvermögen, die nicht dem KESt-Abzug unterliegen (zB **ausländische Einkünfte aus Kapitalvermögen**) oder die mit dem KESt-Abzug nicht endbesteuert sind (zB betriebliche Einkünfte aus realisierten Wertsteigerungen von Kapitalvermögen), unterliegen gem § 27a Abs 1 EStG einem **besonderen Steuersatz von 25 % bzw 27,5 %**, ausgenommen die in § 27a Abs 2 EStG genannten Kapitaleinkünfte wie zB Beteiligung an einem Unternehmen als stiller Gesellschafter.

Besonderer Steuersatz

Für Geldeinlagen und nicht verbriefte sonstige Forderungen bei Kreditinstituten gilt der besondere Steuersatz von 25 %.

Die Kapitaleinkünfte sind ohne jeden Abzug anzusetzen (vgl § 20 Abs 2 EStG). Gewisse ausländische Quellensteuern sind anzurechnen. Die ESt gilt durch die Besteuerung mit den besonderen Steuersätzen als **abgegolten**. Bei im Betriebsvermögen gehaltenen Kapitalanlagen können Teilwertabschreibungen und Veräußerungsverluste allerdings dennoch in eingeschränktem Umfang mit anderen betrieblichen Einkünften ausgeglichen werden (§ 6 Z 2 lit c EStG).

Für unter § 27a Abs 2 EStG fallende Einkünfte aus Kapitalvermögen (zB Privatdarlehen, nicht verbriefte Derivate, stille Gesellschafter, Entgelte für die Überlassung von Kryptowährungen) gilt der Sondersteuersatz nicht. Diese Einkünfte unterliegen dem progressiven Einkommensteuertarif.

2.1.11.4. Immobilienertragsteuer

Immobilienertragsteuer Einkünfte aus der Veräußerung von privaten und betrieblichen Grundstücken unterliegen mit bestimmten Ausnahmen (vgl § 30 Abs 2 EStG) einem **besonderen Steuersatz von 30 %** (vgl §§ 30a – 30c EStG). Die Steuer ist grundsätzlich vom Parteienvertreter selbst zu berechnen und für Rechnung des Veräußerers bis zum 15. des auf den Zufluss des Veräußerungserlöses zweitfolgenden Kalendermonats an das Finanzamt zu entrichten (Immobilienertragsteuer). Mit der Entrichtung der Immobilienertragsteuer gilt die ESt grundsätzlich als abgegolten (**Endbesteuerung**).

2.1.12. Beschränkte Steuerpflicht

Beschränkte Steuerpflicht **Beschränkt steuerpflichtig** sind gemäß § 1 Abs 3 EStG natürliche Personen, die im Inland weder einen Wohnsitz noch ihren gewöhnlichen Aufenthalt haben, mit ihren **Einkünften aus dem Inland**, soweit diese in § 98 EStG aufgezählt sind.

Erhebung der ESt Die Erhebung der ESt bei beschränkt Steuerpflichtigen erfolgt

- grundsätzlich im Wege der **Veranlagung,**
- im Wege einer **Abzugsteuer** in besonderen Fällen,
- im Wege der **Lohnsteuer** und
- im Wege des **KESt-Abzuges**.

Die Abzugsteuer (§ 99 EStG) kommt zB bei im Inland ausgeübter Tätigkeit als Künstler oder Sportler sowie bei Unterhaltungsdarbietungen zur Anwendung. Der Abzugsteuer unterliegen auch Lizenzgebühren, Aufsichtsratsvergütungen und Einkünfte aus im Inland ausgeübter kaufmännischer oder technischer Beratung und bei Gestellung von Arbeitskräften. Die Abzugsteuer beträgt grundsätzlich 20 % der Einnahmen ohne Berücksichtigung von Ausgaben; mit den Einnahmen unmittelbar zusammenhängende Ausgaben können vom vollen Betrag der Einnahmen abgezogen werden, wenn sie ein in einem Mitgliedstaat der EU oder des EWR ansässiger beschränkt Steuerpflichtiger vor dem Zufließen der Einkünfte dem Schuldner der Abzugsteuer schriftlich mitgeteilt hat; diesfalls beträgt der Abzugsteuersatz jedoch 25 %.

Zur ESt sind zu veranlagen Einkünfte eines beschränkt Steuerpflichtigen, von denen kein Steuerabzug vom Arbeitslohn, vom Kapitalertrag oder nach den §§ 99 bis 101 EStG vorzunehmen ist. Gem § 102 Abs 1 Z 2 EStG sind bestimmte der Abzugsteuer unterliegende Einkünfte unter Anwendung des normalen Steuertarifs zu veranlagen. Zusätzlich besteht ein Pflichtveranlagungstatbestand für beschränkt Steuerpflichtige, die lohnsteuerpflichtige Einkünfte gemäß § 70 Abs 2 Z 1 EStG im Rahmen von zwei Dienstverhältnissen sowie andere Einkünfte über € 730 beziehen. Bei allen anderen kann gem § 102 Abs 1 Z 3 EStG ein Antrag auf Veranlagung gestellt werden, in dessen Rahmen Betriebsausgaben oder Werbungskosten unter bestimmten Voraussetzungen geltend gemacht werden können.

Bei der Veranlagung beschränkt Steuerpflichtiger wird ihren inländischen Einkünften jedoch ein Betrag iHv € 9.000 hinzugerechnet, da es grundsätzlich Sache des Ansässigkeitsstaates ist, das Existenzminimum zu sichern. Unterliegt ein Steuerpflichtiger mit seinen Einkünften in mehreren Staaten der ESt (insbesondere bei Doppelwohnsitz), kann es zu einer Doppelbesteuerung derselben Einkünfte kommen, wenn etwa in mehreren Staaten das gesamte Welteinkommen der Einkommensteuer unterliegt.

Diese Doppelbelastung wird in der Regel durch **Doppelbesteuerungsabkommen** (DBA) zwischen den Staaten vermieden; fehlt ein DBA, kann das Bundesministerium für Finanzen nach § 48 BAO Erleichterungen gewähren (vgl Kapitel 6.2.2.2.).

DBA

2.2. Körperschaftsteuer

Die subjektive Steuerpflicht nach dem EStG trifft lediglich natürliche Personen. Der **Körperschaftsteuer** (KSt) unterliegt das „Einkommen" von Körperschaften, das sind vor allem **juristische Personen** (insbesondere Kapitalgesellschaften). Der **proportionale Tarif** der Körperschaftsteuer beläuft sich auf 25 %. Die KSt soll stufenweise zunächst im Jahr 2023 auf 24 % und im Jahr 2024 auf 23 % gesenkt werden.

Körperschaftsteuer

Im Gegensatz zu Personengesellschaften, deren Erfolg **direkt den Gesellschaftern zugerechnet** wird (**Durchgriffs-** oder **Transparenzprinzip**), werden Körperschaften bei der Gewinnbesteuerung als eigene Steuersubjekte anerkannt und getrennt von ihren Gesellschaftern besteuert (**Trennungsprinzip**).

Trennungsprinzip

Wie bereits unter 2.1.3. ausgeführt wurde, besteht für spezielle höchstpersönliche Tätigkeiten eine Ausnahme. Einkünfte aus einer Tätigkeit als organschaftlicher Vertreter einer Körperschaft (etwa Vorstand einer AG, Geschäftsführer einer GmbH oder Vorstand einer Privatstiftung) sowie Tätigkeiten als Künstler, Schriftsteller, Wissenschaftlicher, Sportler oder Vortragender sind der leistungserbringenden natürlichen Person (und nicht der Körperschaft) zuzurechnen, wenn die

Leistung von einer Körperschaft abgerechnet wird, die unter dem Einfluss der leistungserbringenden natürlichen Person steht und über keinen eigenständigen, sich von dieser höchstpersönlichen Tätigkeit abhebenden Betrieb verfügt.

Beginn und Ende der Steuerpflicht

Die Körperschaftsteuerpflicht beginnt, wenn die Satzung, der Gesellschaftsvertrag bzw eine andere Rechtsgrundlage festgestellt ist und die Körperschaft nach außen in Erscheinung tritt. Die Steuerpflicht endet mit der Verteilung des Vermögens der Körperschaft.

2.2.1. Unbeschränkte Steuerpflicht

Unbeschränkte Steuerpflicht

Unbeschränkt steuerpflichtig mit allen in- und ausländischen Einkünften sind gemäß § 1 Abs 2 KStG juristische Personen des privaten Rechts (insbesondere Kapitalgesellschaften, Genossenschaften, Vereine, Privatstiftungen), Betriebe gewerblicher Art (BgA) von Körperschaften öffentlichen Rechts (KöR) sowie nichtrechtsfähige Personenvereinigungen, weiters Anstalten, Stiftungen und andere Zweckvermögen im Sinne des § 3 KStG, die im Sinne des § 27 BAO **im Inland** ihren **Ort der Geschäftsleitung** oder ihren **Sitz** haben.

2.2.2. Beschränkte Steuerpflicht

Beschränkte Steuerpflicht

Im Körperschaftsteuerrecht sind drei Arten der beschränkten Steuerpflicht vorgesehen (§ 1 Abs 3 KStG):

1. Beschränkt steuerpflichtig sind die einer inländischen juristischen Person vergleichbaren Körperschaften, Personenvereinigungen und Vermögensmassen, die **weder ihre Geschäftsleitung noch ihren Sitz im Inland** haben.
2. Beschränkt steuerpflichtig sind ferner inländische Körperschaften des öffentlichen Rechts (soweit diese nicht Betriebe gewerblicher Art unterhalten) sowie
3. Körperschaften, soweit sie nach § 5 KStG oder nach anderen Bundesgesetzen von der Körperschaftsteuerpflicht **befreit** sind.

Die beschränkte Steuerpflicht umfasst nur bestimmte in § 21 KStG aufgezählte Einkünfte dieser Körperschaften. Mit anderen Einkünften unterliegen die beschränkt steuerpflichtigen Körperschaften daher nicht der Körperschaftsteuerpflicht.

2.2.3. Steuerschuldner

Steuerschuldner

Steuerschuldner sind die **Körperschaften**. Diese werden in § 1 Abs 2 KStG definiert. Körperschaften sind insbesondere juristische Personen, wie zB GmbH und AG.

2.2.4. Steuerobjekt

Steuerobjekt

Das Einkommen ist das Steuerobjekt der KSt. Es umfasst die Summe der (positiven oder negativen) Einkünfte aus den sieben Einkunftsarten, wie diese im EStG aufgezählt sind (vgl 2.1.4.). Kapitalgesellschaften erzielen gem § 7 Abs 3 KStG allerdings immer Einkünfte aus Gewerbebetrieb (Gewerblichkeitsfiktion).

2.2.5. Bemessungsgrundlage

Bemessungsgrundlage ist gemäß § 7 Abs 2 KStG das „zu versteuernde Einkommen", das nach den Vorschriften des EStG ermittelt und aufgrund einiger Sondervorschriften des KStG modifiziert wird. Grundsätzlich richtet sich also die **Einkommensermittlung** von Körperschaften nach den **Gewinnermittlungsvorschriften des EStG.**

Bemessungsgrundlage

Kapitalgesellschaften ermitteln ihren (steuerlichen) Gewinn durch einen Vermögensvergleich entsprechend § 5 Abs 1 EStG (**Maßgeblichkeitsprinzip**).

Verdeckte Gewinnausschüttungen sind Vorteile, die der Gesellschafter aufgrund seiner Gesellschafterstellung außerhalb eines ordnungsgemäßen Gewinnverteilungsbeschlusses erhält. Ebenso wie offene Ausschüttungen mindern verdeckte Gewinnausschüttungen den Gewinn der Körperschaft nicht. Gewährt beispielsweise eine Kapitalgesellschaft ihrem Gesellschafter-Geschäftsführer ein überhöhtes Gehalt, so ist der den fremdüblichen Teil übersteigende Betrag als verdeckte Gewinnausschüttung zu behandeln.

Verdeckte Gewinnausschüttung

Einlagen der Gesellschafter (zB aufgrund einer Kapitalerhöhung) erhöhen den Gewinn nicht und bleiben daher bei der Ermittlung des Einkommens der Körperschaft außer Ansatz.

Einlagen

Gewinnanteile, die eine inländische Körperschaft aufgrund einer Beteiligung an einer anderen inländischen Körperschaft bezieht, sind generell körperschaftsteuerfrei. Die Befreiung der **Beteiligungserträge** soll die Mehrfachbesteuerung von Gewinnausschüttungen im Konzern vermeiden (§ 10 Abs 1 KStG). Die Veräußerung von inländischen Kapitalanteilen ist hingegen steuerpflichtig.

Beteiligungserträge

Beteiligungserträge aus einer Beteiligung an ausländischen Gesellschaften sind gem § 10 Abs 1 Z 7 KStG ebenfalls körperschaftsteuerfrei, wenn das Beteiligungsausmaß **mindestens 10 %** beträgt **und** die Kapitalanteile während eines ununterbrochenen Zeitraumes von **mindestens einem Jahr** gehalten werden (internationale Schachtelbeteiligung).

Internationale Schachtelbeteiligung

§ 10 Abs 3 KStG sieht vor, dass Gewinne und Verluste aus der Veräußerung oder dem sonstigen Ausscheiden einer Schachtelbeteiligung iSd § 10 Abs 2 KStG steuerneutral sind. Körperschaften können aber eine Option zur Steuerwirksamkeit der Beteiligung und von Teilwertabschreibungen bei der Anschaffung der Beteiligung abgeben, sodass Verluste aus der Veräußerung sowie Aufwendungen aufgrund von Teilwertabschreibungen die steuerliche Bemessungsgrundlage mindern. Allerdings hat die Option auch die Konsequenz, dass Gewinne aufgrund der Veräußerung sowie spätere Zuschreibungen steuerwirksam sind.

Liegt das Beteiligungsausmaß unter 10 % oder die Beteiligungsdauer unter einem Jahr, sind Beteiligungserträge unter den Voraussetzungen des § 10 Abs 1 Z 5 und 6 KStG befreit (steuerpflichtig sind danach im Wesentlichen nur Beteiligungserträge aus Drittstaaten, mit denen Österreich keine umfassende Amtshilfevereinbarung getroffen hat).

Portfoliobeteiligungen

Hinzurechnungs-besteuerung

Hält eine österreichische unbeschränkt steuerpflichtige Körperschaft oder eine beschränkt steuerpflichtige Körperschaft erster Art (beherrschende Körperschaft) selbst oder gemeinsam mit ihren verbundenen Unternehmen mittel- oder unmittelbar mehr als 50 % der Stimmrechte oder des Kapitals oder hat sie Anspruch auf mehr als 50 % der Gewinne einer niedrigbesteuerten ausländischen Körperschaft (§ 10a Abs 3 KStG; effektive ausländische Steuerbelastung beträgt nicht mehr als 12,5 %; beherrschte Körperschaft), deren gesamten Einkünfte zu mehr als einem Drittel aus Passiveinkünften gem § 10a Abs 2 KStG (zB Zinsen, Lizenzgebühren, Dividenden und Einkünfte aus der Veräußerung von Anteilen) bestehen, werden die Passiveinkünfte der ausländischen Körperschaft direkt der österreichischen Körperschaft hinzugerechnet und demgemäß der österreichischen Körperschaftsteuer unterworfen. Übt die ausländische Körperschaft eine wesentliche wirtschaftliche Tätigkeit aus (Substanznachweis gem § 10a Abs 4 Z 3 KStG), wird keine Hinzurechnungsbesteuerung ausgelöst. Etwaige Verluste und Aktiveinkünfte der ausländischen Gesellschaft werden nicht hinzugerechnet. Auf Antrag ist die auf die hinzugerechneten Passiveinkünfte entfallende tatsächliche ausländische Steuer auf die österr Körperschaftsteuer anzurechnen (Vermeidung von Doppelbesteuerungen). Die Hinzurechnungsbesteuerung führt zu einer Durchbrechung der Abschirmwirkung im Rahmen des grundsätzlich für Körperschaften geltenden Trennungsprinzips, da die Passiveinkünfte unabhängig von einer Ausschüttung bereits im Jahr ihrer Erzielung bei der österreichischen (beherrschenden) Körperschaft besteuert werden.

Switch-over

Im Falle von internationalen Schachtelbeteiligungen iSv § 10 Abs 2 KStG sowie Beteiligungen von mindestens 5 %, deren Gewinnanteile unter § 10 Abs 1 Z 5 oder 6 KStG fallen (qualifizierte Portfoliobeteiligungen), werden die Gewinnanteile nicht befreit, sondern die (niedrigere) ausländische Steuer auf die inländische Körperschaftsteuer angerechnet (sogenannter „switch over" bzw Methodenwechsel), wenn die Beteiligung an einer niedrigbesteuerten ausländischen Körperschaft (effektive ausländische Steuerbelastung ≤ 12,5 %) besteht, deren Unternehmensschwerpunkt in der Erzielung von Passiveinkünften gem § 10a Abs 2 KStG liegt, und die betreffenden Passiveinkünfte nicht bereits im Rahmen der Hinzurechnungsbesteuerung zu erfassen waren (die Hinzurechnungsbesteuerung geht dem Methodenwechsel vor). Folglich kommen die Steuerbefreiungen nach § 10 Abs 1 Z 5 bis 7 KStG sowie die Steuerneutralität für Wertänderungen von internationalen Schachtelbeteiligungen nach § 10 Abs 3 KStG im Falle eines Methodenwechsels nicht zur Anwendung.

Gruppenbesteuerung

Eine Ausnahme vom Trennungsprinzip ergibt sich im Falle der **Gruppenbesteuerung**. Materielle Voraussetzung für die Bildung einer Unternehmensgruppe ist eine **finanzielle Verbindung von mehr als 50 %** am Nennkapital und an den Stimmrechten am Gruppenmitglied. Diese finanzielle Verbindung kann auch mittelbar oder im Wege einer Beteiligungsgemeinschaft mit einem „Kernaktionär" erfolgen. Formale Voraussetzung der Gruppenbildung ist ein gemeinsamer **Gruppenantrag**. Durch die Gruppenbesteuerung haben Unternehmensgruppen die Möglichkeit, die auf Ebene der einzelnen Gruppenmitglieder ermittelten Körperschaftsteuerbemessungsgrundlagen zu vereinigen und damit in Durchbrechung des Trennungsprinzips Gewinne und Verluste auszugleichen. Dieses Gruppenergebnis wird auf Ebene des Gruppenträgers der Körperschaftsteuer unterworfen.

2.2.6. Steuertarif

Der **Körperschaftsteuersatz** beträgt grundsätzlich 25 % (der KSt-Satz wird für das Jahr 2023 auf 24 % und für die Jahre ab 2024 auf 23 % gesenkt). Unbeschränkt steuerpflichtige Kapitalgesellschaften und diesen vergleichbare unbeschränkt steuerpflichtige ausländische Körperschaften haben eine **Mindestkörperschaftsteuer** in Höhe von 5 % der gesetzlichen Mindesthöhe des Grund- oder Stammkapitals zu entrichten. Die Mindesthöhe des Stammkapitals bei einer GmbH beträgt € 35.000; der Mindestnennbetrag des Grundkapitals bei einer AG beträgt € 70.000. Demnach unterliegen GmbH einer Mindestkörperschaftsteuer von € 1.750, AG einer von € 3.500. Fehlt bei im Inland unbeschränkt steuerpflichtigen ausländischen Körperschaften eine gesetzliche Mindesthöhe des Kapitals oder ist diese niedriger als die gesetzliche Mindesthöhe des § 6 GmbHG (= € 35.000), ist § 6 GmbHG maßgebend.

Steuertarif, Mindestkörperschaftsteuer

Für alle neu errichteten GmbH beträgt die Mindestkörperschaftsteuer für die ersten fünf Jahre € 500 pro Jahr und für die folgenden fünf Jahre € 1.000 pro Jahr (§ 24 Abs 4 Z 3 KStG).

Reduzierte Mindestkörperschaftsteuer

Schüttet eine inländische Kapitalgesellschaft Gewinne an die Gesellschafter aus, so hat sie von den **ausgeschütteten Gewinnen** Kapitalertragsteuer (KESt) einzubehalten. Die KESt beträgt 27,5 % bei Ausschüttungen an natürliche Personen. Dadurch kommt es bei Ausschüttung von Gewinnen zu einer effektiven Steuerbelastung von 45,625 % (25 % KSt + 27,5 % KESt von 75 %). Liegt der individuelle Einkommensteuersatz des Empfängers unter 27,5 %, so kann er einen Antrag auf Veranlagung stellen und erhält die KESt angerechnet oder den übersteigenden Teil erstattet. Ausschüttungen von inländischen Körperschaften sind gem § 10 Abs 1 KStG von der KSt befreit. Dadurch wird die mehrfache Besteuerung vermieden. Grundsätzlich ist bei Gewinnausschüttungen an Körperschaften ebenfalls ein KESt-Abzug, jedoch nur in Höhe von 25 % für das Kalenderjahr 2022 vorzunehmen. Von einem KESt-Abzug kann aber nur dann abgesehen werden, wenn die Beteiligung der inländischen Körperschaft mindestens 10 % beträgt oder eine EU-Muttergesellschaft zu mindestens 10 % beteiligt ist (§ 94 Z 2 EStG).

Belastung ausgeschütteter Gewinne

2.3. Umsatzsteuer

Der Umsatzsteuer (USt) unterliegt der Umsatz von Waren und Dienstleistungen. Die Besteuerung erfolgt proportional mit unterschiedlichen Steuersätzen. Die USt ist eine **Sachsteuer** (auf persönliche Verhältnisse wird grundsätzlich nicht Rücksicht genommen); sie ist von ihrer technischen Ausgestaltung her betrachtet eine **Verkehrsteuer** (Anknüpfung an den wirtschaftlichen Verkehr),

Umsatzsteuer

von ihrer Wirkung hingegen eine (allgemeine) **Verbrauchsteuer** (Belastung des Verbrauchs) bzw **Einkommensverwendungssteuer** (Verwendung von Einkommen für Zwecke des Erwerbs von zum Ver- oder Gebrauch bestimmten Leistungen). Die USt zählt zu den **indirekten Steuern** (unterschiedliche Steuerträger und Steuerschuldner).

2.3.1. Allgemeines

Allphasensteuer mit Vorsteuerabzug

Die Umsatzsteuer wird in Form einer „Mehrwertsteuer" erhoben. Besteuert wird der vom Unternehmen geschaffene Mehrwert einer Leistung. Steuertechnisch betrachtet handelt es sich um eine **Allphasensteuer** (Erhebung auf jeder Produktions- und Vertriebsstufe) **mit Vorsteuerabzug** (Anrechnung oder Rückerstattung der Umsatzsteuer beim empfangenden Unternehmer):

Beispiel

Der Hersteller H stellt bei seiner Lieferung eines Gegenstandes an den Einzelhändler E neben dem Nettopreis von € 100 Umsatzsteuer in Höhe von € 20 (20 % der Bemessungsgrundlage) in Rechnung, die er an das Finanzamt abführt. Der Einzelhändler E zahlt den Gesamtpreis von € 120 an H, kann aber € 20 als Vorsteuer von seiner Umsatzsteuerzahllast abziehen, sodass innerhalb der Unternehmerkette keine Umsatzsteuer auf dem Gegenstand lastet.

Bei Lieferung des Gegenstandes an den Konsumenten K stellt Einzelhändler € 150 zuzüglich Umsatzsteuer in Höhe von € 30 in Rechnung. Die Umsatzsteuer in Höhe von € 30 verrechnet E mit der Vorsteuer von € 20, sodass sich eine Umsatzsteuerzahllast von € 10 ergibt, welche dieser an das Finanzamt abführt. K zahlt den Preis von € 180, in welchem die Umsatzsteuer in Höhe von € 30 enthalten ist. K trägt damit die Steuer in Höhe von € 30, da er nicht zum Vorsteuerabzug berechtigt ist. Die Umsatzsteuer ist proportional zum Preis (20 % von 150) und wurde auf jeder Stufe des Vertriebs fraktioniert (Hersteller € 20; Einzelhändler € 10) erhoben.

2.3.2. Steuerobjekt

Steuerobjekt

Steuerobjekt der USt sind die „steuerbaren Umsätze":

1. **Lieferungen** und **sonstige Leistungen,** die ein Unternehmer im Rahmen seines Unternehmens **im Inland** gegen Entgelt ausführt,
2. **Eigenverbrauch** im Inland,
3. **Einfuhr** von Gegenständen aus dem Drittland,
4. **innergemeinschaftlicher Erwerb** aus EU-Staaten.

Eine **Lieferung** ist die Verschaffung der Verfügungsmacht über einen Gegenstand (zB Verkauf von Waren). Einer Lieferung gegen Entgelt gleichgestellt ist die Entnahme eines Gegenstandes, der zum Vorsteuerabzug berechtigt hat, aus dem Unternehmen für nichtunternehmerische Zwecke oder für jede andere Zuwendung.

Sonstige Leistungen sind „Leistungen, die nicht in einer Lieferung bestehen", das sind insbesondere Dienstleistungen, die Einräumung von Rechten, etc. Als sonstige Leistung gegen Entgelt gilt auch die Verwendung eines dem Unternehmen zugeordneten Gegenstandes, der zum Vorsteuerabzug berechtigt hat, sowie die unentgeltliche Erbringung von anderen sonstigen Leistungen durch den Unternehmer für Zwecke, die außerhalb des Unternehmens liegen.

2.3.3. Steuerbefreiungen

Abgesehen von der Steuerbefreiung für Leistungen im Zusammenhang mit dem Export in das Ausland (zB Ausfuhrlieferungen) gibt es Steuerbefreiungen für Leistungen, die für das Inland bestimmt sind, aber sozialen Zwecken dienen (zB ärztliche Leistungen) oder aus anderen Gründen (zB Grundstückslieferungen, Kreditumsätze) befreit sind.

Zu unterscheiden sind

- **echte Steuerbefreiungen** (bei denen für Vorleistungen der Vorsteuerabzug in Anspruch genommen werden kann)
- **unechte Steuerbefreiungen** (bei denen die Vorleistungen vom Vorsteuerabzug ausgeschlossen sind).

Kleinunternehmer sind von der Umsatzsteuer befreit (§ 6 Abs 1 Z 27 UStG). Kleinunternehmer ist ein Unternehmer mit Umsätzen bis höchstens € 35.000 (netto) im Veranlagungszeitraum. Mit der Befreiung verliert der Kleinunternehmer das Recht auf Vorsteuerabzug. Der Kleinunternehmer kann aber gemäß § 6 Abs 3 UStG auf seine Befreiung verzichten, um den Vorsteuerabzug sicherzustellen.

2.3.4. Steuerschuldner

Steuerschuldner ist in der Regel der Unternehmer. Unternehmer ist gemäß § 2 UStG, wer eine **gewerbliche** oder **berufliche** Tätigkeit **selbständig** ausübt. Anders als bei der Einkommensteuer gehört neben den betrieblichen Tätigkeiten insbesondere auch der außerbetriebliche Bereich der Vermietung und Verpachtung zum Unternehmen. Als Unternehmer kommen neben natürlichen und juristischen Personen auch Personengesellschaften (wie zB OG und KG) in Betracht.

Der Unternehmer muss **selbständig** sein. „Gewerblich oder beruflich ist jede nachhaltige Tätigkeit zur Erzielung von Einnahmen, auch wenn die Absicht, Gewinne zu erzielen, fehlt." Im USt-Recht genügt nach dieser Bestimmung **Einnahmenerzielungsabsicht**; Gewinnerzielung ist grundsätzlich nicht erforderlich.

Das Unternehmen erfasst die gesamte gewerbliche oder berufliche Tätigkeit des Unternehmens. Danach kann ein Unternehmer zwar mehrere Betriebe oder Tätigkeitsbereiche haben, aber immer **nur ein Unternehmen**.

Leistungen zwischen den Betrieben desselben Unternehmens stellen umsatzsteuerlich irrelevante Innenumsätze dar.

2.3.5. Bemessungsgrundlage

Der Umsatz (**Bemessungsgrundlage**) wird gemäß § 4 UStG bei Lieferungen und sonstigen Leistungen sowie dem innergemeinschaftlichen Erwerb nach dem **Entgelt**

Steuerbefreiungen

Echte und unechte Steuerbefreiungen

Kleinunternehmer

Steuerschuldner

Bemessungsgrundlage

bemessen. Entgelt ist alles, was der Empfänger aufzuwenden hat oder freiwillig aufwendet oder ein Dritter für ihn aufwendet, damit er eine Leistung beziehen kann.

Beim Eigenverbrauch im Inland bemisst sich der Umsatz nach dem **Einkaufspreis** oder den **Selbstkosten** im Zeitpunkt der Entnahme. Bei der Einfuhr von Gegenständen aus dem Drittland wird der Umsatz nach dem **Zollwert** des eingeführten Gegenstandes bemessen.

2.3.6. Steuertarif

Steuertarif Der **Steuertarif** der USt ist proportional. Der normale Steuersatz beträgt 20 % der Bemessungsgrundlage. Ein ermäßigter Steuersatz von 10 % gilt für bestimmte ausdrücklich aufgezählte Umsätze wie zB zahlreiche Nahrungsmittel, Vermietung zu Wohnzwecken, Bücher. Für Filmvorführungen, Eintritt für Sportveranstaltungen, Kunstgegenstände sowie Umsätze von Künstlern beispielsweise ist hingegen der ermäßigte Steuersatz von 13 % anzuwenden.

Die Steuerschuld ergibt sich durch Anwendung des Steuersatzes auf die Bemessungsgrundlage. Von der Steuerschuld kann der Unternehmer die von ihm an seine Vorlieferanten gezahlte Vorsteuer abziehen, sofern er die Vorleistungen zur Ausführung seiner besteuerten Umsätze verwendet.

Die Umsatzsteuer ist eine Selbstbemessungsabgabe; der Unternehmer hat für jeden Kalendermonat (bis € 100.000 Jahresumsatz vierteljährlich) bis zum Fünfzehnten des zweitfolgenden Monats die USt selbst zu berechnen und an das zuständige Finanzamt abzuführen (Umsatzsteuervoranmeldung). Für jedes Kalenderjahr muss zusätzlich eine Jahresumsatzsteuererklärung abgegeben werden.

2.4. Kommunalsteuer

Allgemeines Die Kommunalsteuer ist eine von den Gemeinden erhobene Steuer, die aber **bundesgesetzlich** geregelt wird (Kommunalsteuergesetz).

2.4.1. Steuerobjekt

Steuerobjekt Der Kommunalsteuer unterliegen die **Arbeitslöhne**, die in einem Kalendermonat an die Dienstnehmer einer im Inland gelegenen Betriebsstätte des Unternehmens gewährt werden (§ 1 KommStG).

2.4.2. Steuerschuldner

Steuerschuldner Nur **Unternehmer** unterliegen der Kommunalsteuer; zum Unternehmen gehört die gesamte gewerbliche oder berufliche Tätigkeit des Unternehmens; sie entspricht dem Unternehmensbegriff des UStG.

2.4.3. Bemessungsgrundlage

Bemessungsgrundlage Bemessungsgrundlage ist im Wesentlichen die **Summe der Arbeitslöhne**; dazu gehören auch sonstige Bezüge im Sinne des § 67 EStG (ohne Abfertigungen); nicht dazu gehören unter anderem Ruhe- und Versorgungsgenüsse.

2.4.4. Steuertarif

Die Kommunalsteuer beträgt **3 %** der Bemessungsgrundlage; sie ist vom Unternehmer für jeden Kalendermonat selbst zu berechnen und bis zum 15. des darauf folgenden Monats an die Gemeinde zu entrichten.

Steuertarif

Gemeinnützige und ähnliche Einrichtungen sind von der Kommunalsteuer befreit.

2.5. Dienstgeberbeitrag nach dem FLAG

Zur Finanzierung des Familienlastenausgleichs (FLAG), insbesondere der Familienbeihilfe, wird ein **Dienstgeberbeitrag** (DB) eingehoben. Den DB haben alle Dienstgeber zu leisten, die in Österreich Dienstnehmer beschäftigen. Beitragsgrundlage ist im Wesentlichen, wie bei der Kommunalsteuer, die Summe der Arbeitslöhne (§ 41 FLAG).

Dienstgeberbeitrag

Der DB beträgt 3,9 % der Beitragsgrundlage; übersteigt die Beitragsgrundlage im Kalendermonat nicht € 1.460, dann kürzt sie sich um € 1.095. Der **Dienstgeberbeitrag** ist als Selbstbemessungsabgabe monatlich abzuführen.

2.6. Dienstgeberzuschlag zum Dienstgeberbeitrag

Dienstgeber, die der Wirtschaftskammer angehören, müssen einen **Zuschlag zum Dienstgeberbeitrag** entrichten. Die Grundsätze des FLAG kommen sinngemäß zur Anwendung. Der Dienstgeberzuschlag ist pro Bundesland unterschiedlich, er beträgt zwischen 0,34 % in Oberösterreich und 0,42 % im Burgenland.

Zuschlag zum DB

2.7. Verkehrsteuern

2.7.1. Gesellschaftsteuer

Die **Gesellschaftsteuer** wurde bis zum 31.12.2015 bei der Zufuhr von Eigenkapital an inländische Kapitalgesellschaften durch die Gesellschafter erhoben.

Allgemeines

2.7.2. Gebühren

Dem Gebührengesetz unterliegen bestimmte **Schriften** und **Rechtsgeschäfte**.

Gebühren

2.7.2.1. Steuerobjekt

Nach dem Gebührengesetz unterliegen der Gebühr

Steuerobjekt

- bestimmte **Schriften** (zB Zeugnisse, Reisedokumente, Eingaben) und
- bestimmte schriftlich beurkundete **Rechtsgeschäfte**.

Welche Schriften und welche Rechtsgeschäfte einer Gebühr unterliegen, ergibt sich aus den so genannten Tarifposten der §§ 14 (Schriften) und 33 (Rechtsgeschäfte) GebG. Die dort vorgenommene Aufzählung ist taxativ, sodass Schriften und Rechtsgeschäfte, die nicht aufgezählt sind (zB Kaufverträge), nicht gebührenpflichtig sind.

2.7.2.2. Steuerschuldner

Steuerschuldner

Zur Entrichtung der Stempelgebühren für **Schriften** sind verpflichtet:

- bei Eingaben, deren Beilagen und bei Protokollen derjenige, in dessen Interesse die Eingabe eingebracht oder das Protokoll verfasst wird,
- bei amtlichen Ausfertigungen und Zeugnissen derjenige, für den oder in dessen Interesse diese ausgestellt werden.

Gebührenschuldner bei **zweiseitig** verbindlichen **Rechtsgeschäften** sind die Unterzeichner der Urkunde; wurde die Urkunde nur von einem Vertragspartner unterzeichnet und dem anderen Vertragspartner oder einem Dritten ausgehändigt, so sind die Vertragspartner und außerdem der Dritte Gebührenschuldner. Bei **einseitig** verbindlichen **Rechtsgeschäften** ist Gebührenschuldner derjenige, in dessen Interesse die Urkunde ausgestellt ist.

Von der Entrichtung der Gebühr sind insbesondere bestimmte öffentlich-rechtliche Körperschaften befreit.

2.7.2.3. Bemessungsgrundlage

Bemessungsgrundlage

Schriften unterliegen ausschließlich festen Gebühren, die sich zum Teil auch nach der Bogenzahl (ein Bogen = vier Seiten DIN A4) richten. Sie werden in den Tarifposten des § 14 Gebührengesetz aufgezählt. Darunter fallen zB Abschriften, amtliche Ausfertigungen, Protokolle, Reisedokumente, Vollmachten, etc.

Rechtsgeschäfte sind grundsätzlich nur dann gebührenpflichtig, wenn über sie eine Urkunde errichtet wird. Die Rechtsgeschäftsgebühren sind nur ausnahmsweise feste Gebühren, meist wird die Gebühr als Prozent- oder Promillegebührensatz vom Wert des Rechtsgeschäftes berechnet. Rechtsgeschäfte, die der Gebühr unterliegen, werden in den Tarifposten des § 33 GebG abschließend aufgezählt.

2.7.2.4. Steuertarif

Steuertarif

Die Gebühren nach dem Gebührengesetz sind entweder feste Gebühren oder Hundertsatzgebühren. **Feste Gebühren** sind in den Tarifposten betragsmäßig ausgewiesen. **Hundertsatzgebühren** sind in den Tarifposten in Prozentsätzen der dort vorgesehenen Bemessungsgrundlage ausgewiesen. Die Höhe der festen Gebühr bzw der Hundertsatzgebühr ergibt sich aus den §§ 14 und 33 GebG.

Bestimmte Gebühren

Im Folgenden werden die wichtigsten Gebühren für Schriften und Amtshandlungen sowie für Rechtsgeschäfte zusammengefasst:

1. Schriften und Amtshandlungen:
   - Unterschriftsbeglaubigungen: von jedem Bogen feste Gebühr iHv € 14,30,
   - Zeugnisse: von jedem Bogen idR € 14,30,
   - Reisedokumente (gewöhnlicher Reisepass) € 75,90,

- Personalausweis € 61,50 (für Kinder unter 16 Jahren € 26,30),
- Führerschein (grundsätzlich) € 60,50.

2. Rechtsgeschäfte:
- Bestandverträge (das sind Miet- und Pachtverträge) unterliegen bei Verträgen auf bestimmte Dauer einer Gebühr in Höhe von 1 % vom auf die Vertragsdauer entfallenden Entgelt, höchstens jedoch vom 18fachen Jahresentgelt; bei unbestimmter Dauer 1 % vom dreifachen Jahresentgelt; Mietverträge über Wohnraum unterliegen nicht der Bestandsvertragsgebühr.
- Zessionen, Abtretungen von Schuldforderungen und Abtretungen von Rechten unterliegen einer Gebühr in Höhe von 0,8 % des Entgelts.

2.7.3. Grunderwerbsteuer

Die **Grunderwerbsteuer** gehört zu den Rechtsverkehrsteuern; sie erfasst den Erwerb von Grundstücken im Inland.

Allgemeines

2.7.3.1. Steuerobjekt

Die Grunderwerbsteuer knüpft grundsätzlich bereits an das **Verpflichtungsgeschäft** an. Der Grunderwerbsteuer unterliegen folgende Erwerbsvorgänge:

Steuerobjekt

1. Kaufverträge und andere Rechtsgeschäfte, die den Anspruch auf Übereignung eines Grundstücks begründen;
2. Eigentumserwerb;
3. Erwerb der Verwertungsbefugnis;
4. Abtretungs(Zwischen-)geschäfte, durch die der schuldrechtliche Anspruch auf Übereignung weiter übertragen wird;
5. Vereinigung von mind. 95 % der Anteile an einer Gesellschaft mit inländischen Grundstücken in einer Hand (Anteilsvereinigung);
6. Änderung des Gesellschafterbestandes bei einer Personengesellschaft für Grundstücke im Vermögen der Gesellschaft, wenn mindestens 95 % der Anteile am Gesellschaftsvermögen innerhalb von fünf Jahren auf neue Gesellschafter übergehen.

Unter „**Grundstück**" im Sinne des Grunderwerbsteuergesetzes ist ein Grundstück im Sinne des Zivilrechtes zu verstehen; zum Grundstück gehören

- der Grund und Boden,
- das Gebäude,
- der Zuwachs (Pflanzen, Tiere) und
- das Zugehör (zB Hotelinventar).

Dem Grundstück stehen außerdem Baurechte und Superädifikate (= Bauten auf fremdem Grund) gleich.

Maschinen und sonstige Vorrichtungen, die zu einer Betriebsanlage gehören, zählen jedoch **nicht** zum Grundstück.

2.7.3.2. Steuerschuldner

Steuerschuldner (Gesamtschuldner) sind die am Erwerbsvorgang beteiligten Personen; das sind in der Regel der Käufer und der Verkäufer.

Steuerschuldner

Die Steuerschuld entsteht mit Verwirklichung des Erwerbsvorganges.

2.7.3.3. Bemessungsgrundlage

Die Grunderwerbsteuer wird grundsätzlich vom Wert der Gegenleistung (§ 5), mindestens vom Grundstückswert berechnet. Der Grundstückswert ist entweder

Bemessungsgrundlage

- als Summe des hochgerechneten (anteiligen) dreifachen Bodenwertes zuzüglich eines im Wesentlichen von der Nutzfläche abhängigen pauschalen Gebäudewerts oder
- in Höhe eines von einem geeigneten Immobilienpreisspiegel abgeleiteten Wertes zu berechnen.

Zur Vereinfachung der Ermittlung hat der BMF die Verordnung betreffend Festlegung der Ermittlung des Grundstückswertes (Grundstückswertverordnung – GrWV) erlassen.[25]

2.7.3.4. Steuertarif

Der Steuersatz der Grunderwerbsteuer beträgt im Allgemeinen 3,5 %.

Steuertarif

Begünstigte Steuersätze bestehen unter anderem für:

- unentgeltliche Erwerbe

für die ersten € 250.000	0,5 %
für die nächsten € 150.000	2 %
darüber hinaus	3,5 %

  Für die Ermittlung der Grunderwerbsteuer nach dem Stufentarif werden alle unentgeltlichen Erwerbe zusammengerechnet, die zwischen denselben Personen innerhalb von fünf Jahren stattgefunden haben.
- Anteilsvereinigungen, Übertragungen von Anteilen an Personengesellschaften und Umgründungen iSd UmgrStG 0,5 %

2.7.4. Erbschaften und Schenkungen

Die **Erbschafts- und Schenkungssteuer** ist eine Rechtsverkehrsteuer, sie ist zugleich eine Personensteuer und erfasst die unentgeltliche Bereicherung des Empfängers. Durch Erkenntnisse des Verfassungsgerichtshofes[26] wurden die Grundtatbestände der Erbschaftssteuer (Erwerb von Todes wegen) und der Schenkungen

Nichterhebung der Erbschafts- und Schenkungssteuer seit 1.8.2008

---

25 BGBl II 2015/442
26 VfGH 7.3.2007, G 54/06 ua für Erwerbe von Todes wegen; VfGH 15.6.2007, G 23/07 ua für Schenkungen

aufgehoben. Seit 1.8.2008 wird, da es zu keiner Neuregelung kam, diese Steuer nicht mehr erhoben.

Meldepflicht von Schenkungen

Unentgeltliche Übertragungen von inländischen Grundstücken werden stattdessen nunmehr der Grunderwerbsteuer unterworfen (vgl 2.7.3.). Um andere Vermögensverschiebungen nachvollziehen zu können, wurde eine gesetzliche Verpflichtung eingeführt, geschenktes Vermögen der Finanzverwaltung grundsätzlich anzuzeigen (§ 121a BAO). Wer es vorsätzlich unterlässt, die gem § 121a BAO anzeigepflichtigen Vorgänge anzuzeigen, macht sich einer Finanzordnungswidrigkeit schuldig. Die Finanzordnungswidrigkeit wird mit einer Geldstrafe bis zu 10 % des gemeinen Wertes des durch die nicht angezeigten Vorgänge übertragenen Vermögens geahndet.

Ausnahmen von der Meldeverpflichtung

Von der Anzeigepflicht befreit sind Schenkungen zwischen Angehörigen (§ 25 BAO), wenn der gemeine Wert aller Erwerbe an dieselbe Person € 50.000 innerhalb eines Jahres (sonst € 15.000 innerhalb von fünf Jahren) nicht übersteigt.

2.8. Sonstige Steuern

2.8.1. Normverbrauchsabgabe

Allgemeines

Die **Normverbrauchsabgabe** (NoVA) ist wie die Umsatzsteuer eine indirekte Steuer. Auch die NoVA ist von der Konzeption her eine Verkehrsteuer, von der Intention her jedoch eine (spezielle) Verbrauchsteuer.

2.8.1.1. Steuerobjekt

Steuerobjekt

Der Normverbrauchsabgabe unterliegen die **Erstanschaffung** von Personenkraftfahrzeugen und Krafträdern, der innergemeinschaftliche Erwerb und die **Erstzulassung** (Eigenimport) im Inland oder das Leasing von Personenkraftwagen, die im Inland zugelassen sind; die NoVA begünstigt den Kauf von verbrauchsarmen Fahrzeugen.

Befreit sind unter anderem Anschaffungen von Taxifahrzeugen, Fahrschulkraftfahrzeugen, Leihwagen und Elektrofahrzeugen (Achtung: Hybridfahrzeuge sind sehr wohl NoVA-pflichtig).

2.8.1.2. Steuerschuldner

Steuerschuldner

Abgabenschuldner ist der **Unternehmer**, der das Fahrzeug liefert, beim Eigenimport der **Zulassungsbesitzer**.

2.8.1.3. Bemessungsgrundlage

Bemessungsgrundlage

Bemessungsgrundlage ist grundsätzlich das **Entgelt**, beim Eigenimport der **gemeine Wert** (oftmals werden hierfür die Eurotax-Werte herangezogen).

Eine Änderung der Bemessungsgrundlage führt zu einer Korrektur der NoVA im Zeitpunkt des Eintritts der Änderung.

2.8.1.4. Steuertarif

Der Steuersatz wird nach folgender Formel ermittelt:

$$\frac{\text{CO}_2\text{-Emissionswert in Gramm je Kilometer} - 107 \text{ Gramm)}}{5}$$

Der Steuersatz ist auf volle Prozentsätze auf- oder abzurunden. Der Höchststeuersatz beträgt 60 %. Der errechnete Steuersatz ist auf den Nettowert des Personenkraftwagens anzuwenden. Hat ein Fahrzeug einen höheren CO_2-Ausstoß als 185 g/km, erhöht sich die NoVa für den die Grenze von 185 g/km übersteigenden CO_2-Ausstoß um € 60 je Gramm CO_2 pro Kilometer. Die Steuer ist um einen Abzugsposten iHv € 350 zu vermindern. Die Berücksichtigung des Abzugspostens kann allerdings zu keiner Steuergutschrift führen.

Die Steuerschuld entsteht zum gleichen Zeitpunkt wie die Umsatzsteuerschuld, nämlich mit Ablauf des Monats, in dem der steuerbare Vorgang verwirklicht wurde. Auch die NoVA ist am fünfzehnten Tag des dem Monat des Entstehens der Steuerschuld zweitfolgenden Monats fällig.

Steuertarif

Steuerschuld

2.8.2. Kraftfahrzeugsteuer

2.8.2.1. Steuerobjekt

Seit 1993 gibt es eine Zweiteilung in der Form der Erhebung der Kfz-Steuer:

Allgemeines

- Für im Inland zugelassene Krafträder, Personenkraftwagen und Kombinationskraftwagen, für die eine Haftpflichtversicherung besteht, wird die Kfz-Steuer als Zuschlag zur Haftpflichtversicherung eingehoben (**motorbezogene Versicherungssteuer**).
- Alle anderen im Inland verwendeten und von der motorbezogenen Versicherungssteuer nicht erfassten Kraftfahrzeuge unterliegen der **Kfz-Steuer**. Der Kfz-Steuer unterliegen somit insbesondere Lastkraftwagen, Omnibusse sowie alle im Ausland zugelassenen Kfz bei Verwendung im Inland.

2.8.2.2. Steuerschuldner

Steuerschuldner ist bei im Inland zugelassenen Kfz die Person, auf die das Fahrzeug zugelassen ist, ansonsten die Person, die das Kfz im Inland verwendet.

Steuerschuldner

2.8.2.3. Bemessungsgrundlage

Die Kfz-Steuer bemisst sich

Bemessungsgrundlage

- nach dem **Hubraum** (Krafträder),
- nach der **Motorleistung** (PKW, Kombi und LKW bis 3,5 Tonnen) oder
- nach dem höchstzulässigen **Gesamtgewicht** (Omnibusse, LKW, etc über 3,5 Tonnen).

Für im Ausland zugelassene Kfz, die vorübergehend im Inland benützt werden, sind **Tagessteuersätze** vorgesehen.

2.8.2.4. Steuertarif

Steuertarif   Der **Steuersatz** beträgt pro Monat (§ 5 KfzStG)

- für Krafträder je Kubikzentimeter Hubraum € 0,0275;
- für Kraftfahrzeuge bis zu 3,5 Tonnen:
  - für die ersten 24 Kilowatt je Kilowatt: € 0
  - für die weiteren 66 Kilowatt je Kilowatt: € 0,682
  - für die weiteren 20 Kilowatt je Kilowatt: € 0,726
  - und für die darüber hinausgehenden Kilowatt je Kilowatt: € 0,825 mindestens jedoch € 6,82
- Neuregelung für Kfz (exklusive Krafträder) bis 3,5 Tonnen mit **Erstzulassung ab 1.10.2020**
  - Neben der Motorleistung in Kilowatt werden zukünftig auch die CO_2-Emissionen bei der Steuerberechnung berücksichtigt.
  - Die Berechnung der Steuer erfolgt in zwei Schritten:
    - Leistungskomponente:
      - für die ersten 63 kW: € 0/Kilowatt
      - jedes weitere kW: € 0,72/Kilowatt
      - anzusetzen sind mind 5 Kilowatt (= monatliche Mindeststeuer iHv € 3,60);
    - CO_2-Komponente:
      - für die ersten 109 g/km CO2: € 0/g
      - jedes weitere g/km CO2: € 0,72/g
      - anzusetzen sind mind 5 g/km CO2 (= monatliche Mindeststeuer iHv € 3,60)
- Die Neuregelung erfasst nur Kfz bis 3,5 Tonnen mit erstmaliger Zulassung nach dem 30.9.2020. Für Zulassungen bis zu diesem Datum gelten die oben genannten Vorschriften. Die Neuregelung führt zu einer steuerlichen Begünstigung von CO_2-armen Kfz, während Kfz mit hohen CO_2-Werten höher besteuert werden.
- für Kraftfahrzeuge mit mehr als 3,5 Tonnen:
  - bei Fahrzeugen mit einem höchstzulässigen Gesamtgewicht bis zu 12 Tonnen € 1,55, mindestens € 15,00;
  - bei Fahrzeugen mit einem höchstzulässigen Gesamtgewicht von mehr als 12 Tonnen bis zu 18 Tonnen € 1,70;
  - bei Fahrzeugen mit einem höchstzulässigen Gesamtgewicht von mehr als 18 Tonnen € 1,90, höchstens € 80,00, bei Anhängern höchstens € 66,00.

Die Kfz-Steuer ist in der Regel jeweils für ein Kalendervierteljahr selbst zu berechnen und an das zuständige Finanzamt bis zum 15. Tag des auf das Kalendervierteljahr zweitfolgenden Kalendermonats zu entrichten.

Entrichtung

2.8.3. Versicherungssteuer

Bezüglich der **motorbezogenen Versicherungssteuer** siehe Punkt 2.8.2.1.

Motorbezogene Versicherungssteuer

2.8.3.1. Steuerobjekt

Der Versicherungssteuer unterliegt die **Zahlung des Versicherungsentgeltes aufgrund eines Versicherungsverhältnisses**.

Steuerobjekt

2.8.3.2. Steuerschuldner

Steuerschuldner ist der **Versicherungsnehmer**, doch haftet der Versicherer, der die Steuer für Rechnung des Versicherungsnehmers zu entrichten hat. Ausgenommen sind insbesondere die Sozialversicherungen.

Steuerschuldner

2.8.3.3. Bemessungsgrundlage

Bei Versicherungsverhältnissen mit Versicherern mit Sitz innerhalb des Europäischen Wirtschaftsraumes unterliegt das **Versicherungsentgelt** der Versicherungssteuer,

Bemessungsgrundlage

1. wenn im Inland befindliche Grundstücke und Bauwerke, im Inland zugelassene Fahrzeuge, bestimmte Reise- oder Ferienrisiken versichert werden oder
2. wenn ansonsten der Versicherungsnehmer seinen Wohnsitz oder gewöhnlichen Aufenthalt bzw seine Betriebsstätte im Inland hat.

Bei Versicherern mit Sitz außerhalb des Europäischen Wirtschaftsraumes unterliegt das Versicherungsentgelt der Versicherungssteuer,

1. wenn der Versicherungsnehmer bei der jeweiligen Zahlung seinen Wohnsitz oder gewöhnlichen Aufenthalt im Sinne des § 26 BAO im Inland hat oder
2. wenn der versicherte Gegenstand zur Zeit der Begründung des Versicherungsverhältnisses im Inland war.

2.8.3.4. Steuertarif

Der **Steuersatz** beträgt grundsätzlich 11 %, bei der Lebens- und Invaliditätsversicherung 4 %, bei der Alters-, Hinterbliebenen- und Invaliditätsversorgung im Sinne des Pensionskassengesetzes 2,5 % und bei der Krankenversicherung 1 % des Versicherungsentgelts. Besondere Vorschriften gelten unter anderem im Versicherungsbereich für Land- und Forstwirtschaft. Umsätze aus Versicherungsverhältnissen, für die Versicherungssteuer gezahlt wird, sind von der Umsatzsteuer befreit.

Steuertarif

2.8.4. Energieabgaben

2.8.4.1. Elektrizitätsabgabe

Elektrizitätsabgabe

Steuergegenstand der Elektrizitätsabgabe ist **elektrische Energie**.

Der Elektrizitätsabgabe unterliegt

1. die Lieferung von elektrischer Energie im Bundesgebiet, ausgenommen an Elektrizitätsunternehmen im Sinne des § 7 Abs 1 Z 11 des Elektrizitätswirtschafts- und-organisationsgesetzes 2010 – ElWOG 2010, BGBl I Nr 110/2010, und an sonstige Wiederverkäufer, soweit die elektrische Energie zur Weiterlieferung bestimmt ist,
2. der Verbrauch von elektrischer Energie durch Elektrizitätsunternehmen sowie der Verbrauch von selbst hergestellter oder in das Steuergebiet verbrachter elektrischer Energie im Steuergebiet.

Steuerbefreiung für erneuerbare Energieträger

Zwecks der Ökologisierung des Steuerrechts ist die Erzeugung von selbst verbrauchtem Strom mittels Photovoltaikanlagen auf Dachflächen, Fassaden, Schallschutzwänden udgl von der Elektrizitätsabgabe befreit. Ab 1. Juli 2022 soll selbst erzeugter Strom aus allen erneuerbaren Energiequellen (insb Windkraft, Biogas, Wasserkraft; inklusive Energiegemeinschaften des EAG 2020) von der Abgabe befreit werden.

Wird die elektrische Energie durch ein Energieversorgungsunternehmen (EVU) oder durch andere Erzeuger geliefert, dann ist der Lieferer steuerpflichtig. Wird hingegen die Energie vom EVU selbst verbraucht, dann unterliegt es der Elektrizitätsabgabe.

Der Abgabe unterliegt die gelieferte bzw verbrauchte Menge an elektrischer Energie, sodass die Besteuerung unabhängig vom jeweiligen Preis der Energie erfolgt. Die Abgabe beträgt **€ 0,015 je kWh**.

2.8.4.2. Erdgasabgabe

Erdgasabgabe

Unter die Definition des Erdgases fallen Waren der Unterposition 2711 21 00 gemäß der EU-einheitlichen Kombinierten Nomenklatur (Biogas und Wasserstoff).

Der Erdgasabgabe unterliegt

1. Die Lieferung von Erdgas im Steuergebiet, ausgenommen an Erdgasunternehmen im Sinne des § 6 Z 13 des Gaswirtschaftsgesetzes und an sonstige Wiederverkäufer, soweit das Erdgas zur Weiterlieferung bestimmt ist.
2. Der Verbrauch von Erdgas durch Erdgasunternehmen sowie der Verbrauch von selbst hergestelltem oder in das Steuergebiet verbrachtem Erdgas im Steuergebiet.

Wird das Erdgas (üblicherweise durch ein Erdgasversorgungsunternehmen) geliefert, dann ist der Lieferer steuerpflichtig. Wird das Erdgas vom Erzeuger oder Importeur selbst verbraucht, dann ist er selbst steuerpflichtig.

Der Abgabe unterliegt die gelieferte bzw verbrauchte Menge an Erdgas, sodass die Besteuerung unabhängig vom jeweiligen Preis erfolgt. Die Höhe der Abgabe beträgt **€ 0,066 je Kubikmeter (m³)**.

2.8.4.3. Kohleabgabe

Anknüpfungspunkt der **Kohleabgabe** ist die Lieferung von Kohle an den End-verbraucher im Inland. Steuergegenstand sind Steinkohle, Braunkohle und Koks, definiert nach der Kombinierten Nomenklatur. Nicht der Kohleabgabe unterliegen daher zB Torf oder Holzkohle.

Kohleabgabe

Dient die Kohle der Erzeugung elektrischer Energie, so ist sie von der Kohleabgabe befreit. Die so genannte „nichtenergetische" Nutzung der Kohle, zB für chemische Prozesse oder für die Erzeugung von Arzneien, ist ebenso befreit. Soweit Kohle zur Erzeugung von Wärme verwendet wird, ist sie hingegen steuerpflichtig.

Bemessungsgrundlage der Kohleabgabe ist die gelieferte bzw verbrauchte Menge an Kohle in Kilogramm, der Steuersatz beträgt **5 Cent je kg**.

2.8.4.4. Energieabgabenvergütung

Der **Vergütungsanspruch** besteht nur **für Betriebe**, deren Schwerpunkt nachweislich in der Herstellung körperlicher Wirtschaftsgüter besteht und soweit sie nicht die in § 1 Abs 3 EnAbgVergG (Elektrizität, Erdgas, Kohle und Mineralöle im Sinne des Mineralölsteuergesetzes) genannten Energieträger liefern oder Wärme (Dampf oder Warmwasser) liefern, die aus den in § 1 Abs 3 EnAbgVergG genannten Energieträgern erzeugt wurde.

Energieabgabenvergütung

Zum Kreis der vergütungsfähigen Energieträger zählen Elektrizität, Erdgas, Kohle und Mineralöle im Sinne des Mineralölsteuergesetzes (Heizöl extraleicht, Heizöl leicht, mittel und schwer sowie Flüssiggas).

Für die Ermittlung des Vergütungsbetrages sind zwei Berechnungen durchzuführen. Grundsätzlich werden die entrichteten Energieabgaben insoweit vergütet, als sie 0,5 % des Nettoproduktionswertes übersteigen. Sind allerdings die in § 2 Abs 2 Z 2 EnAbgVergG angeführten Selbstbehalte niedriger, so wird nur dieser Betrag gutgeschrieben. Ferner wird der so ermittelte Vergütungsbetrag um einen allgemeinen Selbstbehalt von € 400 gekürzt.

Der Unternehmer kann den Antrag auf Vergütung von Energieabgaben unter Anschluss der entsprechenden Unterlagen beim für die Erhebung der Umsatzsteuer zuständigen Finanzamt innerhalb von fünf Jahren stellen.

2.8.5. CO$_2$-Abgabe/Nationaler Handel mit Emissionszertifikaten

Ab 1. Juli 2022 soll eine CO$_2$-Abgabe iHv € 30 pro Tonne CO$_2$ eingeführt werden. In den Folgejahren soll die Abgabe bis zu € 60 pro Tonne CO$_2$ steigen. Als Ent-

CO$_2$-Abgabe

lastungsmaßnahme aufgrund der Verteuerung gewisser Produkte und Dienstleistungen wie Heizen und Tanken wird privaten Haushalten ein Klimabonus pro Jahr ausbezahlt werden. Dieser ist nach den jeweiligen Wohnorten gestaffelt und seine Höhe hängt von der Verfügbarkeit öffentlicher Verkehrsmittel ab. Für Unternehmen und Land- und Fortwirte sind eigene Maßnahmen wie Rückerstattungen der CO_2-Abgabe und Härtefallmaßnahmen vorgesehen.

2.8.6. Flugabgabe

Flugabgabe Der Flugabgabe unterliegt der Abflug eines Passagiers von einem inländischen Flughafen. Die Flugabgabe bestimmt sich nach der Lage des Zielflugplatzes und der Anzahl der beförderten Passagiere. Im Regelfall beläuft sie sich auf € 12 je Passagier. Für Flüge, bei denen sich die Entfernung zwischen dem inländischen Abflughafen und dem Zielflugplatz auf weniger als 350 km beläuft, beträgt die Flugabgabe jedoch € 30 je Passagier.

2.8.7. Digitalsteuer

Digitalsteuer Der Digitalsteuer unterliegen Onlinewerbeleistungen, soweit sie von Onlinewerbeleistern im Inland gegen Entgelt erbracht werden. Eine Onlinewerbeleistung gilt als im Inland erbracht, wenn sie auf dem Gerät eines Nutzers mit inländischer IP-Adresse empfangen wird und sich ihrem Inhalt und ihrer Gestaltung nach (auch) an inländische Nutzer richtet.

Unter Onlinewerbeleistung werden Werbeeinschaltungen auf einer digitalen Schnittstelle (insbesondere in Form von Bannerwerbung, Suchmaschinenwerbung und vergleichbaren Werbeleistungen) verstanden. Zu Onlinewerbeleistungen zählen Werbeleistungen, die der Werbeabgabe nach dem Werbeabgabegesetz unterliegen, nicht. Als Onlinewerbeleister gelten Unternehmen, die Onlinewerbeleistungen gegen Entgelt erbringen oder dazu beitragen und innerhalb eines Wirtschaftsjahres einen weltweiten Umsatz von zumindest € 750 Mio und aus der Durchführung von Onlinewerbeleistungen im Inland einen Umsatz von zumindest € 25 Mio erzielen.

2.8.7.1. Bemessungsgrundlage

Bemessungsgrundlage Die Bemessungsgrundlage stellt das Entgelt, das der Onlinewerbeleister von einem Auftraggeber erhält dar, vermindert um Ausgaben für Vorleistungen anderer Onlinewerbeleister, die nicht Teil seiner multinationalen Unternehmensgruppe iSd § 2 Verrechnungspreisdokumentationsgesetz sind.

2.8.7.2. Steuersatz

Steuersatz Die Steuer beträgt 5 % der Bemessungsgrundlage.

2.8.7.3. Steuerschuldner

Steuerschuldner ist der Onlinewerbeleister, der Anspruch auf ein Entgelt für die Durchführung einer Onlinewerbeleistung hat.

Steuerschuldner

2.8.7.4. Erhebung der Steuer

Der Steueranspruch entsteht mit Ablauf des Monats, in dem die steuerpflichtige Leistung erbracht wird. Der Steuerschuldner hat die Steuer selbst zu berechnen und bis zum 15. des zweitfolgenden Monats nach Entstehen des Steueranspruches zu entrichten.

Erhebung der Steuer

2.9. Vermögensteuern

Eine **allgemeine Vermögensteuer** wird in Österreich seit 1994 nicht mehr erhoben. Allerdings sind insbesondere inländische Grundstücke mit einer speziellen Vermögensteuer, der Grundsteuer, belastet.

Keine allgemeine Vermögensteuer

2.9.1. Grundsteuer

Die Grundsteuer ist eine **Objektsteuer** sowie eine unechte Substanzsteuer. Sie soll aus dem Grundstücksertrag bestritten werden, belastet allerdings auch ertraglose Grundstücke.

Grundsteuer

2.9.1.1. Steuerobjekt

Der Grundsteuer unterliegt der **inländische Grundbesitz**; dazu gehören land- und forstwirtschaftliche Vermögen, das Grundvermögen und die Betriebsgrundstücke.

Steuerobjekt

2.9.1.2. Steuerschuldner

Steuerschuldner der Grundsteuer ist der **Eigentümer**. Miteigentümer sind Gesamtschuldner.

Steuerschuldner

2.9.1.3. Bemessungsgrundlage

Bemessungsgrundlage ist der für den Veranlagungszeitpunkt **maßgebende Einheitswert**, der nach den Vorschriften des Bewertungsgesetzes festgestellt wurde. Auf den Einheitswert wird eine Steuermesszahl angewendet. Daraus ergibt sich ein Grundsteuer-Messbetrag. Die Steuermesszahlen sind in § 19 GrStG festgelegt (grundsätzlich 2 ‰; niedrigere Promillesätze bestehen zB für Einfamilienhäuser und Mietwohngrundstücke).

Bemessungsgrundlage

2.9.1.4. Steuertarif

Auf den **Messbetrag** wird der **Hebesatz** angewendet (höchstens 500 %). Daraus ergibt sich eine Grundsteuer von etwa 1 % des Einheitswertes.

Steuertarif

2.9.2. Stabilitätsabgabe

Stabilitätsabgabe Kreditinstitute ab einer (adaptierten) Bilanzsumme von € 300 Mio müssen eine Stabilitätsabgabe entrichten. Die Stabilitätsabgabe trägt starke Elemente einer Personensteuer, weil sie von den persönlichen Verhältnissen des Steuerpflichtigen abhängt.

2.9.3. Sonstige Vermögensteuern

Sonstige Vermögensteuern Neben der Grundsteuer gibt es noch

- die Bodenwertabgabe und
- die Abgabe und Beiträge von land- und forstwirtschaftlichen Betrieben.

A) Wiederholungsfragen

A1) Einkommensteuer

1) In welchen Formen wird die Einkommensteuer erhoben?
2) Welche Tatbestandsmerkmale müssen erfüllt werden, um in Österreich als unbeschränkt steuerpflichtig zu gelten?
3) Was bedeutet „Territorialitätsprinzip" im Hinblick auf die beschränkte Steuerpflicht?
4) Wie werden Einnahmen, Einkünfte und Einkommen voneinander abgegrenzt?
5) Welche Einkunftsarten existieren im österreichischen EStG?
6) Welche Einkunftsarten werden als Haupt-, welche als Nebeneinkunftsarten bezeichnet?
7) Worin unterscheiden sich Einkünfte aus freiberuflicher Tätigkeit und Einkünfte aus sonstiger selbständiger Arbeit?
8) Welche Veräußerungsgeschäfte werden gem § 24 EStG der Besteuerung zugeführt?
9) Was ist unter „Vorteil aus dem Dienstverhältnis" zu verstehen?
10) Unterliegen bei den Einkünften aus Kapitalvermögen nur die Einkünfte aus der Überlassung des Kapitals der Besteuerung oder auch die bei Veräußerung erzielten Wertzuwächse?
11) Die entgeltliche Nutzungsüberlassung welcher Wirtschaftsgüter kann zu Einkünften aus Vermietung und Verpachtung führen?
12) Stellt § 29 EStG (Sonstige Einkünfte) einen Auffangtatbestand für alle nicht unter die ersten sechs Einkunftsarten fallenden Einkünfte dar?
13) Wie lange ist die Spekulationsfrist und welche Wirtschaftsgüter können unter den Spekulationstatbestand fallen?
14) Was besagt das „Transparenz-", was das „Trennungsprinzip"?
15) Welche Arten der steuerlichen Gewinnermittlung existieren im österreichischen EStG?
16) Was unterscheidet den Gesamtbetrag der Einkünfte vom Einkommen?
17) Wie wird die Einkommensteuer bei beschränkt Steuerpflichtigen erhoben?

A2) Körperschaftsteuer

18) Wie unterscheidet sich die Besteuerung von Personen- und Kapitalgesellschaften?

19) Wann gilt eine Körperschaft in Österreich als unbeschränkt steuerpflichtig?

20) Wer ist Steuerschuldner der Körperschaftsteuer?

21) Welche Art von Einkünften erzielt eine Kapitalgesellschaft und nach welchen Vorschriften ist ihr Gewinn zu ermitteln?

22) Was ist unter verdeckter Gewinnausschüttung zu verstehen?

23) Was wird unter „nationaler" und „internationaler Schachtelbeteiligung" verstanden?

24) Welche materielle Voraussetzung besteht zur Bildung einer Unternehmensgruppe?

25) Wie errechnet sich die effektive Steuerbelastung bei ausgeschütteten Gewinnen einer Kapitalgesellschaft?

A3) Umsatzsteuer

26) Was ist das Steuerobjekt der Umsatzsteuer?

27) Worin unterscheiden sich echte von unechten Steuerbefreiungen?

28) Welche Besonderheit existiert für Kleinunternehmer?

29) Welche Voraussetzungen knüpft das UStG an die Unternehmereigenschaft?

30) Welche Bemessungsgrundlage wird zur Berechnung der Umsatzsteuer herangezogen?

A4) Kommunalsteuer/Dienstgeberbeitrag/Dienstgeberzuschlag

31) Wer ist Steuerschuldner der Kommunalsteuer?

32) Wie hoch ist der Steuertarif der Kommunalsteuer?

33) Was ist unter „Dienstgeberbeitrag", was unter „Dienstgeberzuschlag zum Dienstgeberbeitrag" zu verstehen?

A5) Verkehrsteuern

34) Was ist Steuerobjekt von Gebühren nach dem Gebührengesetz?

35) Welche Vorgänge unterliegen der Grunderwerbsteuer?

36) Was ist unter „Grundstück" im Sinne des Grunderwerbsteuergesetzes zu verstehen?

37) Wer ist Steuerschuldner der Grunderwerbsteuer?

38) Welche Bemessungsgrundlage wird zur Errechnung der Grunderwerbsteuer herangezogen?

B) Richtig/Falsch-Fragen

B1) Einkommensteuer

1) Lohnsteuer und Kapitalertragsteuer sind besondere Erhebungsformen der Einkommensteuer und somit keine eigenständigen Steuerarten.

2) Einkommensteuerpflichtig sind sowohl natürliche als auch juristische Personen.

3) Am 1.1.20X1 verreist Herr X mit Wohnsitz in Österreich in die USA und kehrt erst am 31.10.20X1 wieder nach Österreich zurück. Von da an plant Herr X keine weiteren Reisen mehr. Da Herr X im Jahr 20X1 weniger als 70 Tage im Inland verweilt, begründet er im Jahr 20X1 in Österreich keinen Wohnsitz und unterliegt somit in diesem Jahr nicht der unbeschränkten Steuerpflicht.

4) Der Begriff „Einnahmen" beschreibt eine Bruttogröße (somit den Zufluss von Geld vor Abzug der Ausgaben), der Begriff „Einkünfte" beschreibt hingegen eine Nettogröße (somit nach Abzug von Betriebsausgaben oder Werbungskosten).

5) Das Subsidiaritätsprinzip besagt, dass die Nebeneinkunftsarten den Haupteinkunftsarten nachrangig sind, weshalb Einkünfte nur dann im Rahmen der Nebeneinkunftsarten erfasst werden, wenn sie nicht bereits im Rahmen der Haupteinkunftsarten besteuert wurden.

6) Bei den Haupteinkunftsarten ist der „Gewinn" zu ermitteln, bei den Nebeneinkunftsarten ist der „Überschuss der Einnahmen über die Werbungskosten" anzusetzen.

7) Unter einem land- und forstwirtschaftlichen Nebenbetrieb ist eine an sich gewerbliche Tätigkeit zu verstehen, die wegen ihrer Hilfsfunktion dennoch als land- und forstwirtschaftlich angesehen wird.

8) Stellt der Arbeitgeber einem Arbeitnehmer Arbeitsuniformen unentgeltlich zur Verfügung, handelt es sich für den Arbeitnehmer zwar um einen Vorteil aus dem Dienstverhältnis, welcher jedoch nach § 26 EStG nicht zu Einkünften aus nichtselbständiger Arbeit führt.

9) Frau Y veräußert ihren 20 Jahre alten Plattenspieler im Internet und erhält dafür € 1.000. Frau Y hat damals den Plattenspieler um umgerechnet € 100 gekauft. Frau Y muss demnach einen Veräußerungsgewinn gem § 24 EStG versteuern.

10) Die steuerliche Gewinnermittlung erfolgt grundsätzlich mittels Betriebsvermögensvergleich, als Vereinfachung dazu existieren unter bestimmten Voraussetzungen die Einnahmen/Ausgaben-Rechnung, die Heranziehung von Durchschnittssätzen für die Betriebsausgabenermittlung sowie die Vollpauschalierung.

11) Die Kapitalertragsteuer hat in bestimmten Fällen Endbesteuerungswirkung. Dies bedeutet, dass die Einkommensteuer durch den KESt-Abzug abgegolten ist und die Kapitalerträge weder beim Gesamtbetrag der Einkünfte noch beim Einkommen zu berücksichtigen sind.

12) Bestimmte ausländische Kapitalerträge wie beispielsweise Gewinnanteile aus ausländischen Aktien unterliegen nicht der Kapitalertragsteuer, jedoch einem besonderen Steuersatz von 27,5 %.

13) Ist ein Steuerpflichtiger in mehreren Staaten unbeschränkt steuerpflichtig, kann es zu einer Doppelbesteuerung derselben Einkünfte kommen.

B2) Körperschaftsteuer

14) Eine Körperschaft stellt ein eigenes Steuersubjekt dar und wird somit getrennt von ihren Gesellschaftern besteuert. Dies wird als Transparenzprinzip bezeichnet.

15) Das Einkommen von Körperschaften umfasst die Summe der sieben Einkunftsarten, wobei Kapitalgesellschaften aufgrund der Fiktion des § 7 Abs 3 KStG immer Einkünfte aus Gewerbebetrieb erzielen.

16) Gewährt eine Kapitalgesellschaft einem Gesellschafter ein zinsloses Darlehen, handelt es sich in Höhe der fremdüblichen Verzinsung um eine verdeckte Gewinnausschüttung.

17) Werden Gewinnanteile einer inländischen Kapitalgesellschaft an eine andere inländische Kapitalgesellschaft ausgeschüttet, so sind diese bei der empfangenden Gesellschaft unabhängig von der Beteiligungshöhe steuerfrei.

18) Die Voraussetzung einer finanziellen Verbindung zur Bildung einer Unternehmensgruppe gilt ab einer Beteiligung von mehr als 25 % am Nennkapital und an den Stimmrechten am Gruppenmitglied als erfüllt.

19) Die effektive Belastung von an natürliche Personen ausgeschütteten Gewinnen einer Kapitalgesellschaft beträgt 52,5 %, welche sich aus der 25%igen Körperschaftsteuer und der 27,5%igen Kapitalertragsteuer für die Dividenden zusammensetzen.

B3) Umsatzsteuer

20) Die Umsatzsteuer zählt zu den indirekten Steuern, da Steuerschuldner und Steuerträger auseinanderfallen.

21) Lieferungen und sonstige Leistungen zählen zu den steuerbaren Umsätzen. Unter Lieferung wird die Verschaffung der Verfügungsmacht über einen Gegenstand verstanden. Sonstige Leistungen werden im Gesetz negativ umschrieben und sind somit Leistungen, die nicht in einer Lieferung bestehen.

22) Umsatzsteuerbefreiungen mit Vorsteuerabzug bewirken eine Umsetzung der Ware ohne Umsatzsteuerbelastung und werden als unechte Steuerbefreiungen bezeichnet.

23 Die Unternehmereigenschaft im Umsatzsteuerrecht setzt zwar eine Einnahmenerzielungsabsicht, jedoch keine Gewinnerzielungsabsicht voraus.

24) Ein Unternehmer iSd Umsatzsteuergesetzes kann zwar mehrere Unternehmen, jedoch nur einen Betrieb haben.

25) Der Steuersatz der USt beträgt grundsätzlich 20 %, ein ermäßigter Steuersatz von 10 % gilt beispielsweise für Bücher oder Umsätze von gemeinnützigen Körperschaften.

26) Die Umsatzsteuer ist eine Selbstbemessungsabgabe und muss vierteljährlich an das zuständige Finanzamt abgeführt werden. Dennoch ist für jedes Kalenderjahr eine Jahresumsatzsteuererklärung abzugeben.

B4) Kommunalsteuer/DB/DZ

27) Bemessungsgrundlage der Kommunalsteuer stellt im Wesentlichen die Summe der in einem Kalendermonat an die Dienstnehmer einer im Inland gelegenen Betriebsstätte des Unternehmens gewährten Arbeitslöhne dar, jedoch ohne sonstige Bezüge gem § 67 EStG.

28) Der Dienstgeberbeitrag beträgt 3,9 %, wohingegen der Zuschlag zum Dienstgeberbeitrag von Bundesland zu Bundesland variiert.

B5) Verkehrsteuer

29) Bei Bestandverträgen, die auf unbestimmte Dauer abgeschlossen werden, fällt eine Gebühr iHv 1 % vom dreifachen Jahresentgelt an.

30) Zum Grundstück im Sinne des Grunderwerbsteuergesetzes zählen auch Gebäude, der Zuwachs, Maschinen und sonstige Vorrichtungen, die zu einer Betriebsanlage gehören.

31) Die Grunderwerbsteuer beträgt im Allgemeinen 3,5 %, innerhalb des Familienverbandes jedoch nur 1 %.

Lösung S 144f

3. Ermittlungsmodelle

3.1. Dynamische Investitionsrechnungsverfahren

Bei den **dynamischen Investitionsrechnungsverfahren** handelt es sich um Mehrperiodenmodelle, die dem zeitlichen Ablauf der Investitionsvorgänge und der darauf folgenden Desinvestitionsvorgänge Rechnung tragen. Für die Wertermittlung werden alle planbaren Einzahlungs- und Auszahlungsströme bis zum Ende der wirtschaftlichen Nutzungsdauer eines Investitionsobjektes berücksichtigt. Die **Berücksichtigung des Zeitfaktors** erfolgt durch eine Abzinsung der Ein- und Auszahlungen auf den Investitionsentscheidungszeitpunkt (Barwertermittlung) oder durch eine Aufzinsung der Zahlungsströme auf das Ende des Nutzungszeitraumes für das Investitionsobjekt (Endwertermittlung).[27] Eine Nichtberücksichtigung von Steuerwirkungen kann dabei zu einer Fehleinschätzung der jeweiligen Zahlungsflüsse und damit Verzerrung des Bewertungsergebnisses führen.

Dynamische Investitionsrechnungsverfahren

Die Ermittlung des Barwertes kann zB mit Hilfe der Kapitalwertmethode, der Internen-Zinsfußmethode, der Annuitätenmethode oder der MAPI-Methode erfolgen. Die Vermögensendwertmethode sowie die Sollzinssatzmethode dienen hingegen zur Berechnung des Endwerts. Im folgenden Abschnitt soll die Berücksichtigung von Steuerwirkungen am Beispiel der Kapitalwertmethode dargestellt werden.

3.1.1. Steuern im Kapitalwertmodell

Charakteristisch für die Kapitalwertmethode ist die Ermittlung der voraussichtlich zu erwartenden Einnahmen (Einzahlungen) und Ausgaben (Auszahlungen) für jedes einzelne Nutzungsjahr (als Perioden) des Investitionsobjektes. Um einen Vergleich zu ermöglichen, muss der sich jährlich ergebende Saldo zwischen Einzahlungen und Auszahlungen mit Hilfe des Kalkulationszinsfußes auf den Entscheidungszeitpunkt abgezinst werden. Die Summe der auf diese Weise abgezinsten Zahlungen ergibt den Barwert der Ein- und Auszahlungen. Erfolgt eine Verrechnung dieses Barwertes mit den Anschaffungsausgaben, spricht man vom Kapitalwert einer Investition.[28]

Definition

Die wesentlichsten Merkmale der Kapitalwertmethode sind:

- Berücksichtigung von jährlich **erwarteten Ein- und Auszahlungen,**
- Herstellung der Vergleichbarkeit durch **Abzinsung** auf den Investitionsentscheidungszeitpunkt,
- **isolierte Betrachtung** jedes einzelnen Investitionsobjektes.

---

27   vgl Lechner/Egger/Schauer, Einführung in die allgemeine Betriebswirtschaftslehre, 27. Auflage, 323
28   vgl Lechner/Egger/Schauer, Einführung in die allgemeine Betriebswirtschaftslehre, 27. Auflage, 324

Kapitalwertformel

Als Formel lässt sich das Kapitalwertmodell **ohne** Berücksichtigung von Steuern wie folgt darstellen:

$$C = -A_0 + \sum_{t=1}^{n} \left(E_t - A_t \right) \times \left(1 + i \right)^{-t}$$

C = Kapitalwert
A_0 = Anschaffungsauszahlung
E_t = Einzahlungen in der Periode t
A_t = Auszahlungen in der Periode t
i = Kalkulationszinsfuß
t = Periodenindex (t = 0,1,2....,n)
n = Nutzungsdauer der Investition

Ergebnis

Der mit Hilfe der Kapitalwertformel errechnete Kapitalwert (C) dient als Beurteilungsgrundlage für die Vorteilhaftigkeit von Investitionsprojekten. Ist der Kapitalwert eines Investitionsprojektes positiv, dann erwirtschaftet die Durchführung des Investitionsprojektes mehr als eine alternative Veranlagung der Anschaffungsauszahlungen zum Kalkulationszinsfuß (i). Ein positiver Kapitalwert ist somit ein Indiz für ein vorteilhaftes Investitionsprojekt. Ist der Kapitalwert hingegen negativ, dann ist die Veranlagung der finanziellen Mittel (Anschaffungsauszahlungen) zum Kalkulationszinsfuß günstiger als die Durchführung des Investitionsprojektes. Bei einem Kapitalwert von null sind diese beiden Alternativen aus Sicht des Kapitalwertmodells gleichwertig. Erfolgt ein Vergleich von mehreren Investitionsprojekten, ist das Projekt mit dem größten positiven Kapitalwert zu bevorzugen.[29] Können die zur Auswahl stehenden Projekte zu verschiedenen Zeitpunkten durchgeführt werden, so ist darauf zu achten, dass bei allen Projekten ein **einheitlicher Referenzzeitpunkt** für den Kapitalwertvergleich herangezogen wird.

3.1.2. Einzahlungen

Steuern und Einzahlungen

Die Berücksichtigung der Besteuerung führt im Allgemeinen zu keinen Änderungen der mit einem Investitionsobjekt verbundenen Einzahlungen. Aus Sicht eines Unternehmens stellen Steuern nämlich **grundsätzlich Auszahlungen dar**. Ob ein indirekter Einfluss vorhanden ist, sich also die Höhe der geplanten Einzahlungen (zB ein Verkaufspreis) durch Bestehen einer Steuer ändert, hängt von einer möglichen Überwälzung dieser Steuer ab. Besteht keine Möglichkeit für eine Überwälzung, bleibt die Einzahlungsreihe im Vergleich zum Nichtsteuerfall identisch, das bedeutet ceteris paribus eine Verringerung des Gewinns (nach Abgang der Steuer). Gelingt demgegenüber eine Überwälzung zu 100 % (zB Aufschlag der Steuer auf den Verkaufspreis), sind die Einzahlungen um die Steuerbeträge erhöht, was wiederum im Ergebnis zu einem gleichbleibenden Gewinn führt.[30]

---

29 vgl Mandl/Rabel, Unternehmensbewertung, 1997, 80
30 vgl Haberstock/Breithecker, Einführung in die Betriebswirtschaftliche Steuerlehre, 15. Auflage, 125

Beispiel

Ein Unternehmen veräußert ein österreichisches Grundstück, wodurch Grunderwerb-steuer vom Kaufpreis zu zahlen ist. Es gelingt dem Unternehmen jedoch, den Preis derart nach oben zu verhandeln, dass auch diese Steuer zusätzlich zum beabsichtig-ten Erlös davon abgedeckt wird. Gegenüber dem Nichtsteuerfall ist sowohl die Aus-zahlungsreihe als auch die Einzahlungsreihe verändert, wenngleich der Gewinn gleich bleibt (finden jedoch der Empfang des Kaufpreises und die Steuerzahlung nicht innerhalb einer Periode statt, so müssen Zinseffekte berücksichtigt werden). Dasselbe Ergebnis könnte (ohne Veränderung der Zahlungsreihen) erzielt werden, wenn der Erwerber des Grundstücks unmittelbar zur Steuerentrichtung verpflichtet wird. Üblicherweise wird davon auszugehen sein, dass Überwälzungsüberlegungen bereits bei der Schätzung der Einzahlungen berücksichtigt wurden und Steuern somit in der Einzahlungsreihe nicht mehr ausdrücklich beachtet werden müssen.

3.1.3. Auszahlungen

Steuerzahlungen sind eindeutig Komponenten der Auszahlungsreihe. Im Kapital-wertmodell werden daher die Auszahlungen durch die Berücksichtigung von Steuern gegenüber dem Nichtsteuerfall verändert.

Steuern und Auszahlungen

Für die Betrachtung der steuerlichen Auswirkungen auf die Auszahlungsreihe genügt eine Unterteilung in zwei Gruppen: die sogenannten „**Kostensteuern**", die hier (unabhängig von der Diskussion um den Kostencharakter von Steuern) gleichgesetzt werden mit allen nicht vom Gewinn abhängigen Steuern (= Ver-kehr-, Verbrauch- und Substanzsteuern), und die „**Gewinnsteuern**" (Ertrag-steuern = ESt, KSt).[31]

Die Kostensteuern werden in der Auszahlungsreihe wie gewöhnliche nichtsteuer-liche Auszahlungen behandelt.

Beispiel

Die Anschaffungsauszahlung (A_0) für ein Grundstück setzt sich zusammen aus dem Kaufpreis von € 1 Mio zuzüglich 3,5 % gezahlter Grunderwerbsteuer. In jeder Periode fällt Grundsteuer (jährlich € 1.000) an.

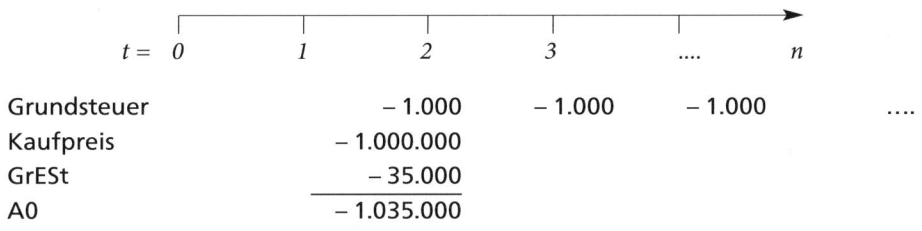

$t =$	0	1	2	3	....	n
Grundsteuer		– 1.000	– 1.000	– 1.000	....	
Kaufpreis	– 1.000.000					
GrESt	– 35.000					
A0	– 1.035.000					

Eine Ausnahme bei der Behandlung gewinnunabhängiger Steuern stellt die Umsatzsteuer dar. Sie wird in der Investitionsrechnung grundsätzlich als **durch-laufender Posten** angesehen und deshalb vernachlässigt; alle Zahlungen werden

USt als Auszahlung

---

31   vgl Haberstock/Breithecker, Einführung in die Betriebswirtschaftliche Steuerlehre, 15. Auflage, 126

also netto erfasst (damit werden vorsteuerabzugsberechtigte Unternehmer als Entscheidungsträger unterstellt). Besteht kein Vorsteuerabzug, ist die Umsatzsteuer jedoch zu den Kosten zu rechnen.

Zinsüberlegungen können jedoch eine explizite Einbeziehung der Umsatzsteuer in die Zahlungsreihe als sinnvoll erscheinen lassen, wenn die Zahlungszeitpunkte nennenswert voneinander abweichen.[32]

Kostensteuern als Auszahlungen

Bei der Berücksichtigung von Kostensteuern treten zu den allgemeinen Auszahlungen im Nichtsteuerfall (A_t) die Auszahlungen für Kostensteuern (S_t^{KoSt}) gleichrangig hinzu. Die Kapitalwertformel lautet dann:

$$C_S = -A_0 + \sum_{t=1}^{n} \left(E_t - A_t - S_t^{KoSt} \right) \times \left(1 + i \right)^{-t}$$

Rentenbarwertfaktor

Mit dem Rentenbarwertfaktor kann der **Barwert** einer gleich bleibenden periodisch wiederkehrenden Zahlungsreihe (= Rente) ermittelt werden. Die Formel des **nachschüssigen Rentenbarwertfaktors** – bei Nachschüssigkeit wird unterstellt, dass die Zahlungen am Periodenende anfallen – lautet:[33]

$$RBF = \frac{(1 + i)^n - 1}{1 \times (1 + i)^n}$$

Das folgende Beispiel soll den Einfluss der Kostensteuern auf den Kapitalwert deutlich erkennbar darstellen:

Beispiel

Kauf und Vermietung eines bebauten Grundstücks (Einheitswert: € 1.000.000) durch eine Kapitalgesellschaft; das Objekt wird nach 20 Jahren wieder verkauft:

Anschaffungsauszahlung (A_0)	10.000.000
GrESt (§ 7 Abs 1 Z 3 GrEStG)	350.000
Mieteinnahmen pa	1.100.000
Reparaturausgaben pa	100.000
Grundsteuer pa ≈	10.000
Veräußerungserlös t_{20}	5.000.000
Nutzungsdauer (n)	20 Jahre
Kalkulationszinsfuß (i)	7 %

Kapitalwert ohne Wirkung von Kostensteuern

Kapitalwert **ohne** Berücksichtigung von **Kostensteuern**:

–	Anschaffungsauszahlung (A_0)	– 10.000.000
+	$(E_t – A_t) \times RBF$	
	(1.100.000 – 100.000) × 10,5940	10.594.000
+	Veräußerungserlös × $(1 + i)^{-20}$	1.292.095
=	**C**	1.886.095

---

32   vgl Haberstock/Breithecker, Einführung in die Betriebswirtschaftliche Steuerlehre, 15. Auflage, 126f
33   vgl Haberstock/Breithecker, Einführung in die Betriebswirtschaftliche Steuerlehre, 15. Auflage, 127

Kapitalwert **mit** Berücksichtigung von **Kostensteuern**:

$- (A_0 + \text{GrESt})$	$- 10.350.000$
$+ (E_t - A_t - S_t^{\text{KoSt}}) \times \text{RBF}$	
$(1.100.000 - 100.000 - 10.000) \times 10,5940$	$10.488.060$
$+ \text{Veräußerungserlös} \times (1 + i)^{-20}$	$1.292.095$
$= \mathbf{C_S}$	$1.430.155$

Die Berücksichtigung von Kostensteuern in der Auszahlungsreihe **verringert** in der Regel den **Kapitalwert** und damit die Vorteilhaftigkeit der Investition.

Die **Kostensteuern** sind zum Teil bei der Gewinnermittlung abzugsfähige Betriebsausgaben (zB Grundsteuer) oder zu aktivierende Anschaffungsnebenkosten (zB Grunderwerbsteuer).

Die dadurch entstehende Gewinnreduktion und damit verbundene Steuerersparnis kompensiert einen Teil der negativen Auswirkungen der Kostensteuern. Aufgrund der Verzinsung ist diese Kompensation größer, wenn die Steuer sofort abzugsfähig ist. Wird zB die Grunderwerbsteuer als Anschaffungsnebenkosten bei nicht abnutzbaren Wirtschaftsgütern aktiviert (unbebautes Grundstück), tritt die Kompensation erst bei Veräußerung ein und ist deshalb am geringsten.[34]

Die **Gewinnsteuern** (Ertragsteuern) werden in einer Nebenrechnung für jede einzelne Periode ermittelt und dann in der Auszahlungsreihe berücksichtigt. Bestimmungsgrößen für die Gewinnsteuerzahlungen sind

- die Bemessungsgrundlage und
- der Steuertarif.[35]

Die Bemessungsgrundlage lässt sich aus den Ein- und Auszahlungen unter Beachtung von drei weiteren Punkten ermitteln. Dies sind:[36]

1. **Bereinigung** der Einzahlungsüberschüsse von **steuerfreien Einzahlungen** und **nicht als Betriebsausgaben** abzugsfähigen Auszahlungen,
2. Absetzung aller **nicht zahlungswirksamen Betriebsausgaben** (zB der AfA), die dem Investitionsobjekt direkt zurechenbar sind,
3. Berücksichtigung der **Abzugsfähigkeit** verschiedener Steuern bei anderen Steuern. Alle Kostensteuern sind bei der Ermittlung der ESt/KSt abzugsfähig.

Alle drei Punkte können ohne Weiteres in der Investitionsrechnung berücksichtigt werden. Um die formelmäßige Darstellung übersichtlich zu halten, werden jedoch für die folgende Formel vereinfachende **Prämissen** gesetzt:

a) Alle Einzahlungen sind **steuerpflichtig**, alle Auszahlungen mit Ausnahme der Anschaffungsauszahlung A_0, der ESt und KSt sind **abzugsfähige Betriebsausgaben**. Die Punkte 1. und 3. entfallen damit weitgehend.

---

34 vgl Haberstock/Breithecker, Einführung in die Betriebswirtschaftliche Steuerlehre, 15. Auflage, 128
35 vgl Haberstock/Breithecker, Einführung in die Betriebswirtschaftliche Steuerlehre, 15. Auflage, 128f
36 vgl Haberstock/Breithecker, Einführung in die Betriebswirtschaftliche Steuerlehre, 15. Auflage, 129

b) Von den **nicht zahlungswirksamen Betriebsausgaben** werden lediglich die Abschreibungen erfasst. Sie bilden in der Regel die wichtigste Position. Die Wirkungen anderer Positionen entsprechen grundsätzlich der Abschreibungswirkung.

Steuerliche Bemessungsgrundlage

Die Bemessungsgrundlage (B_t) lautet dann unter Berücksichtigung der Summe der Kostensteuern (S_t^{KoSt}) sowie der Abschreibungen (AfA_t):

$$B_t = \left(E_t - A_t \right) - S_t^{KoSt} - AfA_t$$

Probleme bei progressivem Tarif

Der Steuertarif führt im Rahmen der Investitionsrechnung zu Anwendungsproblemen, falls eine **direkte Progression** vorliegt, wie zB bei der Einkommensteuer. Progressive Tarife führen zur Abhängigkeit der Gewinnsteuerbelastung vom Gesamteinkommen und stehen daher der isolierten Betrachtung eines einzelnen Investitionsobjektes entgegen. Welcher Einkommensteuersatz soll verwendet werden?

Die Höhe des Steuersatzes und damit die Veränderung der Steuerschuld aufgrund einer Investition lassen sich bei progressiven Tarifen nur aus einer Totalbetrachtung der Gewinnsituation des Unternehmens (und gegebenenfalls auch des sonstigen Einkommens der Eigentümer) ermitteln.

Die Steuersätze sind dabei grundsätzlich für jedes Jahr neu zu berechnen. Dies im Folgenden zu tun, würde nur die Periodenindizes, jedoch nicht die Aussagefähigkeit der Ausführungen vermehren. Deshalb gilt als weitere vereinfachende Prämisse für die folgenden Formeln:

Prämisse konstanter Steuersätze

c) Alle Steuersätze im gesamten Planungszeitraum sind **konstant**.[37]

Steuersätze und Steuerzahlungen werden nun für die einzelnen Gewinnsteuerarten formelmäßig abgebildet.

Abbildung der Einkommensteuer

Der für die Einkommensteuer (s^{ESt}) relevante Grenzsteuersatz ist mit Hilfe einer Schätzung zu ermitteln. Die Einkommensteuer (S^{ESt}) beträgt:

$$S_t^{ESt} = s^{ESt} \times B_t$$
$$S_t^{ESt} = s^{ESt} \times \left(E_t - A_t - S_t^{KoSt} - AfA_t \right)$$

Die Einkommensteuer ist die relevante Steuerart bei einer personenbezogenen Betrachtungsweise für Unternehmen natürlicher Personen.

Abbildung der Körperschaftsteuer

Für Körperschaften ist die personenbezogene Betrachtungsweise nicht anwendbar und an Stelle der Einkommensteuer gelangt die Körperschaftsteuer mit einem Steuersatz iHv stets 25 % zur Anwendung. Eine Unterscheidung zwischen thesaurierenden und ausschüttenden Kapitalgesellschaften ist nicht erforderlich.

---

37 Haberstock/Breithecker, Einführung in die Betriebswirtschaftliche Steuerlehre, 15. Auflage, 125

Es sind jedoch auch Entscheidungssituationen denkbar, in denen die Ebene der Anteilseigner zusätzlich zu berücksichtigen ist. Hierauf soll jedoch nicht weiter eingegangen werden.

Die KSt wird in allen bisher abgeleiteten Formeln ebenso wie die ESt behandelt. Auf eine gesonderte formelmäßige Darstellung (Ersatz von s^{ESt} durch s^{KSt}) kann deshalb verzichtet werden.

Die insgesamt zu zahlenden Gewinnsteuern (S_t) ergeben sich durch die Anwendung des Steuersatzes (s^{ESt} oder s^{KSt}) auf die Bemessungsgrundlage (B_t):

$$S_t = s^{ESt}\left(s^{KSt}\right) \times B_t$$
$$S_t = s^{ESt}\left(s^{KSt}\right) \times \left(E_t - A_t - S_t^{KoSt} - AfA_t\right)$$

Unter Berücksichtigung der Kosten- und Gewinnsteuern lautet die Kapitalwertformel nun:

$$C_S = -A_0 + \sum_{t=1}^{n}\left(E_t - A_t - S_t^{KoSt} - S_t\right) \times \left(1+i\right)^{-t}$$

Kapitalwertformel bei Berücksichtigung von Steuern

Im Folgenden wird ein Beispiel zum Einfluss der Gewinnsteuern auf die Auszahlungsreihe und damit auf den Kapitalwert dargestellt:

Beispiel

Die mit dem Kauf einer Maschine verbundenen Zahlungen sind auf folgendem Zahlenstrahl dargestellt. Die Nutzungsdauer beträgt vier Jahre, der Gewinnsteuersatz 50 %.

Der Kapitalwert **ohne** Berücksichtigung von **Gewinnsteuern** berechnet sich bei einem Kalkulationszinsfuß von i = 8 % wie folgt:

	0	1	2	3	4	t
E_t		100	110	130	140	
$A_t + S_t^{KoSt}$	– 40	– 40	– 50	– 60	– 40	
$EZÜ_t$	– 40	60	60	70	100	
AfA_t (linear)		– 10	– 10	– 10	– 10	
B_t (st Gewinn)		50	50	60	90	
S_t ($s^{ESt} \times B_t$)		– 25	– 25	– 30	– 45	
$EZÜ_t$	– 40	60	60	70	100	
S_t ($s^{ESt} \times B_t$)		– 25	– 25	– 30	– 45	
$EZÜ_{St}$ ($EZÜ_t - S_t$)	– 40	35	35	40	55	

t	0	1	2	3	4
$(1 + i)^{-t}$	1,0000	0,9259	0,8573	0,7938	0,7350
$EZÜ_t \times (1 + i)^{-t}$	– 40,00	55,56	51,44	55,57	73,50

C = 196,07

Bei gleich bleibendem Kalkulationszinsfuß und **mit** Berücksichtigung von **Gewinnsteuern** in der Auszahlungsreihe beträgt der Kapitalwert:

t	0	1	2	3	4
$(1 + i)^{-t}$	1,0000	0,9259	0,8573	0,7938	0,7350
$EZÜ_t \times (1 + i)^{-t}$	– 40,00	32,41	30,01	31,75	40,43

C = 94,60

Fazit Durch Vergleich der beiden Kapitalwerte kann aufgezeigt werden, dass die Berücksichtigung von Gewinnsteuern in der Auszahlungsreihe die Vorteilhaftigkeit der Investition verringert.[38]

3.1.4. Zinssätze

Notwendigkeit des Kalkulationszinsfußes

Der **Kalkulationszinsfuß** i wird im Rahmen der Kapitalwertmethode benötigt, um

- zeitlich unterschiedlich anfallende Ein- bzw Auszahlungen auf einen einheitlichen Bezugszeitpunkt abzuzinsen,
- den Zinssatz anzugeben, zu dem überschüssige bzw fehlende finanzielle Mittel angelegt bzw aufgenommen werden können.[39]

Interpretation des Kalkulationszinsfußes

Welcher Zinssatz als Kalkulationszinsfuß angesetzt werden soll, ist in der Literatur umstritten. Die Vorschläge reichen von einer subjektiven Mindestrendite über die **durchschnittliche Unternehmensrendite** bis hin zum **Kapitalkostensatz alternativer Verwendungsmöglichkeiten**[40], wobei wir in der Folge von der letztgenannten Interpretation des Kalkulationszinsfußes ausgehen.

Der Kalkulationszinsfuß entspricht den Fremdkapitalkosten/-zinsen oder den Eigenkapitalkosten (Opportunitätskosten) entweder der letzten (teuersten) Finanzierungsquelle oder der Rendite des günstigsten, nicht mehr realisierten Investitionsprojektes (**Marginalanalyse**).

Somit hängt der Kalkulationszinsfuß nach Steuern (i_s) im Wesentlichen von der Beeinflussung der Grenzprojekte (Finanzierungsquelle bzw Alternativanlage) durch die Ertragsteuern ab.[41]

---

38 vgl Haberstock/Breithecker, Einführung in die Betriebswirtschaftliche Steuerlehre, 15. Auflage, 135
39 vgl Haberstock/Breithecker, Einführung in die Betriebswirtschaftliche Steuerlehre, 15. Auflage, 135
40 vgl Haberstock/Breithecker, Einführung in die Betriebswirtschaftliche Steuerlehre, 15. Auflage, 136
41 vgl Haberstock/Breithecker, Einführung in die Betriebswirtschaftliche Steuerlehre, 15. Auflage, 136

Beispiele[42]

1. Eine Gesellschaftereinlage in eine Personengesellschaft stellt die teuerste Finanzierungsquelle dar. Der Gesellschafter hätte dieses Geld auch zB zu 10 % anderweitig anlegen können. Die (Eigen-)Kapitalzinsen (10 %) sind grundsätzlich bei der Personengesellschaft nicht mit ertragsteuerlicher Wirkung abzugsfähig. Der Kalkulationszinsfuß beträgt weiterhin 10 %.
2. Der Gesellschafter gibt einer Kapitalgesellschaft ein fremdübliches Darlehen zu 10 %. Die Fremdkapitalzinsen sind in diesem Fall **abzugsfähig** und bringen tatsächlich eine Steuerersparnis. Der Kalkulationszinsfuß sinkt auf $i_s = i \times (1 - s)$.

Der Kalkulationszinssatz ergibt sich bei reiner Eigenfinanzierung als Alternativrendite des Eigenkapitals, bei reiner Fremdfinanzierung als Effektivverzinsung des Fremdkapitals und bei Mischfinanzierung als gewichteter Durchschnitt aus den obigen Kalkulationszinssätzen.

Beruht der Kalkulationszinsfuß auf einem Zinssatz, der zu steuerlich anerkannten Betriebsausgaben und damit zu einer Steuerersparnis führt (zB bei Heranziehen eines Fremdkapital-Zinssatzes als Referenz), ist seine Höhe um diese Steuerwirkung zu reduzieren. Selbiges gilt, wenn eine als maßgebliche Referenz verwendete alternative Anlagemöglichkeit einer Steuerbelastung unterliegt. Der Kalkulationszinsfuß ist auch in diesem Fall um die erwartete Steuerwirkung zu reduzieren.

Ertragsteuern führen nie zu einer Erhöhung des Kalkulationszinsfußes. Im Regelfall, unter Außerachtlassung von Steuerbefreiungen, Steuerbegünstigungen und Abzugsverboten beträgt der **Kalkulationszinsfuß nach Steuern**: *(Ergebnis)*

$$I_s = i - i \times s = i \times (1 - s)$$

Die Auswirkungen von Kostensteuern auf den Kalkulationszinsfuß sind zum einen nicht so stark wie die der Ertragsteuern und zum anderen schlechter zu erfassen. Kostensteuern können den Kalkulationszinsfuß generell erhöhen, verringern oder konstant lassen. *(Einfluss der Kostensteuern)*

Warum benötigt man den Kalkulationszinsfuß? Man benötigt ihn zur Ermittlung des **Barwertes** einer Zahlungsreihe. Ermittelt man jedoch statt des Barwertes einen **Endwert** und gibt für jede Periode des Planungszeitraumes den Soll- und Habenzinssatz vor, so entledigt man sich des Problems des Kalkulationszinsfußes und folglich auch des Kalkulationszinsfußes nach Steuern.[43] *(Bar- und Endwert)*

Fortsetzung des unter Punkt 3.1.3. begonnenen Beispiels (mit Berücksichtigung von Gewinnsteuern)

Als Alternative könnte in eine Finanzanlage (zB Bundesanleihe) investiert werden, bei der sich eine Verzinsung von jährlich 8 % (vor Steuern) ergeben würde. Der zu berücksichtigende Steuersatz beträgt 25 % (KSt; vgl hierzu 2.2.6.).

---

42 vgl Haberstock/Breithecker, Einführung in die Betriebswirtschaftliche Steuerlehre, 15. Auflage, 137
43 vgl Haberstock/Breithecker, Einführung in die Betriebswirtschaftliche Steuerlehre, 15. Auflage, 138

$I_s = 0,08 \times (1 - 0,25) = 6\ \%$ (nach Steuern)

t	0	1	2	3	4
EZÜ$_{St}$ (EZÜ$_t$ – S$_t$)	– 40	35	35	40	55
$(1 + i)^{-t}$	1,0000	0,9434	0,8900	0,8396	0,7921
EZÜ$_t \times (1 + i)^{-t}$	– 40,00	33,02	31,15	33,58	43,57

C = 101,32

Fortsetzung des oben angeführten Beispiels

Als Alternative könnte in ein anderes Investitionsprojekt investiert werden, bei dem sich ebenfalls eine Verzinsung von jährlich 8 % (vor Steuern) ergeben würde. Der zu berücksichtigende Steuersatz beträgt in diesem Fall aber 40 %.

$I_s = 0,08 \times (1 - 0,4) = 4,80\ \%$ (nach Steuern)

t	0	1	2	3	4
EZÜ$_{St}$ (EZÜ$_t$ – S$_t$)	– 40	35	35	40	55
$(1 + i)^{-t}$	1,0000	0,9542	0,9105	0,8688	0,8290
EZÜ$_t \times (1 + i)^{-t}$	– 40,00	33,40	31,87	34,75	45,60

C = 105,61

Kritische Betrachtung Die errechneten Kapitalwerte dürfen für unternehmerische Entscheidungen **nicht unkritisch übernommen werden**, da im Kapitalwertmodell implizit angenommen wird, dass die durch die Desinvestition freiwerdenden Einzahlungsüberschüsse zum Kalkulationszinssatz bis zum geplanten Ende der Nutzung wiederveranlagt werden können bzw eine Reinvestition erfolgen könnte.

Weiters ergeben sich durch die Zinseszinsrechnung Verzerrungen, wenn im Vergleich zu anderen Investitionsalternativen unterschiedlich hohe Anschaffungsausgaben und unterschiedliche Nutzungsdauern vorliegen.

3.2. Veranlagungssimulation

Veranlagungssimulation Die **Veranlagungssimulation** ist eine typische steuerliche Ermittlungsrechnung. Dabei wird ein oder werden mehrere steuerlich relevante hypothetische Sachverhalte in die tatsächlich bestehende Situation des Betriebes eingebettet. Das heißt, dass bei bestimmten Planungsalternativen unterstellt wird, dass ein bestimmter Sachverhalt realisiert und die angenommene steuerrechtliche Würdigung von der Finanzverwaltung geteilt wird. Auf diesem Sachverhalt aufbauend wird die durch die Finanzverwaltung vorzunehmende Steuerveranlagung vorweggenommen, also simuliert. Stimmen alle Annahmen mit der späteren Wirklichkeit überein, entspricht das Ergebnis der Simulation der zukünftig festgesetzten Steuerzahlung.

Als Vorteil dieser Vorgehensweise wird in der Literatur die größere Genauigkeit der ermittelten Werte gesehen. Allerdings ist auch bei dieser scheinbar so exakten Ermittlung der Steuerwirkungen die Unsicherheit als Charakteristikum des Systems der Besteuerung zu beachten (zB können sich die realen Sachverhaltsbegebenheiten anders zutragen als ursprünglich angenommen oder kann auch die zuständige Finanzbehörde eine alternative Rechtsansicht vertreten).[44]

3.3. Teilsteuerrechnung

Die von *Gerd Rose* entwickelte Teilsteuerrechnung wurde als **Alternative zur Veranlagungssimulation** entwickelt. Ausgangspunkt war die Feststellung, dass die Veranlagungssimulation an Steuerarten orientiert ist. Werden die Annahmen über die Sachverhaltsrealisierung nur leicht verändert, müssen im Rahmen der Veranlagungssimulation alle Steuerarten erneut berechnet werden. Wie die Veränderung eines Parameters die Gesamtsteuerbelastung beeinflusst, ist daher nur schwer bzw nicht prognostizierbar.

Teilsteuerrechnung

Die Teilsteuerrechnung geht von betriebswirtschaftlich definierten Bemessungsgrundlagen aus, zerlegt die Bemessungsgrundlage in viele einzelne, betriebswirtschaftlich bedeutsame Bestandteile, die bei mehreren Steuerarten **identisch** sind. Die (konstanten) Steuersätze der einzelnen Steuerarten, die auf die Bemessungsgrundlagen einwirken, werden zusammengefasst zu so genannten **Multifaktoren** (Teilsteuersätzen). Wird ein betriebswirtschaftlicher Parameter verändert, kann durch **Anwendung der Multifaktoren** sehr schnell die resultierende Belastungsänderung im Hinblick auf sämtliche erfassten Steuern festgestellt werden.

Funktionsweise

A) Wiederholungsbeispiel

Die „Hau auf den Putz GmbH", eine ortsansässige Baufirma, möchte ein bebautes Grundstück zur unmittelbar gewerblichen Nutzung erwerben. Auf dem Grundstück befindet sich zusätzlich eine Maschine zur Resteverwertung, welche die Baufirma für ihren Betrieb nutzen möchte. Die Anschaffungskosten setzen sich wie folgt zusammen (die Grunderwerbsteuer ist noch nicht berücksichtigt. Eine etwaig auftretende Eintragungsgebühr ist zu vernachlässigen):

Grundanteil: € 1.000.000
Gebäudeanteil: €   500.000
Maschine: €   100.000 (Nutzungsdauer 20 Jahre)

Die prognostizierten jährlichen Einzahlungen betragen € 150.000, die jährlichen Auszahlungen € 55.000. Dazu fallen jährlich etwa € 2.000 Grundsteuer an. Die jährliche Gebäude-AfA beträgt 3 % (nachgewiesen durch Gutachten eines Sachverständigen).

---

44   vgl Bertl/Eberhartinger/Hirschler/Kanduth-Kristen/Kofler/Tumpel/Urnik (Hrsg), Handbuch der österreichischen Steuerlehre, Band IV, 3. Auflage, 48ff

Das bebaute Grundstück inklusive Maschine soll nach 20 Jahren wieder verkauft werden. Es wird mit einem Veräußerungserlös von € 900.000 gerechnet. Als Alternative könnte die „Hau auf den Putz GmbH" auch in ein vielversprechendes Portfolio investieren, bei dem sich eine Verzinsung von 12 % vor Steuern ergeben würde.

Sollte die „Hau auf den Putz GmbH" in das bebaute Grundstück investieren, wenn Sie Ihrer Berechnung die Kapitalwertmethode unter Berücksichtigung von Steuerwirkungen zugrunde legen? Nehmen Sie an, dass sich die „Hau auf den Putz GmbH" während der gesamten Laufzeit in einer Gewinnsituation befindet.

Lösung

Zu Beginn wird die Anschaffungsauszahlung A_0 ermittelt. Diese setzt sich aus den Auszahlungen für Grundstück, Gebäude, Maschine und der zu bezahlenden Grunderwerbsteuer zusammen. Da ein Grundstück iSd Grunderwerbsteuergesetzes auch Gebäude umfasst, beträgt die Bemessungsgrundlage der Grunderwerbsteuer € 1.500.000, der anzuwendende Steuersatz 3,5 %. Daraus resultiert eine Grunderwerbsteuerbelastung von € 52.500. Die Auszahlung zum Zeitpunkt t_0 beträgt somit € 1.652.500.

Die Einzahlungsüberschüsse in den Perioden t_1 bis t_{20} betragen jeweils € 150.000 – € 57.000 = € 93.000. Am Ende der Periode t_{20} kann eine Einzahlung von € 900.000 durch die Veräußerung erzielt werden.

Diese zahlungswirksamen Vorgänge werden sodann in eine Zeitreihe eingetragen. Die Veräußerung der Wirtschaftsgüter findet am Ende der Periode t_{20} statt, wird jedoch hier separat angeführt, um später zur Berechnung der Barwerte den Rentenbarwertfaktor heranziehen zu können.

In einem nächsten Schritt gilt es die Körperschaftsteuerbelastung zu errechnen, da eine Körperschaftsteuerschuld als Auszahlung in den einzelnen Perioden berücksichtigt werden muss. Diesbezüglich wird eine **Nebenrechnung** notwendig, da für die Körperschaftsteuerberechnung auch nicht zahlungswirksame Aufwendungen (wie etwa die AfA) zu berücksichtigen sind.

Kapitalwertberechnung

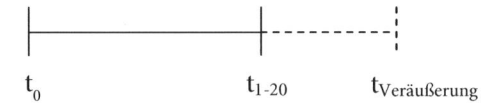

	t_0		t_{1-20}	$t_{\text{Veräußerung}}$
EZÜ	–1.652.500		93.000	900.000
KSt	X		X	X
Summe	X		X	X
i	X		X	X
Kapitalwert:	X			

Zunächst wird die AfA der laufenden Perioden berechnet. Da ein Grundstück nicht abnutzbar ist, wird dafür keine planmäßige AfA angesetzt. Das Gebäude wird im Zeitpunkt t_0 um € 517.500 angeschafft. Dieser Betrag wirkt sich jedoch nicht in der Periode der Anschaffung als steuerlicher Aufwand aus, vielmehr wird der Aufwand über die Nutzungsdauer des Gebäudes verteilt. Eine jährliche Abschreibung von 3 % ergibt einen AfA-Betrag von € 15.525. Ebenso wird die Maschine über die Nutzungsdauer von 20 Jahren abgeschrieben, was einem jährlichen Betrag von € 5.000 entspricht.

Im Jahr der Veräußerung werden die steuerlichen Restbuchwerte der Wirtschaftsgüter mit steuerlicher Wirkung als Aufwand erfasst, da diese aus dem Unternehmen ausscheiden. Da das Grundstück keiner planmäßigen Abschreibung unterliegt, steht es mit seinen Anschaffungskosten in der Bilanz. Das Gebäude weist einen Restbuchwert von € 207.000 auf, die Maschine wurde über 20 Jahre abgeschrieben, was genau ihrer Nutzungsdauer entspricht. Somit weist die Maschine keinen Restbuchwert auf.

Sowohl die laufende AfA als auch die Ausbuchung der Restbuchwerte werden nun in die Nebenrechnung eingetragen. Anschließend wird daraus die Bemessungsgrundlage der Körperschaftsteuer ermittelt und danach die Körperschaftsteuerbelastung errechnet.

Im nächsten Schritt werden die Körperschaftsteuerbeträge in die Kapitalwertberechnung übertragen, wobei ein positives Vorzeichen in der Steuerberechnung eine Körperschaftsteuerbelastung und somit eine Auszahlung darstellt. Ein negatives Vorzeichen in der Steuerberechnung bedeutet eine effektive Körperschaftsteuerersparnis, sofern die Verluste aus dem Veräußerungsgeschäft mit anderen Gewinnen des Unternehmens verrechnet werden können. Da im vorliegenden Fall angenommen wird, dass sich das Unternehmen in der Gewinnzone befindet, trifft dies zu und diese Ersparnis wirkt im Kapitalwertmodell somit als Einzahlung.

Steuerberechnung

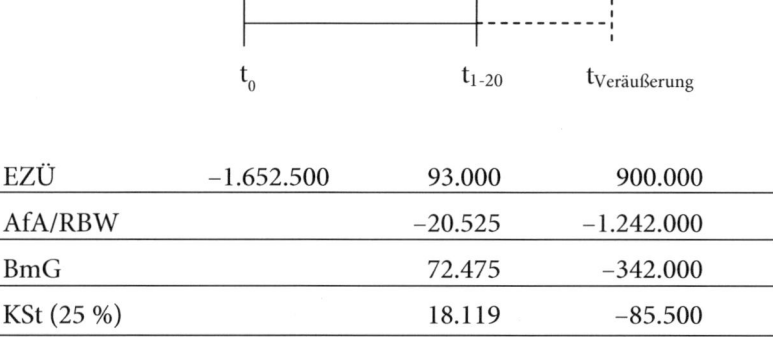

	t_0	t_{1-20}	$t_{Veräußerung}$
EZÜ	−1.652.500	93.000	900.000
AfA/RBW		−20.525	−1.242.000
BmG		72.475	−342.000
KSt (25 %)		18.119	−85.500

Anschließend werden Summen gebildet und die zahlungswirksamen Vorgänge diskontiert. Der Diskontierungszinssatz beträgt $0{,}12 \times (1 - 0{,}25) = 9\,\%$ (nach

Steuern). Für die Perioden t_1 bis t_{20} wird der Rentenbarwertfaktor verwendet. In einem letzten Schritt wird die Summe der Barwerte mit der Anschaffungsinvestition aufaddiert und somit der Kapitalwert ermittelt.

Kapitalwertberechnung

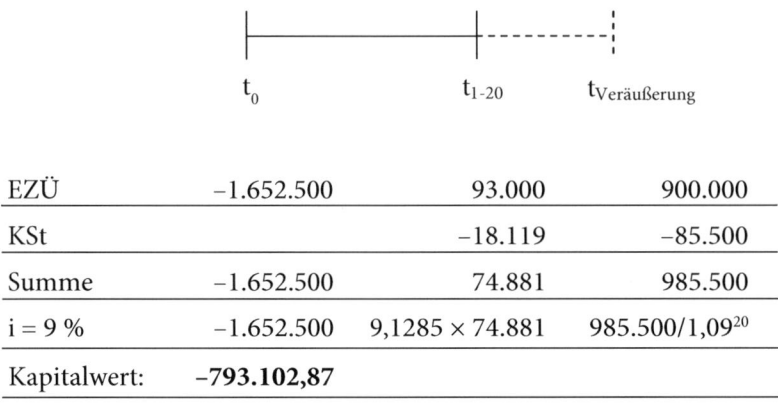

	t_0	$t_{1\text{-}20}$	$t_{\text{Veräußerung}}$
EZÜ	−1.652.500	93.000	900.000
KSt		−18.119	−85.500
Summe	−1.652.500	74.881	985.500
$i = 9\,\%$	−1.652.500	$9{,}1285 \times 74.881$	$985.500/1{,}09^{20}$
Kapitalwert:	**−793.102,87**		

B) Richtig/Falsch-Fragen

1) Im Hinblick auf steuerliche Auswirkungen auf die Auszahlungsreihe ist eine Unterscheidung in Kostensteuern und Gewinnsteuern vorzunehmen. Grundsteuer und Grunderwerbsteuer zählen beide zu den Kostensteuern, wobei die Grundsteuer eine abzugsfähige Betriebsausgabe darstellt, die Grunderwerbsteuer jedoch als Anschaffungsnebenkosten zu aktivieren ist.

2) Die Umsatzsteuer wird in der Investitionsrechnung grundsätzlich vernachlässigt, da sie in der Regel als Vorsteuer abzugsfähig ist. Besteht allerdings keine Möglichkeit zum Vorsteuerabzug, wie zB meist bei für das Unternehmen angeschafften Personenkraftwagen, so wird die Umsatzsteuer Teil der Anschaffungskosten.

3) Ertragsteuern führen grundsätzlich zu einer Erhöhung des Kapitalzinsfußes.

Lösungen S 145

4. Besteuerung und Rechnungswesen

Maßgeblichkeitsprinzip

Das Verhältnis von Unternehmens- und Steuerrecht ist durch das so genannte Maßgeblichkeitsprinzip des § 5 EStG geprägt. Das **Maßgeblichkeitsprinzip**[45] besagt, dass der rechnungslegungs- und bilanzierungspflichtige Steuerpflichtige grundsätzlich für die Ansätze in der *Steuerbilanz* vom unternehmensrechtlichen Jahresabschluss (= *Unternehmensbilanz* auf Grundlage der Vorschriften des Unternehmensrechts) auszugehen hat (die Steuerbilanz stellt somit keine selbständige, sondern eine aus dem ordnungsmäßigen unternehmensrechtlichen Jahresabschluss abgeleitete, den Vorschriften des Einkommensteuerrechts entsprechende Bilanz dar).

Wirkung der Steuerbilanz auf die Unternehmensbilanz

Das Maßgeblichkeitsprinzip hat für die Praxis der Bilanzierung den Effekt, dass die Unternehmensbilanz oftmals nach steuerpolitischen Überlegungen erstellt wird. Durch den Umstand, dass bei der Bestimmung der Wertansätze in der Unternehmensbilanz auf die Wirkungen Rücksicht genommen werden muss, die sich durch die Übernahme von Bilanzansätzen in die Steuerbilanz ergeben, kommt eine Abhängigkeit der Unternehmensbilanz von der Steuerbilanz zustande. Dementsprechend wird durch die Ausübung der unternehmensrechtlichen Ansatz- und Bewertungswahlrechte der Gedanke an den dadurch via Maßgeblichkeitsprinzip beeinflussten steuerlichen Gewinn bestimmt.

Um die Differenzen zwischen Unternehmens- und Steuerbilanz zu reduzieren, wurden die unternehmensrechtlichen Rechnungslegungsvorschriften mit dem Rechnungslegungs-Änderungsgesetz 2014 (RÄG 2014) teilweise an die steuerrechtlichen Vorschriften angepasst („Einheitsbilanz").

4.1. Gewinnermittlungsarten

Berechnung des Gewinns für betriebliche Einkünfte

Die Ermittlung der betrieblichen Einkünfte (§ 2 Abs 3 Z 1 bis 3 EStG) erfolgt durch Berechnung des **Gewinns** (§ 2 Abs 4 Z 1 EStG). Nur für diese betrieblichen Einkünfte kommt eine Gewinnermittlung in Frage. Für die außerbetrieblichen Einkunftsarten (§ 2 Abs 3 Z 4 bis 7 EStG) wird der Überschuss der Einnahmen über die Werbungskosten ermittelt (§ 2 Abs 4 Z 2 EStG).

Die **Gewinnermittlung** ist grundsätzlich in den §§ 4 bis 14 EStG geregelt. Besondere Vorschriften sind bei der Ermittlung des Gewinns, der sich bei Veräußerung oder Aufgabe eines (Teil-)Betriebes ergibt, zu beachten (vgl § 24 EStG). Hat der Abgabepflichtige mehrere Betriebe, so ist der Gewinn grundsätzlich gesondert für jeden Betrieb zu ermitteln.

---

45   vgl Doralt/Ruppe I, 12. Auflage, Tz 200ff

Gewinnermittlungsarten

Entsprechend den genannten Normen stehen vier **Gewinnermittlungsarten**[46] zur Verfügung:

1. Betriebsvermögensvergleich
   a) Betriebsvermögensvergleich gem § 4 Abs 1 EStG
   b) Betriebsvermögensvergleich gem § 5 Abs 1 EStG
2. Einnahmen/Ausgaben-Rechnung gem § 4 Abs 3 EStG
3. Pauschalierung gem § 17 EStG

Gewinnermittlungs-zeitraum

Steuerlicher **Gewinnermittlungszeitraum** ist das **Wirtschaftsjahr**, das zwölf Monate nicht überschreiten darf. Bei rechnungslegungspflichtigen Gewerbetreibenden und bei buchführenden Land- und Forstwirten ist das Wirtschaftsjahr der Zeitraum, für den sie regelmäßig Abschlüsse aufstellen und der sich nicht mit dem Kalenderjahr decken muss. Bei den anderen ist das Wirtschaftsjahr stets das Kalenderjahr (vgl dazu § 2 Abs 5 bis 7 EStG).

4.1.1. Betriebsvermögensvergleich

Unternehmensrechtliche Rechnungslegungspflichten

Der Rechnungslegungspflicht nach § 189 Unternehmensgesetzbuch (UGB) unterliegen

- Kapitalgesellschaften und
- Personengesellschaften, bei denen entweder
  - alle unmittelbaren oder mittelbaren Gesellschafter mit ansonsten unbeschränkter Haftung tatsächlich nur beschränkt haftbar sind, weil sie entweder Kapitalgesellschaften iSd Anhangs I der Bilanz-RL (RL 2013/34/EU) sind oder Gesellschaften sind, die nicht dem Recht eines Mitgliedstaates der EU oder eines Vertragsstaats des EWR unterliegen, aber über eine Rechtsform verfügen, die einer im Anhang I der RL 2013/34/EU genannten vergleichbar ist;
  - kein unbeschränkt haftender Gesellschafter eine natürliche Person ist und die unternehmerisch tätig ist, sowie
- alle anderen mit Ausnahme der in Abs 4 genannten Unternehmer, die hinsichtlich der einzelnen einheitlichen Betriebe jeweils mehr als € 700.000 Umsatzerlöse (§ 232 Abs 1 UGB) im Geschäftsjahr erzielen.

Beginn der Rechnungs-legungspflicht

Ausgenommen von der Rechnungslegungspflicht sind Angehörige der freien Berufe, Land- und Forstwirte sowie Unternehmer, deren Einkünfte durch Überschuss der Einnahmen über die Werbungskosten ermittelt werden, auch wenn ihre Tätigkeit im Rahmen einer eingetragenen Personengesellschaft ausgeübt wird, es sei denn, dass es sich um eine Personengesellschaft iSd Abs 1 Z 2 handelt (§ 189 Abs 4 UGB).

---

46   vgl Doralt/Ruppe I, 12. Auflage, Tz 154ff

Die Rechnungslegungspflicht beginnt bei den von § 189 Abs 1 Z 3 UGB idF RÄG 2014 erfassten Unternehmern

- ab dem zweitfolgenden Geschäftsjahr, wenn der Schwellenwert[47] (€ 700.000) in zwei aufeinander folgenden Geschäftsjahren überschritten wird, bzw
- schon ab dem folgenden Geschäftsjahr, wenn der Schwellenwert um mindestens € 300.000 überschritten wird.[48]

Die Rechnungslegungspflicht entfällt ab dem folgenden Geschäftsjahr, wenn der Schwellenwert von € 700.000 in zwei aufeinander folgenden Geschäftsjahren nicht mehr überschritten wird.

4.1.1.1. § 4 Abs 1 EStG

Nach § 4 Abs 1 EStG besteht für jene Steuerpflichtigen eine Verpflichtung zur Buchführung, die

Betriebsvermögensvergleich gem § 4 Abs 1 EStG

- nach dem UGB oder anderen gesetzlichen Vorschriften zur Buchführung verpflichtet sind,
- die in § 125 BAO festgesetzten Umsatzgrenzen überschreiten oder
- freiwillig Bücher führen

und auf die die Bestimmungen des § 5 EStG keine Anwendung finden.

Nach § 125 BAO besteht **Buchführungspflicht** für einen land- und forstwirtschaftlichen Betrieb oder wirtschaftlichen Geschäftsbetrieb (§ 31) eines Unternehmers, dessen Umsatz[49] in zwei aufeinander folgenden Kalenderjahren jeweils € 700.000 überstiegen hat.

Buchführungspflicht für Land- und Forstwirte

Die Verpflichtung, Bücher zu führen, tritt für land- und forstwirtschaftliche Betriebe gem § 125 Abs 2 BAO bei Erfüllung der Voraussetzungen des Abs 1 lit a mit Beginn des darauf zweitfolgenden Kalenderjahres ein, sofern sie nicht gemäß Abs 4 aufgehoben wird (werden daher in den Jahren X1 und X2 die Grenzen überschritten, besteht ab X4 Buchführungspflicht). Eine nach Abs 1 lit a eingetretene Verpflichtung erlischt, wenn die dort genannte Grenze in zwei aufeinander folgenden Kalenderjahren nicht überschritten wird, mit Beginn des darauf folgenden Kalenderjahres.

Angehörige freier Berufe (Ärzte, Rechtsanwälte, Wirtschaftstreuhänder, etc) werden weder von den Bestimmungen des UGB (§§ 189 ff UGB) noch von denen der §§ 124 und 125 BAO erfasst, weshalb sich für sie keine Verpflichtung zur Buchführung ergibt (insoweit sie nicht freiwillig Bücher führen).

Keine Buchführungspflicht für freie Berufe

---

47   Hierbei orientiert man sich an der Bestimmung des § 232 Abs 1 UGB.

48   Zu beachten ist ferner die Bestimmung des § 189 Abs 3 UGB, wonach „rechnungslegungsrechtliche Sonderbestimmungen der Anwendung dieses Gesetzes vorgehen".

49   Umsätze sind solche gem § 1 Abs 1 Z 1 und 2 UStG zuzüglich der Umsätze aus im Ausland ausgeführten Leistungen.

Steuerlicher Gewinn durch Betriebsvermögensvergleich

Der steuerliche Gewinn stellt den durch doppelte Buchführung zu ermittelnden **Unterschiedsbetrag zwischen dem Betriebsvermögen am Schluss des Wirtschaftsjahres und dem Betriebsvermögen am Schluss des vorangegangenen Wirtschaftsjahres** dar. Dieser darf durch Entnahmen nicht gekürzt und durch Einlagen nicht erhöht werden.

Allgemeine Grundsätze ordnungsmäßiger Buchführung

Bei der Ermittlung des Gewinns nach § 4 Abs 1 EStG gelten nur die **allgemeinen Grundsätze ordnungsmäßiger Buchführung** (= GoB; § 4 Abs 2 EStG).

Betriebsvermögen

Danach sind bspw Eintragungen in den Büchern und sonstige Aufzeichnungen vollständig, richtig, zeitgerecht und geordnet vorzunehmen (§ 131 BAO). Bestimmungen des UGB sind dagegen nicht zwingend anzuwenden.

Unter **Betriebsvermögen** wird die Summe der einem Betrieb zuzuordnenden und somit in die Bilanz aufzunehmenden Wirtschaftsgüter verstanden. **Wirtschaftsgüter** sind alle im wirtschaftlichen Verkehr nach der Verkehrsauffassung selbständig bewertbaren Güter jeder Art. Die selbständige Bewertungsfähigkeit wird dann angenommen, wenn im Rahmen des Gesamtkaufpreises des Unternehmens ein besonderes Entgelt für das Wirtschaftsgut angesetzt werden würde. Je nachdem, ob es sich um positive oder negative Werte handelt, spricht man bei der Aufnahme von „Aktivierung" bzw „Passivierung". Dementsprechend ist die Bilanz in eine Aktivseite (Anlagevermögen, Umlaufvermögen) und in eine Passivseite (Eigenkapital, Rückstellungen, Fremdkapital) gegliedert.

Wirtschaftsgüter

Wirtschaftsgüter sind insbesondere Bargeld, Waren, Erzeugnisse, ebenso Rechte, Forderungen oder Verbindlichkeiten. Unkörperliche Wirtschaftsgüter des Anlagevermögens (zB Know-how, Software) sind nur dann in die Bilanz aufzunehmen, wenn sie entgeltlich erworben worden sind (§ 4 Abs 1 EStG). Unkörperliche Wirtschaftsgüter sind allerdings dann zu aktivieren, wenn sie dem Umlaufvermögen zuzuordnen sind.

4.1.1.2. § 5 Abs 1 EStG

Betriebsvermögensvergleich gem § 5 Abs 1 EStG

Gem § 5 Abs 1 EStG sind für die Gewinnermittlung jener Steuerpflichtiger, die nach § 189 UGB der Rechnungslegungspflicht unterliegen und die Einkünfte aus Gewerbebetrieb beziehen (kumulative Voraussetzung), die **unternehmensrechtlichen Grundsätze ordnungsmäßiger Buchführung** (GoB) maßgebend, es sei denn, zwingende Vorschriften des Einkommensteuerrechts treffen abweichende Regelungen (so genannter Maßgeblichkeitsgrundsatz).

Rechnungslegungspflicht und Gewerbebetrieb

Entscheidend für die Maßgeblichkeit ist die **Rechnungslegungspflicht** nach § 189 UGB. Durch die in § 5 EStG erfolgte Änderung soll eine Übereinstimmung des Anwendungsbereichs der Gewinnermittlung nach § 5 EStG und der Rechnungslegungspflicht nach UGB erreicht werden. Neben der Pflicht zur Rechnungslegung bleibt für die Gewinnermittlung nach § 5 EStG das Erfordernis von Einkünften aus Gewerbebetrieb nach § 23 EStG aufrecht. Die Abgrenzung der betrieblichen

Einkunftsarten ist somit auch künftig für die steuerliche Gewinnermittlung von Relevanz.

Um zu verhindern, dass Gewerbetreibende, die durch ein **Unterschreiten der Umsatzgrenze** des § 189 UGB aus der Gewinnermittlung des § 5 Abs 1 EStG herausfallen, sieht § 5 Abs 2 EStG ein Antragsrecht vor, den Gewinn weiterhin nach § 5 Abs 1 EStG ermitteln zu dürfen, wenn diese aus der Rechnungslegungspflicht nach § 189 UGB herausfallen. Dadurch sollen die steuerlichen Konsequenzen eines (häufigen) Wechsels der Gewinnermittlung abgefedert werden.

Antrag auf Gewinnermittlung gem § 5 Abs 1 EStG

Ausgangspunkt der steuerlichen Gewinnermittlung nach § 5 Abs 1 EStG bildet die Unternehmensbilanz. Abweichungen des unternehmensrechtlichen Gewinns vom steuerrechtlichen Gewinn auf Grund verschiedener anders lautender zwingender Bestimmungen bzw Regelungen des Steuerrechts werden durch die sog **Mehr-Weniger-Rechnung** erfasst.

Mehr-Weniger-Rechnung

Beispiel

Ein Unternehmen ermittelt den Gewinn gem § 5 Abs 1 EStG. Der unternehmensrechtliche Gewinn im Wirtschaftsjahr X1 beträgt € 100.000. Unternehmensrechtlich wurden jedoch Pauschalrückstellungen iHv € 5.000 gebildet, welche steuerrechtlich nicht anerkannt werden (vgl 4.8.). Da die Pauschalrückstellungen aufwandswirksam gebildet wurden und somit den unternehmensrechtlichen Gewinn verringert haben, muss der nicht anerkannte Aufwand dem Ergebnis mittels Mehr-Weniger-Rechnung wieder hinzugerechnet werden, um das steuerliche Ergebnis von € 105.000 zu erhalten.

4.1.1.3. Unterscheidung § 4 Abs 1 und § 5 Abs 1 EStG[50]

Die Gewinnermittlung gem § 5 Abs 1 EStG unterscheidet sich vom Betriebsvermögensvergleich gem § 4 Abs 1 EStG insbesondere durch folgende Merkmale:

Unterscheidung §-5-Abs-1- und §-4-Abs-1-Gewinnermittlung

1. **Umfang des Betriebsvermögens**: Gewillkürtes Betriebsvermögen ist nur bei §-5-Ermittlern zulässig. Im Gegensatz dazu dürfen bei der Gewinnermittlung gem § 4 Abs 1 EStG ausschließlich jene Wirtschaftsgüter aufgenommen werden, die dem Betrieb unmittelbar zu dienen bestimmt sind (notwendiges Betriebsvermögen).

2. **Bewertung des Betriebsvermögens**: §-5-Ermittler sind nicht nur an die Gewinnermittlungsvorschriften des Steuerrechts (§§ 4ff EStG) gebunden, sondern haben auch die unternehmensrechtlichen Rechnungslegungsvorschriften zu beachten.

3. **Wirtschaftsjahr**: Nur buchführende Land- und Forstwirte und rechnungslegungspflichtige Gewerbetreibende sind berechtigt, nach einem vom Kalenderjahr abweichenden Wirtschaftsjahr zu bilanzieren.

---

50   vgl Doralt/Ruppe I, 12. Auflage, Tz 162ff

Anmerkung: Ein weiterer Unterschied zwischen § 4-Abs 1- und §-5-Ermittlern war bis 31.3.2012, dass Wertänderungen des (nackten) Grund und Bodens, der zum Anlagevermögen gehörte, nach § 4 Abs 1 EStG aF außer Ansatz blieben (Ausnahme: Veräußerung innerhalb der Spekulationsfrist), nach § 5 Abs 1 EStG jedoch erfasst waren. Im Rahmen der Neuordnung der Besteuerung von Grundstücksveräußerungen durch das 1. StabG 2012 ist dieses Unterscheidungsmerkmal jedoch weggefallen. Wertänderungen des (nackten) Grund und Bodens sind künftig stets steuerwirksam (dh auch bei § 4-Abs-1-Ermittlern).

4.1.2. Einnahmen/Ausgaben-Rechnung

Anwendung Einnahmen/Ausgaben-Rechnung

Die **vereinfachte Form der Gewinnermittlung** nach § 4 Abs 3 EStG wird dann angewandt, wenn

- weder nach dem Unternehmens- noch dem Steuerrecht Buchführungspflicht besteht und
- auch freiwillig keine Bücher geführt werden.

Die Gewinnermittlung gem § 4 Abs 3 EStG erfolgt im Wesentlichen in den Bereichen der freien Berufe (Ärzte, Dentisten, Rechtsanwälte, Notare, Steuerberater, Wirtschaftsprüfer, Journalisten, Dolmetscher, etc).

Steuerlicher Gewinn bei der Einnahmen/Ausgaben-Rechnung Zufluss-Abfluss-Prinzip

Der **Gewinn oder Verlust** eines Kalenderjahres wird dabei durch Gegenüberstellung der **tatsächlich** zu- bzw abgeflossenen betrieblichen Einnahmen und Ausgaben ermittelt (Einnahmen/Ausgaben-Rechnung). Maßgeblich für die Zuordnung von Betriebseinnahmen und Betriebsausgaben zu einem Wirtschaftsjahr sind daher die Zahlungsflüsse (Zufluss-Abfluss-Prinzip; § 19 EStG). Die Veränderung des Betriebsvermögens ist für die Gewinnermittlung gem § 4 Abs 3 EStG nicht maßgebend. Es werden daher in erster Linie Kassentransaktionen und Bewegungen auf Bankkonten erfasst. Darüber hinaus sind noch unbare Abgänge wie bspw die Absetzung für Abnutzung (AfA; jedoch keine Vornahme von Teilwertabschreibungen) und diverse steuerfreie Beträge von Bedeutung.

4.1.3. Pauschalierungen

Pauschalierungsarten

Bei Vorliegen bestimmter Voraussetzungen können Steuerpflichtige ihren Gewinn auch pauschal durch Anwendung von **Durchschnittssätzen** ermitteln. Damit soll eine Vereinfachung der Gewinnermittlung bezweckt werden. § 17 EStG bietet dazu folgende Möglichkeiten, nämlich die

- gesetzliche Basispauschalierung;
- Branchenpauschalierung;
- Individualpauschalierung und
- Pauschalierung für Kleinunternehmer.

Basispauschalierung

Bei der **Basispauschalierung** sind Einnahmen voll anzusetzen, Betriebsausgaben können hingegen pauschal mit 12 % des Nettoumsatzes angesetzt werden (höchstens jedoch € 26.400). Zusätzlich können Ausgaben für Umlaufvermögen (Wareneinkauf, Fertigungskosten), für Löhne und für Fremdlöhne (Letztere nur insoweit, als diese unmittelbar in Leistungen eingehen, die den Betriebgegenstand des Unternehmens bilden) und die bezahlten Sozialversicherungsbeiträge berücksichtigt werden. Nicht gesondert abgesetzt werden können daher die AfA, Zins- oder Mietaufwendungen etc.

Eine **Reduktion des Betriebsausgabenpauschales** auf **6 %** (höchstens jedoch € 13.200) der Umsätze (§ 125 Abs 1 lit a BAO) ist vorgesehen bei:

Reduziertes Betriebsausgabenpauschale

- Einkünften aus kaufmännischer oder technischer Beratung,
- Einkünften als wesentlich beteiligter Geschäftsführer und aus Vermögensverwaltung sowie
- Einkünften aus einer schriftstellerischen, vortragenden, wissenschaftlichen, unterrichtenden oder erzieherischen Tätigkeit.

Die **Zulässigkeit der Basispauschalierung** ist bei Vorliegen folgender Voraussetzungen gegeben:

Voraussetzungen für die Basispauschalierung

1. Einkünfte aus selbständiger Arbeit (§ 22 EStG) oder aus Gewerbebetrieb (§ 23 EStG),
2. maximal € 220.000 Umsatz (nicht Einnahmen) iSd § 125 Abs 1 Satz 3 BAO im vorangegangenen Wirtschaftsjahr sowie
3. keine Buchführungspflicht und auch keine freiwillige Buchführung.

Der Bundesminister für Finanzen kann durch Verordnung für bestimmte Gruppen von Steuerpflichtigen Durchschnittssätze für die Ermittlung des Gewinns aufstellen. Dabei sind die jeweiligen Sätze auf Grund von Erfahrungen über die wirtschaftlichen Verhältnisse bei der jeweiligen Gruppe von Steuerpflichtigen festzusetzen.

Andere Pauschalierungsarten

Eine **Branchenpauschalierung** ist nur dann möglich, wenn

- weder eine Buchführungspflicht besteht
- noch ordnungsgemäße Bücher geführt werden, die eine Gewinnermittlung durch Betriebsvermögensvergleich ermöglichen.

Bisher wurden solche Verordnungen erlassen für die Ermittlung des Gewinns:

a) aus Land- und Forstwirtschaft (BGBl II Nr 125/2013 idF BGBl II Nr 164/2014)
b) von bestimmten nicht buchführenden Gewerbetreibenden (BGBl Nr 55/1990 idF BGBl II 215/2018)
c) der nicht buchführenden Inhaber von Betrieben des Gastgewerbes (BGBl II Nr 488/2012 idF BGBl II Nr 355/2020)
d) von nicht buchführenden Lebensmitteleinzel- oder Gemischtwareneinzelhändlern (BGBl II Nr 228/1999 idF BGBl II Nr 633/2003)
e) von nicht buchführenden Drogisten (BGBl II Nr 229/1999)

f) von selbständigen Handelsvertretern ohne Buchführung (BGBl II Nr 95/2000 idF BGBl II Nr 635/2003)

g) von Künstlern ohne Buchführung (BGBl II Nr 417/2000 idF BGBl II Nr 636/2003)

h) von Schriftstellern ohne Buchführung (BGBl II Nr 417/2000 idF BGBl II Nr 636/2003)

i) von überwiegend im Ausland auftretenden Sportlern (BGBl II Nr 418/2000)

j) der vorübergehend beschäftigten Arbeitnehmer (BGBl I Nr 594/1988 idF BGBl II Nr 416/2001)

k) aus der Tätigkeit von Artisten, Bühnenangehörigen, Filmschauspielern, Fernsehschaffenden, die regelmäßig auf dem Bildschirm erscheinen, Journalisten, Musikern, Förstern, Hausbesorgern, Vertretern, sofern bei diesen ein Dienstverhältnis vorliegt (BGBl II Nr 382/2001 idF BGBl II Nr 271/2018).

Abhängig von den jeweiligen Verordnungen können eine Voll- oder Teilpauschalierung (nur Betriebsausgabenpauschalierung) im Rahmen der ESt und/oder eine Pauschalierung im Rahmen der USt vorliegen.

Pauschalierung für Kleinunternehmer

Ab der Veranlagung 2020 besteht für Kleinunternehmer, die Einkünfte aus selbständiger Arbeit (§ 22) oder gewerbliche Einkünfte (§ 23) erzielen, eine weitere Pauschalierungsmöglichkeit (§ 17 Abs 3a EStG). Die Kleinunternehmer-Pauschalierung sieht für produzierende Betriebe ein Betriebsausgabenpauschale von 45 % der Betriebseinnahmen und bei Dienstleistungsbetrieben (siehe hiezu § 1 Abs 1 der Dienstleistungsbetriebe-Verordnung, BGBl II Nr 615/2020) von 20 % der Betriebseinnahmen vor. Zusätzlich können noch Sozialversicherungsbeiträge und der Grundfreibetrag des Gewinnfreibetrages als Betriebsausgaben berücksichtigt werden.

Von der Pauschalierung kann nur dann Gebrauch gemacht werden, wenn die Voraussetzungen für die umsatzsteuerliche Kleinunternehmerregelung dem Grunde nach erfüllt sind. Ein Verzicht auf die umsatzsteuerliche Kleinunternehmerregelung hindert die Anwendbarkeit der Pauschalierung daher nicht. Ebenso ist unschädlich, wenn nur für einen Teil der Umsätze die Kleinunternehmerpauschalierung des § 17 Abs 3a EStG in Anspruch genommen wird, sofern diese innerhalb der umsatzsteuerlichen Kleinunternehmergrenze des § 6 Abs 1 Z 27 UStG liegen.

4.2. Rechnungslegungs- und Bewertungsvorschriften

4.2.1. Unternehmensrechtliche Rechnungslegungsvorschriften

Unternehmensrechtliche Rechnungslegungsvorschriften

Die unternehmensrechtlichen Rechnungslegungsvorschriften sind im Wesentlichen in den §§ 189–243 UGB (Auszug aus dem Rechnungslegungsgesetz) normiert. Unternehmensrechtliche **Buchführungs- und Rechnungslegungspflicht** besteht nur für Unternehmer iSd § 1 UGB. Diese haben ihre unternehmensbezogenen Geschäfte und die Lage ihres Vermögens nach den Grundsätzen ordnungsmäßiger Buchführung ersichtlich zu machen.

4.2.2. Steuerliche Ordnungsmäßigkeitsvorschriften

Für das Steuerrecht enthält die BAO konkrete formelle und materielle Bestimmungen über die **Ordnungsmäßigkeit der Buchführung** in den §§ 131 und 132. Diese steuerrechtlichen Ordnungsmäßigkeitsbestimmungen sind im Wesentlichen deckungsgleich mit den entsprechenden Ordnungsmäßigkeitsvorschriften im Unternehmensrecht.

Ordnungsmäßigkeitsvorschriften

Nach den materiellen Bestimmungen müssen die Eintragungen **vollständig, zeitfolgengemäß, richtig und zeitgerecht** erfolgen. Nach den formellen Bestimmungen sind die Bücher in einer lebenden Sprache zu führen, müssen Kontenbezeichnungen erkennen lassen, müssen Belege so geordnet aufbewahrt werden, dass eine Überprüfung der Eintragungen jederzeit möglich ist, dürfen Eintragungen nicht mit leicht entfernbaren Schreibmitteln durchgeführt werden, etc. Bücher, die diesen materiellen und formellen Vorschriften der BAO entsprechen, haben die Vermutung einer ordnungsmäßigen Führung für sich und sind der Abgabenerhebung zugrunde zu legen.

Hinsichtlich der GoB wird im Steuerrecht zwischen allgemeinen Grundsätzen und den unternehmensrechtlichen Grundsätzen unterschieden. Die allgemeinen Grundsätze (§ 131 BAO) gelten für alle bilanzierenden Abgabepflichtigen. Die unternehmensrechtlichen Grundsätze gelten nur für die §-5-Ermittler.

4.2.2.1. Wertansatz

Ist ein reales Objekt oder ein bestimmter Vorgang dem Grunde nach in die Bilanz aufzunehmen, so stellt sich regelmäßig die Frage nach der Höhe des Wertansatzes. Diese Zuordnung von Geldeinheiten zu einem artmäßig bestimmten Bilanzobjekt wird **Bewertung** genannt.

Wertansatz

Hinsichtlich der zu wählenden Wertansätze differenziert das **Unternehmensrecht** zwischen

Unternehmensrecht

- dem Anlagevermögen (= AV) mit zeitlich begrenzter und zeitlich unbegrenzter Nutzung,
- dem Umlaufvermögen (= UV) und
- den Passivposten sowie den Einlagen und Entnahmen.

Im EStG wird unterschieden zwischen:

Steuerrecht

- den Wirtschaftsgütern des abnutzbaren und des nicht abnutzbaren Anlagevermögens sowie den Wirtschaftsgütern des Umlaufvermögens und
- den Schulden sowie den Einlagen und Entnahmen.

4.2.2.2. Bewertung

Einzelbewertungs-grundsatz

Sowohl unternehmens- als auch steuerrechtlich gilt prinzipiell der Grundsatz der **Einzelbewertung** (§ 201 Abs 2 Z 3 UGB), wobei aber Ausnahmen in Form von Bewertungsvereinfachungen hinsichtlich der Einzelerfassung zulässig sind (§ 209 UGB).

GoB und Bewertungs-vorschriften

Für die unternehmensrechtliche Bewertung gelten die **unternehmensrechtlichen GoB**. Die **Bewertungsvorschriften** finden sich in den §§ 201ff UGB.

Bewertung nach EStG

Für die **steuerrechtliche Bewertung** sind bei §-5-Ermittlern die unternehmensrechtlichen Bewertungsgrundsätze maßgeblich, außer § 6 EStG enthält zwingende gegensätzliche Anordnungen für die Bewertung der Wirtschaftsgüter. Für die anderen Gewinnermittlungsarten ist die Bewertung ausschließlich gem § 6 EStG vorzunehmen.

Mehr-Weniger-Rechnung

Stehen dem konkreten unternehmensrechtlichen Ausweis bzw der konkreten unternehmensrechtlichen Bewertung jedoch ausdrücklich zwingende steuerliche Vorschriften entgegen, sind für steuerliche Zwecke – insbesondere wenn sich Abweichungen nur auf ein Wirtschaftsjahr erstrecken und durch sie die Ergebnisse der Folgejahre nicht beeinflusst werden – außerhalb der Unternehmensbilanz Zu- und Abrechnungen vorzunehmen. Diese Abweichungen werden in einer außerbilanziellen **Mehr-Weniger-Rechnung (MWR)**, die im Rahmen der Steuererklärung durchgeführt wird, dargestellt. Nehmen Abweichungen der Steuerbilanz von der Unternehmensbilanz Einfluss auf die Ergebnisse der Folgejahre, empfiehlt es sich, diese Abweichungen im Rahmen einer gesonderten Bilanz, nämlich der Steuerbilanz (= adaptierte Unternehmensbilanz für das Finanzamt), zu berücksichtigen.

Wegen der im UGB und im EStG vorzufindenden zwingenden (MUSS-) und fakultativen (KANN-)Bestimmungen ergeben sich die in der folgenden Tabelle dargestellten Auswirkungen der Maßgeblichkeit der Unternehmensbilanz für die Steuerbilanz:

	Unternehmensrecht	Steuerrecht	Maßgeblichkeit
1.	MUSS	MUSS	Bilanzansatz nach UR und MWR
2.	MUSS	KANN	Bilanzansatz nach UR auch mit steuerlicher Wirkung
3.	KANN	MUSS	Bilanzansatz nach UR und MWR, ausnahmsweise Maßgeblichkeit
4.	KANN	KANN	Bilanzansatz nach UR auch mit steuerlicher Wirkung

Wertmaßstäbe nach UGB und EStG

In den einzelnen *Bewertungsregeln* nach UGB und EStG werden verschiedene Wertmaßstäbe angeführt, die vorweg erläutert werden:

Anschaffungskosten (AK): sind alle Aufwendungen, die geleistet werden, um einen Gegenstand zu erwerben und ihn in einen betriebsbereiten Zustand zu versetzen, soweit sie dem Vermögensgegenstand einzeln zugeordnet werden können (§ 203 Abs 2 UGB).

Kaufpreis (netto) laut Rechnung

plus Nebenkosten (zB Fracht, Zölle, Provisionen)

plus nachträgliche Anschaffungskosten (zB Zusatzinstallationen)

minus Anschaffungskostenminderungen (Rabatte, Skonti, etc)

Anschaffungskosten

Herstellungskosten (HK): sind Aufwendungen, die für die Herstellung eines Gegenstandes, seine Erweiterung oder für eine über seinen ursprünglichen Zustand hinausgehende wesentliche Verbesserung entstehen (§ 203 Abs 3 UGB). Herstellung bedeutet in erster Linie Produktion der zum Verkauf bestimmten Erzeugnisse, aber auch die Fertigung von im Unternehmen verwendeten Anlagen (selbsterstellte Anlagen) wie auch die Errichtung von Gebäuden.

Fertigungsmaterial

plus Fertigungslöhne

plus Sonderkosten der Fertigung

plus Material- und Fertigungsgemeinkosten

Herstellungskosten

Markt- oder Börsepreis: Der Marktpreis ist jener Preis, der an einem Handelsplatz, an dem die Ware regelmäßig umgesetzt wird, im Durchschnitt bezahlt wird. Der Börsepreis ist eine spezielle Art des Marktpreises, nämlich der im amtlichen Handel festgesetzte Preis.

Teilwert: Darunter ist jener Betrag zu verstehen, den der Erwerber des ganzen Betriebes im Rahmen des Gesamtkaufpreises für das einzelne Wirtschaftsgut ansetzen würde, wobei davon auszugehen ist, dass er den Betrieb weiterführt (Going-concern-Prinzip; § 6 EStG). Es bestehen folgende Teilwertvermutungen:

- Im Zeitpunkt der Anschaffung oder Herstellung entspricht der Teilwert den Anschaffungs- oder Herstellungskosten.
- Für abnutzbare Wirtschaftsgüter des Anlagevermögens:
  Teilwert entspricht AK bzw HK abzüglich AfA.
- Für nicht abnutzbare Wirtschaftsgüter des Anlagevermögens:
  Teilwert entspricht AK bzw HK eines gleichartigen Wirtschaftsgutes.
- Wirtschaftsgüter des Umlaufvermögens:
  Teilwert entspricht Wiederbeschaffungspreis.

Gemeiner Wert: ist jener Preis, der im gewöhnlichen Geschäftsverkehr nach der Beschaffenheit des Wirtschaftsgutes zu erzielen wäre (§ 10 BewG).

Dabei sind alle Umstände, die den Preis beeinflussen, zu berücksichtigen. Ungewöhnliche oder persönliche Verhältnisse sind jedoch nicht zu berücksichtigen.

Bewertungsregeln   Im Unternehmens- und Steuerrecht bestehen folgende **Bewertungsregeln**:

Unternehmensrecht	Steuerrecht	
AK bzw HK (§ 203 UGB) Ist der am Abschlusstag beizulegende Wert niedriger, MUSS bei voraussichtlich dauernder Wertminderung außerplanmäßig abgeschrieben werden. Bei Finanzanlagen (ausgenommen Beteiligungen) erfolgt die Abschreibung auf den niedrigeren beizulegenden Zeitwert (§ 204 Abs 2 UGB idF RÄG 2014). = **Niederstwertprinzip**	AK bzw HK (§ 6 Z 2 lit a EStG) Ist der Teilwert niedriger, KANN dieser bei erheblicher und dauernder Wertminderung angesetzt werden. Mit Ausnahme der Finanzanlagen berechtigen vorübergehende Wertminderungen nicht zu einer Teilwertabschreibung. = **Niederstwertprinzip**	Nicht abnutzbares Anlagevermögen[51]
Fallen die Gründe für die außerplanmäßige Abschreibung weg, so IST der Betrag dieser Abschreibung im Umfang der Werterhöhung unter Berücksichtigung der Abschreibungen, die inzwischen vorzunehmen gewesen sind, zuzuschreiben (höchstens bis zu den AK/HK) (§ 208 UGB idF RÄG 2014).	Steigt der Teilwert, KANN (höchstens bis zu den AK/HK) wieder aufgewertet werden.	
AK bzw HK vermindert um die planmäßige Abschreibung (§ 203 Abs 1 iVm § 204 Abs 1 UGB) Ist der am Abschlusstag beizulegende Wert niedriger, MUSS bei voraussichtlich dauernder Wertminderung außerplanmäßig abgeschrieben werden (§ 204 Abs 2 UGB). = **Niederstwertprinzip** Fallen die Gründe für die außerplanmäßige Abschreibung weg, so IST (mit Ausnahme der auf den Firmenwert entfallenden Abschreibung) wieder (höchstens bis zu den AK/HK) zuzuschreiben (§ 208 UGB idF RÄG 2014).	AK bzw HK vermindert um die AfA (§ 6 Z 1 EStG) Ist der Teilwert niedriger, KANN dieser bei erheblicher und dauernder Wertminderung angesetzt werden. Bloß vorübergehende Wertminderungen berechtigen nicht zu einer Teilwertabschreibung. = **Niederstwertprinzip** Steigt der Teilwert, KANN (höchstens bis zu den AK/HK) wieder aufgewertet werden.	Abnutzbares Anlagevermögen[52]

---

51   vgl Quantschnigg/Schuch, Einkommensteuer-Handbuch, § 6 Tz 113ff
52   vgl Quantschnigg/Schuch, Einkommensteuer-Handbuch, § 6 Tz 109

Unternehmensrecht	Steuerrecht	
AK bzw HK Bei Gegenständen des UV sind Abschreibungen vorzunehmen, um sie mit dem niedrigeren Zeitwert anzusetzen, der ihnen am Abschlussstichtag beizulegen ist. Ist der beizulegende Zeitwert nicht festzustellen und übersteigen die AK oder HK den beizulegenden Wert, so ist der Vermögensgegenstand auf diesen Wert abzuschreiben (§ 207 UGB idF RÄG 2014). **= strenges Niederstwertprinzip** Fallen die Gründe für die außerplanmäßige Abschreibung weg, so IST wieder (höchstens bis zu den AK/HK) zuzuschreiben (§ 208 UGB idF RÄG 2014).	AK bzw HK (§ 6 Z 2 lit a EStG) Ist der Teilwert niedriger, KANN dieser angesetzt werden. **= gemildertes Niederstwertprinzip** Steigt der Teilwert, KANN (höchstens bis zu den AK/HK) wieder aufgewertet werden.	Umlaufvermögen[53]
Rückzahlungsbetrag (§ 211 UGB) Verbindlichkeiten sind zu ihrem Erfüllungsbetrag, Rentenverpflichtungen zum Barwert der zukünftigen Auszahlungen anzusetzen. Rückstellungen sind nach dem bestmöglichen Schätzwert des notwendigen Erfüllungsbetrags zu bewerten (siehe § 211 UGB idF RÄG 2014). **= strenges Höchstwertprinzip** Sinkt der Rückzahlungsbetrag in der Folge wieder, KANN die Schuldaufwertung – begrenzt mit dem ursprünglichen Rückzahlungsbetrag – wieder zurückgenommen werden.	AK bzw HK (§ 6 Z 3 iVm Z 2 lit a EStG) Ist der Teilwert höher, KANN dieser angesetzt werden. **= gemildertes Höchstwertprinzip** Sinkt der Teilwert in der Folge wieder, KANN höchstens bis zu den AK bzw HK abgewertet werden.	Verbindlichkeiten[54]

4.2.2.3. Einlagen

Gem § 202 Abs 1 UGB sind Einlagen mit dem **beizulegenden Wert** anzusetzen, es sei denn, dass sich aus der Nutzungsmöglichkeit im Unternehmen ein geringerer Wert ergibt. Für die Einlage von Betrieben oder Teilbetrieben bestehen Sonderregelungen (vgl § 203 Abs 5 UGB).

Unternehmensrecht

---

[53] vgl Quantschnigg/Schuch, Einkommensteuer-Handbuch, § 6 Tz 117ff
[54] vgl Leitner/Urnik/Urtz in Straube, UGB, § 211 Rz 5ff; Quantschnigg/Schuch, Einkommensteuer-Handbuch, § 6 Tz 157ff

Steuerrecht Steuerrechtlich sind Einlagen[55] grundsätzlich mit dem **Teilwert** im Zeitpunkt der Zuführung anzusetzen (§ 6 Z 5 lit d EStG). Wirtschaftsgüter und Derivate iSd § 27 Abs 3 und 4 EStG sind jedoch mit den Anschaffungskosten anzusetzen, wenn diese niedriger als der Teilwert im Einlagezeitpunkt sind. Seit dem 1. StabG 2012 sind grundsätzlich auch private Grundstücke iSd § 30 EStG mit den Anschaffungs- oder Herstellungskosten anzusetzen, wenn diese niedriger als der Teilwert im Einlagezeitpunkt sind (hierbei sind jedoch bestimmte Adaptierungen und Ausnahmen zu beachten, vgl. § 6 Z 5 lit b und c EStG).[56]

4.2.2.4. Entnahmen

Unternehmensrecht Unternehmensrechtlich sind Entnahmen ebenfalls mit dem **beizulegenden Wert** anzusetzen, soweit sich nicht aus der Nutzungsmöglichkeit im Unternehmen ein geringerer Wert ergibt (§ 202 Abs 1 UGB).

Steuerrecht Steuerrechtlich erfolgt die Bewertung mit dem **Teilwert** zum Zeitpunkt der Entnahme (§ 6 Z 4 EStG).[57] Grund und Boden ist hingegen mit dem Buchwert im Zeitpunkt der Entnahme anzusetzen, sofern nicht eine Ausnahme vom besonderen Steuersatz gem § 30a Abs 3 EStG vorliegt. Der Entnahmewert tritt für nachfolgende steuerrelevante Sachverhalte an die Stelle der Anschaffungs- oder Herstellungskosten.

4.2.2.5. Investitionsbegünstigungen

Investitions-begünstigungen Zur Förderung der Investitionstätigkeit können im Wesentlichen folgende Steuervorteile zur Anwendung kommen:

- Übertragung stiller Reserven gem § 12 EStG (nur für natürliche Personen)
- Forschungsprämie gem § 108c Abs 1 TS 1 EStG
- Gewinnfreibetrag und Freibetrag für investierte Gewinne (§ 10 EStG)
- Degressive Absetzung für Abnutzung
- Beschleunigte Gebäude-AfA
- COVID-19 Investitionsprämie
- Investitionsfreibetrag

Stille Reserven Scheiden Wirtschaftsgüter des Anlagevermögens aus dem Betriebsvermögen aus, so kommt es zur Aufdeckung von **stillen Reserven**[58] in der Höhe des Unterschiedsbetrages zwischen Veräußerungserlös und Buchwert. Diese stillen Reserven sind grundsätzlich zu versteuern.

---

55 vgl Doralt/Ruppe I, 12. Auflage, Tz 383ff
56 Davon abweichend sind Gebäude und grundstücksgleiche Rechte iSd § 30 Abs 1, die zum 31.3.2012 nicht steuerverfangen waren, stets mit dem Teilwert im Einlagezeitpunkt anzusetzen.
57 Ist der Teilwert höher als der Buchwert, wirkt die Differenz gewinnerhöhend. Die im Rahmen einer Betriebsaufgabe ins Privatvermögen übernommenen Wirtschaftsgüter sind dagegen mit dem gemeinen Wert anzusetzen.
58 vgl Doralt/Ruppe I, 12. Auflage, Tz 445

Die aufgedeckten stillen Reserven können aber unter bestimmten Voraussetzungen

- entweder im laufenden Jahr auf ein neu angeschafftes oder hergestelltes Wirtschaftsgut (Anlagenzugänge) **übertragen**

Übertragung auf Anlagenzugänge

- oder einer **Rücklage zugeführt** werden, die innerhalb von zwölf Monaten nach dem Ausscheiden (§ 108 BAO; Stichtagsprinzip!) auf die Anschaffungs- oder Herstellungskosten eines Wirtschaftsgutes übertragen wird. Die Frist verlängert sich auf 24 Monate bei Ausscheiden infolge behördlichen Eingriffs oder höherer Gewalt sowie bei Übertragung der Rücklage auf (Teil-) Herstellungskosten von Gebäuden, falls mit der tatsächlichen Bauausführung (= Spatenstich) binnen zwölf Monaten nach dem Ausscheiden begonnen wird. Rücklagen, die nicht bis zum Ablauf der Verwendungsfrist übertragen wurden, sind im betreffenden Wirtschaftsjahr gewinnerhöhend aufzulösen.

Bildung einer Übertragungsrücklage

Die Möglichkeit der Übertragung stiller Reserven wurde durch das Steuerreformgesetz 2005 auf natürliche Personen eingeschränkt. Körperschaften sind seit 1.1.2005 von der Übertragung stiller Reserven und der Bildung von Übertragungsrücklagen ausgeschlossen.

Keine Übertragung für Körperschaften

Die Übertragung erfolgt in der Weise, dass die **steuerlichen AK/HK** der für die Übertragung zur Verfügung stehenden Wirtschaftsgüter um die zu übertragende stille Reserve gekürzt werden. Die verbleibenden AK/HK stellen folglich die Grundlage für alle weiteren Berechnungen wie etwa der steuerlichen AfA dar.

Kürzung der steuerlichen Anschaffungskosten

Für die Übertragung von stillen Reserven müssen folgende **Voraussetzungen** vorliegen:

Voraussetzungen

- Ausscheiden von Wirtschaftsgütern des Anlagevermögens
- Im Falle der Veräußerung muss das Wirtschaftsgut mindestens sieben Jahre zum AV des Betriebes gehört haben (15 Jahre für Grundstücke, auf die stille Reserven übertragen wurden, und auf Gebäude, die nach § 8 Abs 2 EStG beschleunigt abgeschrieben wurden).
- Ist das Wirtschaftsgut infolge höherer Gewalt oder durch behördlichen Eingriff (zB Enteignung) ausgeschieden, besteht keine Mindestzugehörigkeitsdauer.

Zu beachten ist, dass eine **Rücklagenübertragung** nur zulässig ist auf AK bzw HK von

Worauf kann übertragen werden?

- Grund und Boden, wenn auch die stillen Reserven aus der Veräußerung von Grund und Boden stammen,
- Gebäuden, wenn die stillen Reserven aus der Veräußerung von Gebäuden oder Grund und Boden stammen,
- sonstigen körperlichen Wirtschaftsgütern, wenn die stillen Reserven aus der Veräußerung von körperlichen Wirtschaftsgütern stammen
- unkörperlichen Wirtschaftsgütern, wenn die stillen Reserven aus der Veräußerung von unkörperlichen Wirtschaftsgütern stammen.

Begünstigung ausgenommen

Werden aus der Beteiligungsveräußerung stille Reserven realisiert, ist deren Übertragung auf andere unkörperliche Wirtschaftsgüter wie etwa Mietrechte, Software oder Lizenzrechte zulässig, nicht hingegen auf Aktien, GmbH-Anteile, Anteile an Erwerbs- und Wirtschaftsgenossenschaften, stille Beteiligungen oder Forderungswertpapiere.

Stille Reserven, die aus der Veräußerung von (Teil-)Betrieben und von Beteiligungen an Personengesellschaften stammen, können nicht übertragen werden.

Formvorschriften

Auch bei dieser Investitionsbegünstigung sind **Formvorschriften** zu beachten. So hat der Bilanzierer die Übertragungsrücklage gesondert auszuweisen und der E/A-Rechner ein Verzeichnis zu führen, das mit der Steuererklärung dem Finanzamt vorzulegen ist.

Forschungsprämie

Seit der Abschaffung der **Forschungsfreibeträge** mit dem BBG 2011 erfolgt die Forschungsförderung nur mehr in Form einer **Forschungsprämie** (§ 108c Abs 1 EStG). Diese **beträgt 14 %** der Aufwendungen (Ausgaben). Prämienbegünstigt sind dabei nur die in § 108c Abs 2 EStG genannten Forschungsbereiche.

Gewinnfreibetrag

Seit der Veranlagung 2010 steht Einkommensteuerpflichtigen mit betrieblichen Einkünften (§ 2 Abs 3 Z 1 bis 3 EStG) neben einem investitionsbedingten Gewinnfreibetrag auch ein investitionsunabhängiger Gewinnfreibetrag (Grundfreibetrag) zu (§ 10 EStG). Die Begünstigung ist grundsätzlich unabhängig von der gewählten Form der Gewinnermittlung anzuwenden. Steuerpflichtige, die ihren Gewinn nach § 17 EStG ermitteln, können allerdings nur den Grundfreibetrag in Anspruch nehmen. Die Begünstigung lässt sich wie folgt darstellen:

- Grundfreibetrag: Bis zu einem Gewinn von € 30.000 kann ein Gewinnfreibetrag bis zu 15 % (zuvor 13 %) des Gewinnes geltend gemacht werden (max daher nunmehr € 4.500). Der Grundfreibetrag setzt keine Investitionsdeckung voraus und wird auch ohne besondere Geltendmachung automatisch zuerkannt.
- Investitionsbedingter Gewinnfreibetrag: Übersteigt der erzielte Gewinn den Betrag von € 30.000, kann zusätzlich ein investitionsbedingter Gewinnfreibetrag geltend gemacht werden. Voraussetzung für die Inanspruchnahme ist jedoch die Investition in begünstigte Wirtschaftsgüter iSd § 10 Abs 3 EStG.
- Mit dem ÖkoStRefG 2022 Teil I wurde der Gewinnfreibetrag wie folgt gestaffelt:
  - Für die ersten € 30.000 beträgt der Gewinnfreibetrag 15 % der Bemessungsgrundlage.
  - Für die nächsten € 145.000 beträgt der Gewinnfreibetrag 13 % der Bemessungsgrundlage.
  - Für die nächsten € 175.000 beträgt der Gewinnfreibetrag 7 % der Bemessungsgrundlage.
  - Für die nächsten € 230.000 beträgt der Gewinnfreibetrag 4,5 % der Bemessungsgrundlage.

- Der Gewinnfreibetrag steht somit für Gewinne bis max € 580.000 zu und beträgt unter Zugrundelegung der oben angeführten Prozentstaffelung somit höchstens € 45.950 jährlich.

Um Unternehmensinvestitionen zu fördern, wurde durch das Konjunkturstärkungsgesetz 2020 die Möglichkeit geschaffen, bestimmte Wirtschaftsgüter degressiv abzuschreiben (als Alternative zur linearen Abschreibung). Diese neue Form der AfA erfolgt nach einem unveränderlichen Prozentsatz von höchstens 30 %, wobei dieser Prozentsatz auf den jeweiligen Buchwert (Restbuchwert) anzuwenden ist. Durch die Inanspruchnahme der degressiven AfA kommt es zu einer Verminderung der Steuerbemessungsgrundlage, wodurch die Liquidität der Steuerpflichtigen verbessert wird. Das wiederum soll sich positiv auf das Investitionsverhalten auswirken. Die Inanspruchnahme der degressiven AfA ist unabhängig von der Gewinnermittlungsart möglich, damit soll eine Angleichung der unternehmensrechtlichen Rechnungslegung mit dem Steuerrecht ermöglicht werden. Wurde vom Steuerpflichtigen mit der AfA nach der degressiven Abschreibungsmethode begonnen, ist er in den Folgejahren daran gebunden. Ein Wechsel zur linearen Abschreibungsmethode ist zulässig, nicht zulässig ist hingegen der umgekehrte Wechsel von der linearen zur degressiven AfA (§ 7 Abs 1a Z 2 EStG).

Degressive Absetzung für Abnutzung

Ausgenommen von der degressiven AfA sind insbesondere Gebäude (siehe hiezu aber § 8 Abs 1a EStG), Firmenwerte und Kraftfahrzeuge, wobei jedoch für Kraftfahrzeuge mit einem CO_2-Emissionswert von 0 Gramm pro Kilometer (zB Elektrofahrzeuge) eine degressive AfA ausdrücklich vorgenommen werden kann. Weitere Ausnahmen von der Inanspruchnahme der degressiven AfA sieht § 7 Abs 1a Z 1 EStG vor.

Ausnahmen

Als weitere konjunkturfördernde Maßnahme sieht § 8 Abs 1a EStG eine beschleunigte AfA für Gebäude vor, die nach dem 30.6.2020 angeschafft oder hergestellt worden sind. Im Jahr der erstmaligen Berücksichtigung der AfA beträgt diese abweichend von § 8 Abs 1 EStG höchstens das Dreifache und im darauffolgenden Jahr höchstens das Zweifache des jeweiligen Prozentsatzes des § 8 Abs 1 EStG. Im Unterschied zur degressiven AfA des § 7 Abs 1a EStG ist die beschleunigte Gebäude-AfA zwar nicht als Wahlrecht ausgestaltet. Durch die Verwendung des Wortes „höchstens" hat der Gesetzgeber aber zum Ausdruck gebracht, dass die vorgesehenen (Höchst)Grenzen von 7,5 % bzw 4,5 % auch unterschritten werden können, so dass ab dem Jahr der erstmaligen Berücksichtigung der AfA auch die einfache AfA zulässig ist (bzw auch Mittelwerte wie zB 6 % im ersten und 4 % im zweiten Jahr). Werden Gebäude für Wohnzwecke überlassen, beträgt die AfA nur bis zu 1,5 % (die beschleunigte AfA somit im Jahr der Anschaffung bzw Herstellung max 4,5 % und im zweiten Jahr max 3 %).

Beschleunigte Gebäude-AfA

Um Anreize für betriebliche Investitionen zu schaffen, wurde mit dem ersten Teil des ÖkoStRefG 2022 die Möglichkeit geschaffen, einen Investitionsfreibetrag (IFB)

Investitionsfreibetrag

geltend zu machen. Nach § 11 Abs. 1 EStG können 10% der Anschaffungs- oder Herstellungskosten für Wirtschaftsgüter des abnutzbaren Anlagevermögens als Betriebsausgabe abgezogen werden. Voraussetzung für die Inanspruchnahme ist, dass die Wirtschaftsgüter eine betriebsgewöhnliche Nutzungsdauer von mindestens vier Jahren aufweisen und inländischen Betrieben bzw inländischen Betriebsstätten zuzurechnen sind. Beim IFB handelt es sich somit um eine Betriebsausgabe, die von der Investitionssumme bemessen wird und zusätzlich zur AfA geltend gemacht werden kann. Für die in § 11 Abs 3 EStG angeführten Wirtschaftsgüter kann kein IFB geltend gemacht werden.

Begünstigtenkreis Die Inanspruchnahme des IFB ist nur bei den betrieblichen Einkunftsarten zulässig und setzt die Gewinnermittlung durch Betriebsvermögensvergleich oder eine vollständige Einnahmen-Ausgaben-Rechnung voraus. Auch Körperschaften sind damit berechtigt, einen IFB in Anspruch zu nehmen. Steuerpflichtige, die ihren Gewinn pauschal ermitteln (§ 17 EStG), sind hingegen ausgenommen.

Klimafreundliche Investitionen Für ökologische Investitionen in klimafreundliche Maßnahmen erhöht sich der IFB um 5% auf 15%. Klimafreundlich sind Investitionen dann, wenn sie dem Bereich der Ökologisierung zuzuordnen sind. Der Bundesminister für Finanzen wurde ermächtigt, den Begriff der Ökologisierung im Rahmen einer VO näher zu regeln.

Höchstbetrag Der IFB ist der Höhe nach begrenzt und kann nur von Anschaffungs- oder Herstellungskosten iHv insgesamt einer Mio Euro pro Wirtschaftsjahr geltend gemacht werden. Die Geltendmachung eines IFB schließt die gleichzeitige Inanspruchnahme forschungsfördernder Maßnahmen (Forschungsprämie) nicht aus.

4.3. Besonderheiten der steuerlichen Gewinnermittlung

Lenkungsmaßnahmen des Steuergesetzgebers Der Steuergesetzgeber kann durch die Schaffung der Möglichkeit eines sog fiktiven Betriebsausgabenabzugs eine **Lenkung zu politisch erwünschten Verhaltensweisen** der Steuerpflichtigen herbeiführen. So wurde bspw (bis 2015) die Ausbildung in den Betrieben durch den Abzug eines Bildungsfreibetrages gefördert. Derartige gewinnmindernde „Ausgaben" sind im Rahmen der steuerlichen MWR geltend zu machen.

4.4. Anknüpfung an Buchführung

Anknüpfung an Buchführung Die Besteuerung zieht Größen wie „**Gewinn**" oder „**Umsatz**" als Bemessungsgrundlage heran und knüpft damit an Begriffe des (internen wie externen) Rechnungswesens an. Als Grundlage der Besteuerung dient dem Fiskus der aufgrund unternehmensrechtlicher Vorschriften erstellte Jahresabschluss.

Anpassungen für steuerliche Zwecke Auf den ersten Blick knüpfen die Steuergesetze an betriebswirtschaftliche Entscheidungsgrößen an. Tatsächlich bestehen aber zwischen den entsprechenden betriebswirtschaftlichen und steuerrechtlichen Begriffen große inhaltliche Unterschiede. Für steuerliche Zwecke sind daher **Anpassungen** der durch das interne Rechnungswesen ermittelten Größen durch Neuordnung, Neubewertung und steuerliche Sonderrechnungen erforderlich. Diese werden in der Regel im Rahmen einer Mehr-Weniger-Rechnung berücksichtigt.

Die Unterschiede zwischen betriebswirtschaftlichen bzw auch unternehmensrechtlichen und steuerrechtlichen Größen sind auf mehrere **Gründe** zurückzuführen. Die Steuergesetze verfolgen vor allem fiskalische Zwecke. Daneben stehen aber wirtschafts- und sozialpolitisch motivierte steuerrechtliche Sonderregelungen genauso wie der Hauptzweck der Besteuerung, nämlich Einnahmen für den Staat zu erzielen.

Gründe für die Unterschiede

4.4.1. Gewinn für die Einkommensteuer

Bei den betrieblichen Einkunftsarten (Land- und Forstwirtschaft [§ 21 EStG], selbständige Arbeit [§ 22 EStG], Gewerbebetrieb [§ 23 EStG]) werden die Einkünfte nach § 2 Abs 4 Z 1 EStG in Form des Gewinns ermittelt. **Gewinn** ist nach der Grundsatzdefinition des § 4 Abs 1 EStG „der durch doppelte Buchführung ermittelte Unterschiedsbetrag zwischen dem Betriebsvermögen am Schluss des Wirtschaftsjahres und dem Betriebsvermögen am Schluss des vorangegangenen Wirtschaftsjahres". Der Gewinn wird durch Entnahmen nicht gekürzt und durch Einlagen nicht erhöht.

Gewinn

Als **Maßgeblichkeitsprinzip** wird die Bestimmung des § 5 Abs 1 EStG bezeichnet, wonach für Steuerpflichtige, die nach § 189 UGB der Rechnungslegungspflicht unterliegen und die Einkünfte aus Gewerbebetrieb (§ 23 EStG) erzielen, die unternehmensrechtlichen Grundsätze ordnungsmäßiger Buchführung bei der Gewinnermittlung für steuerliche Zwecke maßgebend sind, außer zwingende steuerrechtliche Vorschriften treffen abweichende Regelungen. Grundsätzlich richten sich daher der Ansatz und die Bewertung und damit der Gewinn oder Verlust eines Steuerpflichtigen, der das Maßgeblichkeitsprinzip zu beachten hat, nach den Rechnungslegungsvorschriften des UGB. Abweichungen sehen die Steuergesetze insbesondere im Bereich der Bewertung, der Abschreibungen sowie der Bildung von Rückstellungen vor, um die unternehmensrechtlichen Wahlrechte einzuschränken.

Maßgeblichkeitsprinzip

Die ertragsteuerlichen Vorschriften zur Gewinnermittlung üben einen starken **Einfluss auf das betriebliche Rechnungswesen** aus. Sofern keine unternehmensrechtliche Verpflichtung zur Rechnungslegung besteht, wird der Erfolg des Unternehmens oftmals ausschließlich mittels der steuerlichen Gewinnermittlung bemessen. Selbst jene Steuerpflichtige, die nach unternehmensrechtlichen Vorschriften den Unternehmenserfolg ermitteln, erstellen in vielen Fällen Bilanzen, die primär den steuerlichen Anforderungen gerecht werden und gleichzeitig als Unternehmensbilanz Verwendung finden.

Einfluss auf das Rechnungswesen

4.4.2. Umsatz für Umsatzsteuer

Umsatzsteuer

Das betriebliche Rechnungswesen dient auch zur **Feststellung der Umsätze**, die der Umsatzsteuer unterliegen. Das Umsatzsteuergesetz enthält eine Reihe von Aufzeichnungs- und Nachweispflichten, die sich auf die Organisation des Rechnungswesens auswirken. Insbesondere sind die Umsätze nach steuerpflichtigen/steuerfreien Umsätzen sowie den anzuwendenden Steuersätzen zu trennen.

4.4.3. Umsatz für Verbrauchsteuern

Verbrauchsteuern

Auch Verbrauchsteuergesetze kennen bestimmte Aufzeichnungspflichten, die an das betriebliche Rechnungswesen anknüpfen. Je nach **Bemessungsgrundlage der einzelnen Verbrauchsteuern** sind Werte wie Menge oder Gewicht der Waren aufzuzeichnen.

4.5. Steuerliche Aufzeichnungspflichten

Aufzeichnungspflichten

Steuerpflichtige, für die unternehmensrechtliche **Aufzeichnungs- und Buchführungspflichten** bestehen, müssen diese auch für steuerliche Zwecke erfüllen (§ 124 BAO). Darüber hinaus bestehen steuerliche Vorschriften, welche bei Überschreiten bestimmter Umsatz- und Vermögensgrenzen die Führung von Büchern vorsehen.

Keine Buchführungspflicht

Die folgenden Steuerpflichtigen bleiben von der Buchführungspflicht ausgenommen:

- Gewerbetreibende, die nicht gem § 189 UGB rechnungslegungspflichtig sind;
- Land- und Forstwirte, die die Umsatzgrenze von € 700.000 in zwei aufeinanderfolgenden Kalenderjahren nicht überschreiten;
- Steuerpflichtige mit Einkünften aus freien Berufen;
- Steuerpflichtige, die keine betrieblichen Einkünfte erzielen.

Einnahmen/Ausgaben-Rechnung

Unternehmer, die nicht aufgrund gesetzlicher Vorschrift zur Buchführung verpflichtet sind und auch nicht freiwillig Bücher führen, haben nach § 126 Abs 2 BAO ihre **Betriebseinnahmen und Betriebsausgaben aufzuzeichnen** und am Ende eines jeden Jahres zusammenzurechnen.

Wareneingangsbuch

Gewerbliche Unternehmer, die nicht aufgrund gesetzlicher Vorschriften zur Buchführung verpflichtet sind und auch nicht freiwillig Bücher führen, haben nach § 127 BAO für steuerliche Zwecke ein **Wareneingangsbuch** zu führen. Nach § 128 BAO sind alle Waren inklusive Rohstoffen, Hilfsstoffen, Zutaten einzutragen, die der Unternehmer zur gewerblichen Weiterveräußerung (auch nach erfolgter Be- oder Verarbeitung) erwirbt.

Registrierkassenpflicht

Unter Registrierkassenpflicht versteht man die Verpflichtung, alle Bareinnahmen zum Zweck der Losungsermittlung mit elektronischer Registrierkasse, Kassensystem oder sonstigem elektronischen Aufzeichnungssystem einzeln zu erfassen (Einzelerfassung der Barumsätze). Von der Registrierkassenpflicht sind jene Unternehmer mit betrieblichen Einkünften betroffen, deren Jahresumsatz je Betrieb € 15.000 überschreitet und die zugleich Barumsätze in diesem Betrieb von über € 7.500 erzielen.

Ausnahmen

Von der Registrierkassenpflicht sind ua folgende Umsätze befreit:

- Bestimmte im Freien getätigte Umsätze (bis € 30.000 netto Jahresumsatz)
- Bestimmte Umsätze von wirtschaftlichen Geschäftsbetrieben von abgabenrechtlich begünstigten Körperschaften (beispielsweise kleine Feuerwehrfeste)
- Umsätze in Alm-, Berg-, Schi- und Schutzhütten (bis € 30.000 netto Jahresumsatz)
- Fahrausweisautomaten
- Onlineshop (wenn keine Gegenleistung durch Bezahlung mit Bargeld unmittelbar an den Leistungsempfänger erfolgt)

Belegerteilungsverpflichtung

Zudem besteht für Unternehmen die Verpflichtung, bei Barzahlungen einen Beleg zu erstellen und dem Käufer auszuhändigen (ausgenommen sind bspw bestimmte Umsätze im Freien, wenn sie nicht in Verbindung mit fest umschlossenen Räumen stehen und die Umsatzgrenze von € 30.000 netto im Kalenderjahr nicht übersteigen).

4.6. Form der Buchführung

Bücher und Aufzeichnungen sollen in einer **lebenden Sprache** geführt werden und müssen im Abgabenverfahren auf Verlangen der Behörde gegebenenfalls in eine im Abgabenverfahren zugelassene Amtssprache übersetzt werden (§ 131 Abs 1 Z 1 BAO).

Sprache

Die einzelnen Eintragungen sollen **zeitlich geordnet, vollständig, richtig und zeitgerecht** vorgenommen werden. Für umsatzsteuerliche Zwecke sind die Eintragungen dann zeitgerecht erfolgt, wenn sie spätestens einen Monat und 15 Tage nach Ablauf des jeweiligen Kalendermonats vorgenommen werden. Bareinnahmen und -ausgaben sollen dagegen täglich erfasst werden (§ 131 Abs 1 Z 2 BAO).

Eintragungen

Werden Bücher und Aufzeichnungen **maschinell** geführt, gelten die Formvorschriften sinngemäß. Außerdem ist durch Verweise ein Zusammenhang zwischen den einzelnen Buchungen sowie zwischen Buchungen und Belegen herzustellen.

Maschinelle Buchführung

Datenträger können in der Buchführung eingesetzt werden, wenn die inhaltsgleiche, vollständige und geordnete Wiedergabe bis zum Ablauf der gesetzlichen Aufbewahrungsfrist jederzeit gewährleistet ist.

Verwendung von Datenträgern

Der Unternehmer ist aufgrund des Umsatzsteuergesetzes verpflichtet, **Aufzeichnungen zur Feststellung der Steuer** und ihrer Berechnung zu führen. Diese allgemeine Aufzeichnungspflicht gilt auch für Kleinunternehmer sowie für alle anderen Unternehmer, die nur steuerfreie Umsätze ausführen. Aufzuzeichnen sind die eigenen Umsätze, diejenigen Umsätze, die den Unternehmer zum Vorsteuerabzug berechtigen sowie die eingeführten Gegenstände.

Allgemeine Aufzeichnungspflicht

Neben den allgemeinen Aufzeichnungspflichten müssen für bestimmte umsatzsteuerfreie Umsätze **Buchnachweise** erstellt werden, durch welche die Voraussetzungen für die Steuerfreiheit leicht nachprüfbar zu ersehen sind.

Buchnachweis

4.7. Steuerbilanzpolitik

Sowohl das Unternehmensrecht als auch das Ertragsteuerrecht sind durch zahlreiche Wahlrechte und Beurteilungsspielräume gekennzeichnet. Daraus ergibt sich im Wege einer bewussten **Steuerbilanzpolitik** die Möglichkeit des Einflusses auf das zu versteuernde Ergebnis hinsichtlich der zeitlichen Verteilung und der Höhe.

Steuerbilanzpolitik

In der Unternehmenspraxis stößt die Steuerbilanzpolitik auf zahlreiche Schwierigkeiten. Neben der großen Zahl der Faktoren, die das steuerliche Ergebnis beeinflussen können, ergeben sich Probleme bei der Planung insbesondere aus der **Ungewissheit** über die zukünftige Gewinnentwicklung sowie aus der Unsicherheit über die Entwicklung des Steuerrechts.

Ungewissheit

4.8. Verringerung des Gewinns

Verringerung des Gewinns Die „Steuerbilanz" dient der Ermittlung der ertragsteuerlichen Bemessungsgrundlage und damit der Festsetzung der Steuerzahlung. Dementsprechend wird das erste Ziel der Steuerbilanzpolitik in der Regel die **Verringerung des Gewinns** der Abrechnungsperiode sein, um die Steuerzahlungen möglichst niedrig zu halten bzw in spätere Perioden (Steuerstundung) zu verlagern.

Technik Die Verringerung bzw die Verschiebung von Gewinnen eines Unternehmens kann mit **verschiedenen Instrumenten** erreicht werden. Steuerbilanzpolitik, die darauf abstellt, ein über den gesamten Planungszeitraum von mehreren Jahren optimales Ergebnis zu ermitteln, muss verschiedene Einflussfaktoren gleichzeitig berücksichtigen. Das ist jedoch nur mit Hilfe von Entscheidungsmodellen, insbesondere durch Einsatz der Linearen Programmierung, möglich. Der Einsatz derartiger Verfahren stößt wegen ihrer Komplexität allerdings in der Praxis immer wieder auf Schwierigkeiten. Aus diesen Gründen reduziert sich die Steuerbilanzpolitik oftmals auf Einzelmaßnahmen.

Rückstellungen Durch die ertragsteuerlich anerkannte Bildung von **Rückstellungen**[59] vermeidet der Steuerpflichtige Steuerauszahlungen, ohne dass zahlungswirksame Aufwendungen die Liquidität beeinflussen.

Möglichkeit der Rückstellungsbildung Die Bildung von Rückstellungen ist bei Steuerpflichtigen, die den Gewinn nach § 4 Abs 1 EStG ermitteln, **zulässig**, bei der Gewinnermittlung nach § 5 Abs 1 EStG **verpflichtend**. Bei der Gewinnermittlung nach § 4 Abs 3 EStG ist dagegen die Bildung von Rückstellungen verboten.

Rückstellungen in der Steuerbilanz Für steuerliche Zwecke ist die Bildung von Rückstellungen gegenüber den unternehmensrechtlichen Bestimmungen dem Grunde (§ 9 EStG) und der Höhe nach (§ 14 EStG) eingeschränkt. Unzulässig ist zB die Bildung von pauschalen Rückstellungen. Eine Ausnahme hiervon besteht gem § 9 Abs 3 EStG für Rückstellungen iSd § 9 Abs 1 Z 3 EStG. Diese dürfen unter den Voraussetzungen des § 201 Abs 2 Z 7 UGB pauschal gebildet werden.

Abzinsung von Rückstellungen

Rückstellungen iSd § 9 Abs 1 Z 3 und 4 EStG sind mit einem Zinssatz von 3,5 % abzuzinsen, wenn die Laufzeit der Rückstellung am Bilanzstichtag mehr als zwölf Monate beträgt. Diese Kürzung betrifft allerdings nicht die Abfertigungs- und Pensionsrückstel-lungen (§ 9 Abs 1 Z 1 und 2 EStG).

Abschreibungen Auch die Vornahme von **Abschreibungen**[60] verhindert als Aufwandsposition Steuerauszahlungen ohne gleichzeitig die Liquidität des Steuerpflichtigen zu beeinflussen. Abschreibungen abnutzbarer Wirtschaftsgüter können nach § 7 Abs 1 EStG anders als für unternehmensrechtliche Zwecke grundsätzlich nur nach der

---

59 vgl Doralt/Ruppe I, 12. Auflage, Tz 396ff
60 vgl Doralt/Ruppe I, 12. Auflage, Tz 419ff

linearen Methode berechnet werden (das EStG sieht allerdings einige Ausnahmen vor; siehe insbesondere § 7 Abs 1a und § 8 Abs 1a EStG).

Ein bestimmter Gestaltungsspielraum betreffend die Höhe der jährlichen Abschreibungen ergibt sich aus der Festlegung der **betriebsgewöhnlichen Nutzungsdauer** (dh der Gesamtdauer der Nutzung oder Verwendung durch den Steuerpflichtigen zur Erzielung von Einkünften) der einzelnen Wirtschaftsgüter. Je kürzer die Nutzungsdauer, desto höher die Abschreibungen.

Steuerliche Begünstigungen können zu einer Steuerstundung (zB § 12 EStG) oder zu einer endgültigen Steuerersparnis (zB § 10 EStG) führen. Sie beeinflussen nicht nur das zu versteuernde Ergebnis im Jahr der Inanspruchnahme, sondern uU auch das Ergebnis der Folgeperioden und müssen unter diesen zwei Gesichtspunkten beurteilt werden.

Die **Rentabilitätswirkung** (die sich aus der Steuer- bzw Zinsersparnis über die gesamte Dauer einer Begünstigung ergibt) basiert auf zukünftigen Ereignissen und ist deshalb im Zeitpunkt der Entscheidung über anzuwendende Begünstigungen mit Unsicherheit behaftet. Diese Ungewissheit schlägt sich im Zinssatz, der zur Abzinsung der Steuerzahlungen auf den Entscheidungszeitraum verwendet wird, nieder.

Die **Liquiditätswirkung** drückt sich im Ausmaß der Steuerersparnis im Jahr der Inanspruchnahme einer Begünstigung aus. Bei gleicher Rentabilitätswirkung einzelner Begünstigungen ist diejenige mit der höchsten Liquiditätswirkung vorzuziehen. Bei einer angespannten Liquiditätssituation des Steuerpflichtigen tritt dieser Aspekt einer Steuerbegünstigung besonders stark in den Vordergrund.

Durch die Verschiebung von Gewinnen und folglich von Steuerzahlungen in spätere Perioden entsteht für den Steuerpflichtigen ein Zinsgewinn. Dieser **Zinseffekt** drückt sich darin aus, dass der Steuerpflichtige liquide Mittel bis zum Zeitpunkt der tatsächlichen Steuerzahlung gewinnbringend anlegen kann. Allerdings entfallen durch die Steuerstundung Fremdkapitalzinsen für Darlehen, die der Steuerpflichtige mangels liquider Mittel unter Umständen zur Begleichung seiner Steuerschuld am Kapitalmarkt aufnehmen müsste.

Unterliegt das Einkommen eines Steuerpflichtigen nicht einem linearen Tarif wie im Fall der Körperschaftsteuer, sondern einem progressiven Tarif wie im Bereich der Einkommensteuer, ist neben dem Zinseffekt bei der Planung der Steuerbilanzpolitik weiters der Progressionseffekt zu beachten. Der **Progressionseffekt** drückt sich darin aus, dass im Zeitablauf schwankende Gewinne bei einem progressiven Steuertarif zu absolut höheren Steuerzahlungen führen als ein über die Jahre konstanter Gewinnausweis. Dementsprechend kann durch eine möglichst gleichmäßige Verteilung der Gewinne über die Jahre eine relative Steuerminimierung erreicht werden. Die Steuerzahlungen werden demnach bei identem Gewinnausweis in den einzelnen Jahren optimiert.

Werden durch Steuerbilanzpolitik Steuerzahlungen gänzlich vermieden, tritt ein **Spareffekt** ein.

Betriebsgewöhnliche Nutzungsdauer

Begünstigungen

Rentabilitätswirkung

Liquiditätswirkung

Zinseffekt

Progressionseffekt

Spareffekt

4.9. Verlustberücksichtigung

Verlustberücksichtigung

Der Einkommensteuer ist das Einkommen zugrunde zu legen, das der Steuerpflichtige innerhalb eines Kalenderjahres bezogen hat (§ 2 Abs 1 EStG). Einkommen ist der Gesamtbetrag der Einkünfte aus den durch das EStG erfassten Einkunftsarten nach **Ausgleich mit Verlusten**, die bei den einzelnen Einkunftsarten entstanden sind (und nach Abzug von Sonderausgaben, außergewöhnlichen Belastungen und des Freibetrags nach § 105 EStG). Neben dem in § 2 Abs 2 EStG normierten **Verlustausgleich** kennt das Ertragsteuerrecht auch noch den **Verlustabzug**, der im Wege der Sonderausgaben (§ 18 Abs 6 EStG) berücksichtigt wird.

4.9.1. Verlustausgleich

Verlustausgleich

Im Wege des **Verlustausgleichs**[61] werden negative mit positiven Einkünften ausgeglichen. Verluste, die außerhalb der sieben im EStG angeführten Einkunftsarten erzielt werden (zB private Veräußerungsverluste), können ertragsteuerlich nicht berücksichtigt werden.

Innerbetrieblicher und horizontaler Verlustausgleich

Als erster Schritt wird – nach dem **innerbetrieblichen Verlustausgleich** – der Verlustausgleich innerhalb der einzelnen Einkunftsarten vorgenommen (**horizontaler Verlustausgleich**). Beim horizontalen Verlustausgleich werden beispielsweise Verluste aus einem Gewerbebetrieb mit positiven Einkünften aus einem anderen Gewerbebetrieb ausgeglichen.

Vertikaler Verlustausgleich

Sofern nach der Vornahme des horizontalen Verlustausgleichs bei einer Einkunftsart noch ein Verlust verbleibt, so ist dieser mit den positiven Einkünften anderer Einkunftsarten auszugleichen (**vertikaler Verlustausgleich**). Beim vertikalen Verlustausgleich werden beispielsweise Verluste aus einem Gewerbebetrieb mit positiven Einkünften aus nichtselbständiger Arbeit ausgeglichen.

Beispiel

Ein Steuerpflichtiger erzielt im Jahr X1 einen laufenden Verlust aus Gewerbebetrieb iHv € –20.000, einen Veräußerungsgewinn aus dem Verkauf dieses Gewerbebetriebes iHv € 5.000, einen laufenden Gewinn iHv € 10.000 aus einem anderen Gewerbebetrieb sowie Einkünfte aus nichtselbständiger Arbeit iHv € 6.000.

Lösung

Die Verrechnung des laufenden Verlustes mit dem Veräußerungsgewinn des Gewerbebetrieb 1 (€ –20.000 + € 5.000 = € –15.000) stellt den innerbetrieblichen Verlustausgleich dar. Danach wird der verbleibende Verlust iHv € –15.000 im Rahmen des horizontalen Verlustausgleichs mit dem laufenden Gewinn aus Gewerbebetrieb 2 verrechnet (€ –15.000 + € 10.000 = € –5.000). Der danach noch verbleibende Verlust wird anschließend mittels vertikalem Verlustausgleich mit den positiven Einkünften aus nichtselbständiger Arbeit verrechnet (€ –5.000 + € 6.000 = € 1.000). Der Gesamtbetrag der Einkünfte nach Ausgleich mit Verlusten beträgt somit € 1.000.

---

61   vgl Doralt/Ruppe I, 12. Auflage, Tz 590ff

In den folgenden Fällen ist der **Verlustausgleich** jedoch – implizit oder aufgrund ausdrücklicher gesetzlicher Anordnung – **verboten:**[62]

- Verluste aus Verlustbeteiligungsmodellen (§ 2 Abs 2a EStG) können nur mit späteren Gewinnen aus den Betrieben verrechnet werden, aus denen diese resultieren.
- Verluste aus Spekulationsgeschäften iSd § 31 EStG können nur mit Gewinnen aus Spekulationsgeschäften ausgeglichen werden, nicht jedoch mit anderen Einkünften (§ 31 Abs 4 EStG).
- Bei beschränkter Steuerpflicht sind die Verluste aus Einkunftsarten, die nicht unter § 98 EStG fallen sowie ausländische Verluste vor Begründung der unbeschränkten Steuerpflicht nicht ausgleichsfähig.
- Verluste aus Leistungen gemäß § 29 Z 3 EStG unterliegen einem absoluten Ausgleichsverbot.

Besonderheiten Kapitaleinkünfte: Für Einkünfte aus Kapitalvermögen ist der Verlustausgleich im Rahmen der Kapitaleinkünfte (auch im Falle der Regelbesteuerung nach § 27a Abs 5 EStG) nur nach Maßgabe der folgenden Bestimmungen möglich (§ 27 Abs 8 EStG):

- Verluste aus Wirtschaftsgütern und Derivaten gem § 27 Abs 3 und 4 EStG können grundsätzlich mit Erträgen (Zinsen, Dividenden usw) aus der Überlassung von Kapital (§ 27 Abs 2 EStG) verrechnet werden. Eine Ausnahme besteht aber hinsichtlich Zinserträgen aus Geldeinlagen und sonstigen Forderungen bei Kreditinstituten iSd § 27a Abs 1 Z 1 EStG (zB Sparbuchzinsen, Zinsen aus einem Fest- oder Termingeldkonto etc) sowie Zuwendungen von Stiftungen gem § 27 Abs 5 Z 7 EStG. Diese Erträge sind vom Verlustausgleich ausgenommen (Z 1).
- Verlustanteile aus der Beteiligung an einem Unternehmen als (echter) stiller Gesellschafter dürfen nicht mit anderen Einkünften ausgeglichen werden. Sie sind in Folgejahren mit Gewinnanteilen aus derselben Beteiligung zu verrechnen („Wartetastenregelung").
- Einkünfte aus Kapitalvermögen iSd § 27a Abs 2 EStG, die nicht dem besonderen Steuersatz des § 27a Abs 1 EStG (25 % bzw 27,5 %) unterliegen, können nicht mit Einkünften, die dem besonderen Steuersatz unterliegen, ausgeglichen werden.
- Nicht ausgeglichene Verluste aus Kapitalvermögen können nicht mit Einkünften aus anderen Einkunftsarten ausgeglichen werden.

Sofern Kapitaleinkünfte im Rahmen einer betrieblichen Einkunftsart bezogen werden, ist zu beachten, dass Teilwertabschreibungen und Verluste iZm Kapitalanlagen bzw Derivaten, auf deren Erträge ein besonderer Steuersatz gemäß § 27a Abs 1 EStG anwendbar ist, vorrangig mit positiven Einkünften und Zuschreibun-

---

62   vgl EStR 2000, Rz 178

gen solcher Wirtschaftsgüter desselben Betriebes zu verrechnen sind (§ 6 Z 2 lit c EStG). Ein verbleibender negativer Überhang darf nur zu 55 % mit anderen Erträgen des Betriebes ausgeglichen werden (und geht auch nur zu 55 % in einen allfälligen Verlustvortrag ein).

Diese eingeschränkte Verlustverwertungsmöglichkeit gilt jedoch nicht für unter § 7 Abs 3 KStG fallende Körperschaften.

Besonderheiten Grundstücksveräußerung: Kommt es bei privaten Grundstücksveräußerungen iSd § 30 EStG, auf die der besondere Steuersatz gem § 30a EStG anwendbar ist, in einem Kalenderjahr insgesamt zu einem Verlust, ist dieser auf 60 % zu kürzen und gleichmäßig auf das Jahr der Verlustentstehung und die folgenden vierzehn Jahre zu verteilen und ausschließlich mit Einkünften aus Vermietung und Verpachtung iSd § 28 EStG auszugleichen. Der Steuerpflichtige kann allerdings im Rahmen der Veranlagung beantragen, dass stattdessen dieser gekürzte Verlust sofort im Verlustentstehungsjahr mit Einkünften aus Vermietung und Verpachtung ausgeglichen wird (§ 30 Abs 7 EStG). Diese Regelungen gelten auch im Falle der Ausübung der Regelbesteuerungsoption (§ 30a Abs 2 EStG).

Sofern Einkünfte aus Grundstücksveräußerungen im Rahmen einer betrieblichen Einkunftsart bezogen werden, ist zu beachten, dass Teilwertabschreibungen und Verluste aus der Veräußerung von Grundstücken iSd § 30 Abs 1 EStG, auf deren Wertsteigerungen der besondere Steuersatz gemäß § 30a Abs 1 EStG anwendbar ist, vorrangig mit positiven Einkünften aus der Veräußerung oder Zuschreibung solcher Grundstücke desselben Betriebes zu verrechnen sind (§ 6 Z 2 lit d EStG). Ein danach verbleibender negativer Überhang darf nur zu 60 % ausgeglichen bzw vorgetragen werden.

Diese eingeschränkte Verlustverwertungsmöglichkeit gilt jedoch nicht für unter § 7 Abs 3 KStG fallende Körperschaften.

4.9.2. Verlustabzug (Verlustvortrag)

Verlustabzug bzw Verlustvortrag

Im Fall der Gewinnermittlung mittels Betriebsvermögensvergleich (§ 4 Abs 1 bzw § 5 Abs 1 EStG) können Verluste, die nach Vornahme des horizontalen sowie des vertikalen Verlustausgleichs noch bestehen, unter bestimmten Bedingungen in die folgenden Jahre vorgetragen und als Sonderausgabe (§ 18 Abs 6 EStG) bei der Ermittlung des Einkommens berücksichtigt werden. Diese Möglichkeit wird als **Verlustabzug oder Verlustvortrag**[63] bezeichnet.

Verlustverrechnungsgrenze

Die Verlustverrechnung ist für Körperschaften eingeschränkt. § 8 Abs 4 Z 2 lit a KStG sieht eine **Verrechnungsgrenze** von grundsätzlich 75 % vor.[64] Da sich die Verrechnungsgrenze von der Höhe der positiven Einkünfte ableitet, mit denen

---

63   vgl Doralt/Ruppe I, 12. Auflage, Tz 623ff
64   Mit dem AbgÄG 2014 ist die für natürliche Personen geltende Verrechnungsgrenze des § 2 Abs 2b EStG entfallen.

die Verrechnung vorzunehmen ist, kommt die Verrechnungsgrenze nur dann zur Wirkung, wenn der verrechenbare Verlust mehr als die Verrechnungsgrenze (grundsätzlich 75 % der positiven Einkünfte; siehe aber lit b der Bestimmung) ausmacht. Ist beispielsweise ein verrechenbarer Verlust von € 65.000 vorhanden und betragen die positiven Einkünfte des Wirtschaftsjahres € 80.000, so beträgt die Verrechnungsgrenze € 60.000. Der verrechenbare Verlust kommt daher nur mit einem Betrag von € 60.000 zur Verrechnung. Würden die positiven Einkünfte € 100.000 betragen, so würde der gesamte Betrag von € 65.000 zur Verrechnung kommen.

Die Begrenzung führt nicht zu einem Untergehen der nicht verrechenbaren Verlustteile, sondern zu einer Verrechnung dieser Beträge in späteren Jahren. Eine Verrechnung in späteren Jahren kommt allerdings nur insoweit in Betracht, als die aufgeschobenen Verrechnungsbeträge in der jeweiligen Verrechnungsgrenze der späteren Jahre Deckung finden.

Verlustabzug bei Einnahmen/Ausgaben-Rechnung

Steuerpflichtige, die ihren Gewinn im Wege der Einnahmen/Ausgaben-Rechnung (§ 4 Abs 3 EStG) ermitteln, können ebenfalls einen Verlustabzug in Anspruch nehmen, wenn die zu berücksichtigenden Verluste ordnungsgemäß ermittelt worden sind.

COVID-19-Rücklage

Um die Liquidität jener Unternehmen, die von der COVID-19-Pandemie besonders betroffen sind, zu verbessern, wurde die Möglichkeit geschaffen, eine COVID-19-Rücklage zu bilden (durch die COVID-19-Verlustberücksichtigungsverordnung). Dadurch können im Jahr 2020 voraussichtlich zu erwartende betriebliche Verluste durch einen Abzug (COVID-19-Rücklage) vom Gesamtbetrag der Einkünfte ins Gewinnjahr 2019 rückübertragen werden. Durch die Reduzierung des steuerpflichtigen Einkommens wird die Steuerschuld für das Jahr 2019 gesenkt und führt dazu, dass bereits geleistete Einkommen- und Körperschaftsteuer(voraus)zahlungen rückbezahlt werden. Die Höhe der COVID-19-Rücklage beträgt ohne weiteren Verlustnachweis bis zu 30 % des positiven Gesamtbetrages der betrieblichen Einkünfte 2019 und bis zu 60 %, sofern die voraussichtliche Höhe der Verluste glaubhaft gemacht wird. Die COVID-19-Rücklage ist unabhängig von der Gewinnermittlungsart und ist – wie auch der Verlustrücktrag – mit höchstens 5 Mio € gedeckt. Die im Jahr 2019 abgezogene COVID-19-Rücklage wird im Rahmen der Veranlagung 2020 bei Ermittlung des Gesamtbetrages der Einkünfte wieder hinzugerechnet, um eine nochmalige Verlustberücksichtigung im Rahmen des Verlustrücktrags zu vermeiden.

Kein Verlustabzug bei Überschussermittlern

Für Steuerpflichtige, die im Rahmen der außerbetrieblichen Einkunftsarten (§ 2 Abs 3 Z 4 bis 7 EStG) den Überschuss der Einnahmen über die Werbungskosten ermitteln (§ 2 Abs 4 Z 2 EStG), sieht das EStG keinen Verlustabzug (Verlustvortrag) vor (Ausnahmen bestehen für „Wartetastenverluste" bei Beteiligung an einem Unternehmen als „echter" stiller Gesellschafter und für Verluste aus privaten Grundstücksveräußerungen iSd § 30 Abs 7 EStG).

A) Wiederholungsfragen

1) Was ist unter „Maßgeblichkeitsprinzip" zu verstehen?
2) Welche Gewinnermittlungsarten existieren im österreichischen EStG?
3) Worin liegt der Unterschied zwischen den Begriffen „Wirtschaftsjahr" und „Kalenderjahr"?
4) Was ist unter „Betriebsvermögen", was unter „Betriebsvermögensvergleich" zu verstehen?
5) Wer ist buchführungspflichtig iSd § 125 BAO?
6) Was wird mit der „Mehr-Weniger-Rechnung" bezweckt?
7) Worin bestehen Unterschiede zwischen § 4 Abs 1 und § 5 Abs 1 EStG?
8) Welche Arten der Pauschalierung sind im österreichischen EStG vorgesehen?
9) Welche Bestandteile umfassen die Anschaffungskosten/Herstellungskosten im EStG? Können sich diesbezüglich Abweichungen zum unternehmensrechtlichen Ansatz ergeben?
10) Was ist unter den Begriffen „Teilwert" und „gemeiner Wert" zu verstehen?
11) Wie sind Einlagen und Entnahmen im Einkommensteuerrecht zu behandeln?
12) Welche Investitionsbegünstigungen existieren im österreichischen EStG?
13) Was ist unter dem Begriff „Übertragungsrücklage" zu verstehen?
14) Für wen bestehen Aufzeichnungspflichten im österreichischen Steuerrecht?
15) Welche Rolle spielt der „Zinseffekt" in steuerbilanzpolitischen Überlegungen?
16) Welche Arten des Verlustausgleichs bestehen im EStG?
17) Welche Verlustausgleichsverbote werden im EStG normiert?
18) Was ist unter „Verlustverrechnungsgrenze" zu verstehen?

B) Richtig/Falsch-Fragen

1) Für betriebliche Einkunftsarten ist ein Gewinn zu berechnen, für außerbetriebliche Einkunftsarten wird der Überschuss der Einnahmen über die Werbungskosten ermittelt.
2) Unter Betriebsvermögensvergleich wird der Unterschiedsbetrag zwischen dem Betriebsvermögen am Schluss des Wirtschaftsjahres und dem Betriebsvermögen am Schluss des vorangegangenen Wirtschaftsjahres verstanden. Unter Betriebsvermögen sind alle Vermögensgegenstände der Bilanzaktivseite zu verstehen.
3) Ausgangsbasis der Gewinnermittlung gem § 4 Abs 1 EStG bildet die nach den Vorschriften des UGB erstellte Unternehmensbilanz. Zur Überleitung vom unternehmensrechtlichen auf den steuerlichen Gewinn wird die Mehr-Weniger-Rechnung herangezogen.
4) Im Gegensatz zur Gewinnermittlung gem § 5 Abs 1 EStG bleiben bei der Gewinnermittlung nach § 4 Abs 1 EStG Wertänderungen von Grund und Boden grundsätzlich außer Ansatz. Gewillkürtes Betriebsvermögen ist im Zuge der Gewinnermittlung nach § 4 Abs 1 EStG ausgeschlossen.

5) Der Gewinn wird im Zuge der Einnahmen/Ausgaben-Rechnung als Differenz der tatsächlich zu- bzw abgeflossenen betrieblichen Einnahmen und Ausgaben ermittelt. Es werden jedoch auch unbare Abgänge wie etwa die Absetzung für Abnutzung berücksichtigt.

6) Für einen wesentlich beteiligten Gesellschafter-Geschäftsführer mit hohem Gehalt und nahezu keinen Betriebsausgaben ist die Basispauschalierung im Vergleich zur Einnahmen/Ausgaben-Rechnung klar von Vorteil.

7) Zu den steuerlichen Herstellungskosten gehören Fertigungsmaterial, Fertigungslöhne, Sonderkosten der Fertigung, Fertigungsgemeinkosten, als auch Verwaltungs- und Vertriebskosten.

8) Unter dem Begriff „Teilwert" wird jener Preis verstanden, der im gewöhnlichen Geschäftsverkehr nach der Beschaffenheit des Wirtschaftsgutes zu erzielen wäre.

9) Unternehmensrechtlich sind Einlagen grundsätzlich mit dem beizulegenden Wert anzusetzen, steuerrechtlich grundsätzlich mit dem Teilwert im Zeitpunkt der Zuführung.

10) Die Rücklagenübertragung auf die Anschaffungskosten von unkörperlichen Wirtschaftsgütern ist nur dann zulässig, wenn die stillen Reserven aus der Veräußerung von unkörperlichen Wirtschaftsgütern stammen.

11) Werden aus einer Beteiligungsveräußerung stille Reserven aufgedeckt, ist eine Rücklagenübertragung nur auf die Anschaffungskosten anderer Beteiligungen (etwa Aktien oder GmbH-Anteile) zulässig, nicht jedoch auf andere unkörperliche Wirtschaftsgüter wie beispielsweise Mietrechte.

12) Das „Maßgeblichkeitsprinzip" besagt, dass die unternehmensrechtliche Bewertung grundsätzlich den steuerrechtlichen Bewertungsansätzen zu folgen hat.

13) Die Bildung pauschaler Rückstellungen ist im österreichischen EStG grundsätzlich nicht zulässig (Eine Ausnahme besteht für Rückstellungen iSd § 9 Abs 1 Z 3 EStG, wenn diese unter den Voraussetzungen des § 201 Abs 2 Z 7 UGB pauschal gebildet werden). Darüber hinaus sind bestimmte langfristige Rückstellungen (§ 9 Abs 1 Z 3 und 4 EStG) mit einem Zinssatz von 3,5 % abzuzinsen, sofern die Laufzeit der Rückstellung am Bilanzstichtag mehr als zwölf Monate beträgt.

14) Im Zuge des Verlustausgleichs werden negative mit positiven Einkünften ausgeglichen. Dabei ist zuerst der innerbetriebliche, dann der vertikale und zuletzt der horizontale Verlustausgleich vorzunehmen.

15) Die A-GmbH erzielt im Wirtschaftsjahr X1 positive Einkünfte iHv € 40.000. Aus derselben Einkunftsquelle ist ein verrechenbarer Verlust iHv € 60.000 vorhanden. Die Verlustverrechnungsgrenze beträgt somit € 30.000.

16) Steuerpflichtige, die ihren Gewinn im Wege der Einnahmen/Ausgaben-Rechnung ermitteln, haben keinen Anspruch auf Verlustabzug.

Lösungen S 146

5. Besteuerung und Rechtsformwahl

5.1. Definition der Rechtsform

„Unter der **Rechtsform** (Unternehmensform) versteht man ein System rechtlicher Regelungen, mit dem die Beziehungen zwischen Eigentümern und Betrieb, zwischen Betrieb und Außenstehenden sowie zwischen den Eigentümern untereinander festgelegt werden."[65]

Der oft verwendete Begriff „**Gesellschaftsform**", der zwar für die privatrechtlichen Formen alle Fälle bis auf die Einzelunternehmung abdeckt, ist nur ein Spezialfall der Rechtsform.

5.2. Rechtsformen für Betriebe

Die folgenden Abbildungen zeigen die in Österreich möglichen Rechtsformen und die zugehörigen Rechtsquellen.

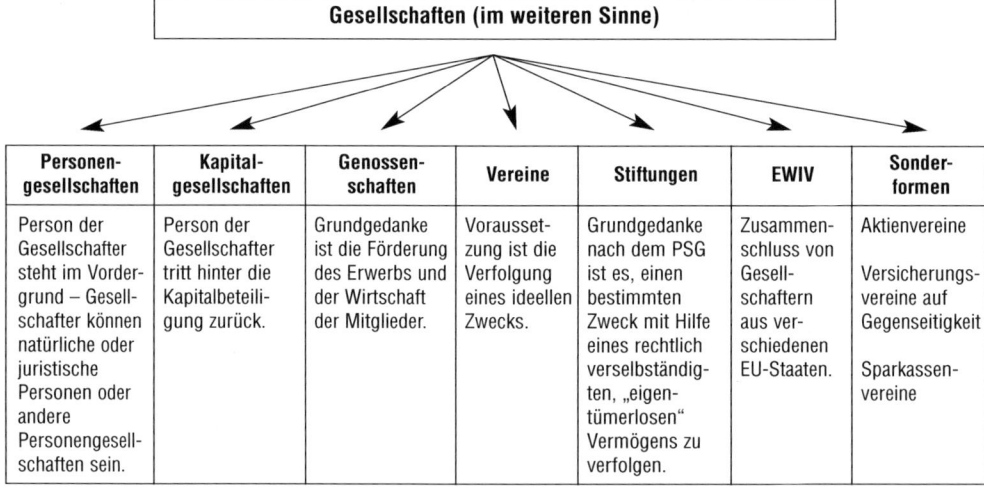

Gesellschaften (im weiteren Sinne)						
Personengesellschaften	**Kapitalgesellschaften**	**Genossenschaften**	**Vereine**	**Stiftungen**	**EWIV**	**Sonderformen**
Person der Gesellschafter steht im Vordergrund – Gesellschafter können natürliche oder juristische Personen oder andere Personengesellschaften sein.	Person der Gesellschafter tritt hinter die Kapitalbeteiligung zurück.	Grundgedanke ist die Förderung des Erwerbs und der Wirtschaft der Mitglieder.	Voraussetzung ist die Verfolgung eines ideellen Zwecks.	Grundgedanke nach dem PSG ist es, einen bestimmten Zweck mit Hilfe eines rechtlich verselbständigten, „eigentümerlosen" Vermögens zu verfolgen.	Zusammenschluss von Gesellschaftern aus verschiedenen EU-Staaten.	Aktienvereine Versicherungsvereine auf Gegenseitigkeit Sparkassenvereine

---

65   vgl Haberstock, Der Einfluß der Besteuerung auf Rechtsform und Standort, 1984, 17

Einzelunternehmung: ein Betrieb, dessen Alleininhaber eine natürliche Person ist, die mit ihrem Gesamtvermögen haftet, das Eigenkapital alleine aufbringt, idR selbst die Geschäfte führt und alleinigen Gewinnanspruch hat. Unternehmerisch tätige natürliche Personen, die nach § 189 UGB der Pflicht zur Rechnungslegung unterliegen, sind verpflichtet, sich in das Firmenbuch eintragen zu lassen. Andere Einzelunternehmer sind dazu berechtigt.

Offene Gesellschaft (OG): eine Personengesellschaft, die für jeden erlaubten Zweck einschließlich freiberuflicher und land- und forstwirtschaftlicher Tätigkeit unter gemeinschaftlicher Firma bestimmt ist und deren Gesellschafter gegenüber den Gläubigern der Gesellschaft mit ihrem gesamten Vermögen unbeschränkt haften.

Kommanditgesellschaft (KG): eine Personengesellschaft, die für einen beliebigen Erwerbszweck unter gemeinschaftlicher Firma bestimmt ist und deren Gesellschafter aus mindestens einem unbeschränkt haftenden Gesellschafter (Komplementär) und mindestens einem Gesellschafter bestehen, dessen Haftung auf seine Kapitaleinlage beschränkt ist (Kommanditist).

Gesellschaft bürgerlichen Rechts (GesbR): eine (nicht im Firmenbuch eingetragene) gesellschaftsvertragliche Vereinigung von mindestens zwei Personen zur Erreichung eines gemeinsamen Zwecks, deren Gesellschafter den Gläubigern der Gesellschaft mit ihrem gesamten Vermögen unbeschränkt haften.

Stille Gesellschaft: eine Gesellschaft, bei der sich eine Person am Unternehmen eines Unternehmers mit einer Vermögenseinlage beteiligt, die in das Eigentum des Inhabers des Handelsgewerbes übergeht, ohne nach außen in Erscheinung zu treten. Der Stille ist am Gewinn (allenfalls auch an den stillen Reserven und dem Firmenwert) beteiligt, die Verlustbeteiligung kann vertraglich ausgeschlossen werden.

Europäische Wirtschaftliche Interessenvereinigung (EWIV): Die Vereinigung hat den Zweck, die wirtschaftliche Tätigkeit ihrer Mitglieder aus verschiedenen Mitgliedstaaten der EU zu erleichtern oder zu entwickeln; sie hat nicht den Zweck, Gewinn für sich selbst zu erzielen. Ihre Tätigkeit muss mit der wirtschaftlichen Tätigkeit ihrer Mitglieder in Zusammenhang stehen und darf nur eine Hilfstätigkeit hiezu bilden (Art 3 Abs 1 EWIV-VO). Die Mitglieder der EWIV haften unbeschränkt und gesamtschuldnerisch.

Aktiengesellschaft (AG): eine Gesellschaft mit eigener Rechtspersönlichkeit, bei der sämtliche Aktionäre mit Einlagen auf das in Aktien zerlegte Grundkapital der Gesellschaft beteiligt sind, ohne mit ihrem Privatvermögen für deren Verbindlichkeiten zu haften (§ 1 AktG).

Gesellschaft mit beschränkter Haftung (GmbH): eine Gesellschaft mit eigener Rechtspersönlichkeit, deren Gesellschafter an dem in Stammeinlagen zerlegten Stammkapital beteiligt sind, ohne persönlich für die Verbindlichkeiten der Gesellschaft zu haften.

GmbH (AG) & Co: eine Spezialform der OG oder KG, wobei Kapitalgesellschaften die Stellung des alleinigen Komplementärs in der KG einnehmen (GmbH [AG] & Co KG) oder der Gesellschafterkreis einer OG ausschließlich aus Kapitalgesellschaften besteht (GmbH (AG) & Co OG). Die bedeutendste Rechtsform ist die GmbH & Co KG; sie gilt als Personengesellschaft.

Genossenschaft: Vereinigungen mit offener, wechselnder Anzahl von Mitgliedern, deren Ziel die Förderung des Erwerbs oder der Wirtschaft ihrer Mitglieder ist und die sich dazu eines gemeinsamen Geschäftsbetriebes bedienen.

Verein: ein freiwilliger, auf Dauer angelegter Zusammenschluss mindestens zweier Personen zur Verfolgung eines bestimmten, gemeinsamen, ideellen Zweckes. Ein Verein darf daher nicht auf Gewinn ausgelegt sein, und das Vereinsvermögen darf nur im Sinne des Vereinszwecks verwendet werden. Der Verein genießt eigene Rechtspersönlichkeit.

Stiftungen: Grundgedanke der Stiftung ist es, einen bestimmten Zweck mit Hilfe eines rechtlich verselbständigten, eigentümerlosen Vermögens zu verfolgen. Die Verwendung des Vermögens richtet sich nach dem einmal erklärten Willen des Stifters, der somit auch den Zugriff auf das Vermögen verliert. Sie hat Begünstigte, welche die Adressaten der Zweckverwirklichung sind. In Österreich sind die Privatstiftungen nach dem Privatstiftungsgesetz am bedeutendsten.

Europäische Aktiengesellschaft (Societas Europaea [SE]): Die SE ist eine Aktiengesellschaft, die mit Sitz in der EU gegründet werden kann. Das als Verordnung der EG erlassene Statut der SE hat zum Ziel, es Gesellschaften verschiedener Mitgliedstaaten zu ermöglichen, zu fusionieren oder eine Holdinggesellschaft zu errichten.

5.3. Besteuerungsunterschiede

Von der Betriebswirtschaftslehre wurde die **rechtsformneutrale Besteuerung** gefordert: Nicht steuerliche, sondern allein wirtschaftliche Überlegungen sollten für die Wahl der Rechtsform maßgebend sein. Die Begründung dieses Postulats kann jedoch in Frage gestellt werden, zumal auch steuerliche Überlegungen wirtschaftliche Überlegungen sind. Jedenfalls zeigt die Realität, dass die Besteuerung keineswegs rechtsformneutral ist, sondern die Rechtsformen sehr unterschiedlich besteuert werden.[66]

Einkommensteuerpflichtig sind ausschließlich natürliche Personen. Das „Einkommen" juristischer Personen wird einer eigenen Steuer, der Körperschaftsteuer (KSt), unterworfen. Personengesellschaften sind kein **Steuersubjekt** der Gewinnbesteuerung, ihr Gewinn oder Verlust wird direkt den Gesellschaftern (natürliche oder juristische Personen) zugerechnet.

---

66   vgl Haberstock/Breithecker, Einführung in die Betriebswirtschaftliche Steuerlehre, 15. Auflage, 187f

Besteuerungsunterschiede

Besteuerungsunterschiede bei Beteiligten von Personenunternehmen und Körperschaften existieren, da

- aus Vertragsverhältnissen zwischen dem Personenunternehmen und den Eigentümern resultierende Einkünfte (zB Zinsen aus Gesellschafterdarlehen) vom Gesellschafter in der Regel als Einkünfte aus dem Personenunternehmen zu versteuern sind
- Vertragsverhältnisse zwischen Körperschaften und ihren Gesellschaftern oder Mitgliedern dem Grunde nach[67] anerkannt werden. Die Gesellschafter erzielen daher in Abhängigkeit von den schuldrechtlichen Verträgen zB Einkünfte aus selbständiger Arbeit, nichtselbständiger Arbeit, Kapitalvermögen oder aus Vermietung und Verpachtung. Gewährt beispielsweise ein Gesellschafter einer Kapitalgesellschaft ein verzinstes Darlehen, so wird dieses Geschäft **mit steuerlicher Wirkung anerkannt**. Daher stellen die Zinsaufwendungen auf Ebene der Kapitalgesellschaft steuerlich abzugsfähige Betriebsausgaben dar. Der Gesellschafter hat mit den Zinserträgen Einkünfte aus Kapitalvermögen zu versteuern (vgl 5.3.2.2.).
- Verluste der Personengesellschaft direkt auf die Gesellschafter verteilt werden. Verluste, die in Körperschaften anfallen, können jedoch nur auf Ebene der Körperschaft zur Verrechnung gelangen.
- gesellschaftsvertraglich bedingte Vermögensmehrungen der Gesellschafter von Körperschaften (= Dividenden) bei ihnen der Endbesteuerung (27,5 % KESt) unterliegen. Gewinnanteile von Eigentümern von Personenunternehmen müssen hingegen der vollen Besteuerung unterworfen werden.
- für natürliche Personen kann bei der Gewinnermittlung eines Betriebes ein Gewinnfreibetrag bis zu 15 % des Gewinns gebildet werden, beträgt aber höchstens € 45.950 im Veranlagungsjahr. Gesellschafter von Personengesellschaften können entsprechend ihrem Gewinnanteil die Begünstigung nutzen.

5.3.1. Entscheidungsrelevanz der Rechtsform

Kriterien zur Rechtsformwahl

Bei der Wahl der Rechtsform sind eine Reihe von außersteuerlichen und steuerlichen **Kriterien** zu prüfen, die in Folge ohne weitere Erläuterung nur genannt werden:

- Haftungs- und Risikobeschränkung
- Höhe des aufzubringenden Eigenkapitals
- Leitungsbefugnis
- Möglichkeiten der Nachfolgeregelung
- Vermögens- und Erfolgsbeteiligung
- Flexibilität bei Beteiligungsänderungen

---

67   Schranken der Höhe nach werden durch die Regelungen der verdeckten Gewinnausschüttung bzw der verdeckten Kapitaleinlage gezogen.

- Freiheitsgrade in der rechtlichen Ausgestaltung
- Finanzierungsmöglichkeiten
- Steuerbelastung
- Rechtsform-Aufwendungen
- Prüfungs- und Offenlegungspflichten

5.3.1.1. Besteuerungsebenen

Beteiligt sich der Steuerpflichtige am Wirtschaftsleben als Eigentümer eines Personenunternehmens oder als Gesellschafter einer Personengesellschaft, so wird ihm der Gewinn des Unternehmens bzw der Gesellschaft unmittelbar anteilig zugerechnet (**Einfachbesteuerung**). Wird die Rechtsform der Kapitalgesellschaft gewählt, so unterliegt der Gewinn zunächst der KSt und im Falle einer Ausschüttung beim Gesellschafter der ESt. Insoweit diese Doppelbelastung der Ausschüttungen nicht durch besondere Vorkehrungen gemildert wird, hat sie eine unterschiedliche Gewinnsteuerbelastung der einzelnen Unternehmensformen zur Folge (**Dualismus der Unternehmensbesteuerung**) und beeinflusst die Wahl der Rechtsform. In Österreich wird die Doppelbelastung der Ausschüttungen durch die Anwendung eines reduzierten Steuersatzes vermieden.

Besteuerungsebenen

5.3.1.2. Einflüsse auf die laufende Besteuerung

Das österreichische Ertragsteuerrecht kennt kein einheitliches „Unternehmenssteuerrecht", sondern knüpft die Ertragsbesteuerung an das **Einkommen natürlicher und juristischer Personen**.[68]

Einkommen

Die **Personengesellschaft** ist **nicht Steuersubjekt** der Ertragsbesteuerung, sondern die am Personenunternehmen beteiligten Personen. Jeder Gesellschafter muss seinen Anteil am Gesamtgewinn, der im Rahmen einer Gewinnfeststellung (§ 188 BAO) ermittelt wird, versteuern. Auch Verluste werden den Beteiligten direkt zugerechnet und können von diesen grundsätzlich mit anderen Einkünften ausgeglichen oder vorgetragen werden. Die Steuerbelastung hängt von der nach einkommensteuerrechtlichen Grundsätzen beurteilten Situation der Gesellschafter (zB übrige Einkünfte, Familienstand, Sonderausgaben) ab.

Gesellschafter als Steuersubjekt

Die Personengesellschaft ist **Steuersubjekt** für Zwecke der Erhebung der Grundsteuer, Umsatzsteuer und der sonstigen Verkehr- und Verbrauchsteuern. Allerdings haften hier im Gegensatz zur Kapitalgesellschaft die Gesellschafter für diese Steuern.

Personengesellschaft als Steuersubjekt

Kapitalgesellschaften sind juristische Personen, hinter denen als Eigentümer natürliche oder juristische Personen stehen. In Kapitalgesellschaften erzielte Gewinne unterliegen zunächst auf Ebene der Gesellschaft der Körperschaftsteuer

Kapitalgesellschaft als Steuersubjekt

---

68 vgl Bertl/Eberhartinger/Hirschler/Kanduth-Kristen/Kofler/Tumpel/Urnik (Hrsg), Handbuch der österreichischen Steuerlehre, Band III, 2017, 3. Auflage, 32 ff

(25 %), unabhängig davon, ob sie ausgeschüttet oder nicht ausgeschüttet (thesauriert) werden. Ausgeschüttete Gewinne werden zusätzlich auf Gesellschafterebene steuerlich erfasst: Sie unterliegen einem Steuerabzug (27,5 % KESt), durch den die Einkommensteuer bei natürlichen Personen als Anteilseigner abgegolten ist. Statt der Endbesteuerung kann auf Antrag des Steuerpflichtigen eine Veranlagung zum allgemeinen Steuertarif erfolgen.

Mindestkörperschaftsteuer Unbeschränkt steuerpflichtige Kapitalgesellschaften haben auch in steuerlichen Verlustsituationen nach § 24 Abs 4 KStG grundsätzlich eine **Mindestkörperschaftsteuer** in Höhe von 5 % der gesetzlichen Mindesthöhe des Grund- oder Stammkapitals pro Jahr zu entrichten. Die Mindeststeuer ist für Kreditinstitute und Versicherungsunternehmen erhöht und für GmbH in den ersten zehn Jahren nach der Gründung verringert.

Mischformen Die Besteuerung der **Mischformen** (zB GmbH & Co KG) stellt eine Kombination der Besteuerung von Personen- und Kapitalgesellschaften dar. Mit den Mischformen sollen die Vorteile der Kapitalgesellschaft (insbesondere die Haftungsbeschränkung sowie die fehlende Umqualifizierung von Entgelten aus Gesellschaft-Gesellschafter-Beziehungen) mit den Vorteilen der Personengesellschaft (keine Körperschaftsteuer, mögliche Verlustverrechnung auf Gesellschafterebene) verbunden werden.

5.3.1.3. Einflüsse auf die aperiodische Besteuerung

Aperiodische Vorgänge Aus der Wahl der Rechtsform ergeben sich auch unterschiedliche steuerliche Konsequenzen hinsichtlich Unternehmungsgründung, Veräußerung, Betriebsaufgabe bzw Liquidation.

Unternehmensgründung Die steuerlichen Konsequenzen der **Unternehmensgründung** bestehen im Anfall von Gründungskosten in Form von Gebühren und Verkehrsteuern.

Neugründungs-Förderungsgesetz Aufgrund des NeuFöG (**Neugründungs-Förderungsgesetz**) werden zur Förderung der Neugründung von Betrieben bestimmte Abgaben, Beiträge und Gebühren, zB Grunderwerbsteuer, Gerichtsgebühr für die Eintragung in das Firmenbuch, nicht erhoben. Die Begünstigungen des NeuFöG sind jedoch nur auf Einzelunternehmen, Kapitalgesellschaften, Personengesellschaften des Unternehmensrechts, eingetragene Erwerbsgesellschaften sowie vergleichbare ausländische Gesellschaften und EWIV anwendbar, nicht aber auf Gesellschaften bürgerlichen Rechts.

Veräußerung oder Aufgabe Bei den betrieblichen Einkunftsarten wird die Veräußerung des gesamten Betriebes der Einkommensteuer unterworfen. Die **Betriebsveräußerung** ist, ebenso wie die **Betriebsaufgabe**, mit der schlagartigen Aufdeckung der stillen Reserven verbunden, die sich in den Jahren der betrieblichen Tätigkeit gebildet haben; deshalb ist die Betriebsveräußerung (Betriebsaufgabe) unter bestimmten Voraussetzungen begünstigt. Unter die Betriebsveräußerung gem § 24 EStG fallen

- die Veräußerung oder Aufgabe des ganzen Betriebes
- die Veräußerung oder Aufgabe eines Teilbetriebes
- die Veräußerung eines Mitunternehmeranteils.

Die **Höhe des Veräußerungsgewinns** ergibt sich aus dem Unterschiedsbetrag zwischen dem Veräußerungserlös und dem (anteiligen) Eigenkapital. `Veräußerungsgewinn`

Für die Betriebsveräußerung und Betriebsaufgabe gibt es folgende **Steuerbegünstigungen:** `Steuerbegünstigungen`

- Hälftesteuersatz für den Veräußerungsgewinn (§ 37 Abs 5 EStG) oder
- Verteilung des Veräußerungsgewinns auf drei Jahre (§ 37 Abs 3 EStG) oder
- Steuerfreibetrag von € 7.300 (§ 24 Abs 4 EStG),
- Anrechnung der Grunderwerbsteuer sowie der Stiftungseingangssteuer (§ 24 Abs 5 EStG)
- Hauptwohnsitzbefreiung bei der Betriebsaufgabe (§ 24 Abs 6 EStG)

Die Veräußerung eines Anteils an einer Kapitalgesellschaft führt nicht zu einem Veräußerungsgewinn iSd § 24 EStG. Ein allfälliger Gewinn ist in diesem Fall aber dennoch steuerpflichtig; dies gilt sowohl für Beteiligungen, die zu einem Betriebsvermögen gehören als auch für Beteiligungen im Privatvermögen (siehe 2.1.4.6).

Wenngleich die **Liquidation** einer Betriebsaufgabe nach § 24 Abs 3 EStG entspricht, gilt für alle aufgrund der Rechtsform nach unternehmensrechtlichen Vorschriften buchführungspflichtigen Körperschaften die körperschaftsteuerliche Sonderregelung über die Auflösung und Liquidation gem § 19 KStG. Für den Zeitraum der Abwicklung (= besonderer Besteuerungszeitraum bis zu drei Jahren) ist eine eigene Ermittlung des Liquidationsgewinns vorzunehmen und der Körperschaftsteuer zu unterwerfen. Eine Steuersatzbegünstigung wie im Einkommensteuerrecht gibt es im Körperschaftsteuerrecht nicht. `Liquidation`

5.3.2. Unterschiede zwischen Personenunternehmen und Körperschaften

5.3.2.1. Durchgriffsprinzip bei Personenunternehmen

Aufgrund des **Durchgriffsprinzips** (= Transparenzprinzip) werden erwirtschaftete Gewinne nicht dem Personenunternehmen, sondern den Gesellschaftern direkt zugerechnet. Vergütungen, die Mitunternehmer aufgrund besonderer schuldrechtlicher Vereinbarungen mit der Personengesellschaft beziehen, sind als betriebliche Einkünfte zu qualifizieren. Da der Gesellschafter als Mitunternehmer angesehen wird, gibt es steuerrechtlich genauso wie beim Einzelunternehmer keinen Leistungsaustausch mit dem Unternehmen. Nur der zwischenbetriebliche Leistungsaustausch zu fremdüblichen Preisen wird anerkannt. Verluste der Personengesellschaft sind anteilig den Gesellschaftern zuzurechnen und können bei diesen mit anderen Einkünften ausgeglichen werden. `Durchgriffsprinzip`

5.3.2.2. Trennungsprinzip bei Kapitalgesellschaften

Trennungsprinzip

Die Sphäre der juristischen Person wird klar von der ihrer Gesellschafter getrennt (= **Trennungsprinzip**). Die Gewinnzurechnung erfolgt bei der Gesellschaft, dem Gesellschafter werden nur ausgeschüttete Gewinne zugerechnet. Auf Grund des Trennungsprinzips werden zB vertragliche Beziehungen zwischen der juristischen Person und ihren Gesellschaftern prinzipiell auch steuerlich anerkannt. Entgelte, die auf der Basis derartiger Vertragsbeziehungen geleistet werden, führen demnach zu einer Gewinnminderung bei der Gesellschaft. Das Trennungsprinzip hat auch Bedeutung für die Behandlung von Verlusten: Verluste von Kapitalgesellschaften sind den Gesellschaftern nicht zuzurechnen, sondern nur bei der Kapitalgesellschaft verwertbar.

5.3.2.3. Beispiele

Gesellschaftsgewinne

Die AB OG (AB GmbH) mit den Gesellschaftern A und B (jeweils zu 50 % beteiligt) erwirtschaftete im Jahr 2022 einen Gewinn iHv € 100.000 (keine Gewinnausschüttungen).

Im Falle der AB OG werden die Gewinne, obwohl sie von den Gesellschaftern nicht entnommen werden, diesen aufgrund des Durchgriffsprinzips anteilig zugerechnet. Jeder der beiden Gesellschafter unterliegt demnach mit € 50.000 der Einkommensteuer (grundsätzlich mit bis zu 50 %; die Bildung eines Gewinnfreibetrages iHv 15 % ist für die beiden Gesellschafter möglich; sofern über den ohnehin zustehenden Grundfreibetrag von € 4.500 hinaus begünstigte Wirtschaftsgüter oder begünstigte Wertpapiere angeschafft werden).

Im Falle der AB GmbH ist zwischen der Sphäre der Gesellschaft und jener der Gesellschafter zu unterscheiden (Trennungsprinzip). Die Unternehmensgewinne iHv € 100.000 unterliegen nur bei der AB GmbH der Körperschaftsteuer von 25 %.

Ausschüttungen/ Entnahmen

Im Jahr 2023 werden die Gewinne aus der AB OG entnommen (aus der AB GmbH ausgeschüttet).

Wurden die Gewinne der AB OG bereits im Jahr ihrer Entstehung auf der Ebene der Gesellschafter voll der Einkommensteuer unterworfen, führt die Entnahme der Gewinne im Jahr 2023 zu keiner weiteren Steuerbelastung mehr.

Die Gewinne der AB GmbH unterlagen bisher nur auf Ebene der Gesellschaft der Körperschaftsteuer (25 %). Im Zeitpunkt der Ausschüttung an die Gesellschafter unterliegt der Ausschüttungsbetrag der Kapitalertragsteuer (27,5 %).

Gesellschafter A verpachtet der AB OG (AB GmbH) ein privates Grundstück und erhält dafür im Jahr 2022 einen Pachtzins in Höhe von € 10.000.

Leistungsbeziehungen zwischen Gesellschafter und Gesellschaft

Leistungsbeziehungen zwischen Gesellschafter und Mitunternehmerschaften (insb OG, KG) werden aufgrund des Durchgriffsprinzips steuerlich nicht anerkannt. Die € 10.000, die A für die Überlassung des Grundstücks erhält, zählen zu seinem Gewinnanteil aus der Beteiligung an der AB OG im Jahr 2022.

Wegen des Trennungsprinzips werden Leistungsbeziehungen zwischen Kapitalgesellschaften (AG, GmbH) und ihren Gesellschaftern auch steuerlich anerkannt, solange sie fremdüblich gestaltet sind. Sind daher die € 10.000 ein fremdüblicher Pachtzins für das konkrete Grundstück, so erzielt A im Jahr 2019 Einkünfte aus Vermietung und Verpachtung iHv € 10.000.

Wären etwa nur € 7.000 als fremdüblich anzusehen, so hätte A Einkünfte aus Vermietung und Verpachtung iHv lediglich € 7.000. Die restlichen € 3.000 würden eine verdeckte Gewinnausschüttung darstellen, da die Gesellschaft dem A mehr bezahlt hat, als sie einem fremden Dritten bezahlen würde und diese Mehrleistung nur wegen des Gesellschaftsverhältnisses erfolgt.

A) Wiederholungsfragen

1) Welche Personengesellschaftsformen und welche Kapitalgesellschaftsformen existieren im österreichischen Gesellschaftsrecht?
2) Welche grundlegenden Besteuerungsunterschiede existieren zwischen Personen- und Kapitalgesellschaften?
3) Was ist unter „Dualismus der Unternehmensbesteuerung" zu verstehen?
4) Wer gilt bei Personengesellschaften, wer bei Kapitalgesellschaften als Ertragsteuersubjekt?
5) Was ist unter Betriebsveräußerung und Betriebsaufgabe zu verstehen? Welche Steuerbegünstigungen sind diesbezüglich im EStG verankert?
6) Wie unterscheiden sich „Durchgriffs-" und „Trennungsprinzip"?

B) Richtig/Falsch-Fragen

1) OG, KG und GmbH & Co KG werden alle als Personengesellschaften bezeichnet.
2) Als Einzelunternehmen wird ein Betrieb bezeichnet, dessen Alleininhaber eine natürliche oder juristische Person ist.
3) Sowohl eine GmbH als auch eine AG besitzt eigene Rechtspersönlichkeit. Hinsichtlich der Besteuerung gilt für sie das Trennungsprinzip.
4) Vertragsverhältnisse zwischen Gesellschaftern und Gesellschaft können bei Personengesellschaften zwar zivilrechtlich abgeschlossen werden, entfalten steuerrechtlich jedoch keine Wirkung.
5) Die unterschiedliche Gewinnbelastung einzelner Unternehmensformen wird als „Dualismus der Unternehmensbesteuerung" bezeichnet.
6) Gewinne einer Personengesellschaft werden immer den Gesellschaftern direkt zugerechnet, unabhängig davon, ob die Gewinne in der Personengesellschaft einbehalten oder ausgeschüttet werden.
7) Nach dem Trennungsprinzip werden Gewinne einer Kapitalgesellschaft zuerst auf Ebene der Kapitalgesellschaft durch die Körperschaftsteuer erfasst. Erst bei Ausschüttung an den Gesellschafter wird die Einkommensteuer im Wege des Kapitalertragsteuerabzuges erhoben.

Lösungen S 147

6. Besteuerung und Standortwahl

Entscheidungsrelevanz Die Standortwahl gehört wie auch die Rechtsformwahl zu den **konstitutiven Entscheidungen** über die Aufbauelemente einer Unternehmung. Anders ausgedrückt liegt hier eine Organisationsentscheidung, also eine Entscheidung im Rahmen der Führungsfunktionen, vor.

Internationale Standortwahl Bei der Suche nach dem optimalen Standort einer Unternehmung muss zunächst unter Beachtung aller ökonomischen und außerökonomischen Tatbestände eine Entscheidung darüber getroffen werden, in welchem Land der Erde eine Unternehmung aufgebaut werden soll (**internationale Standortwahl**).[69]

Nationale Standortwahl Nach Entscheidung für eine bestimmte Volkswirtschaft (hier: Österreich) wird im Rahmen der **nationalen Standortwahl** der Unternehmensort ausgewählt, wobei allenfalls bestehende Steuerdifferenzierungen innerhalb Österreichs zu beachten sind.

Standortfaktoren Neben den hier vornehmlich interessierenden Fragen der Besteuerung können jedoch auch folgende Faktoren einen entscheidenden Einfluss auf die **Wahl des optimalen Standortes** ausüben:

- Höhe der Arbeitskosten,
- Qualität der Arbeitskräfte,
- Arbeitskräftepotential,
- Infrastruktur,
- Umweltschutzbestimmungen,
- Devisen- und Handelsbestimmungen,
- Absatzkonkurrenz,
- Zugehörigkeit zu internationaler Wirtschaftszone (EU, USMCA),
- Energievorkommen und -preise, etc

„Optimaler" Standort Der **„optimale" Standort** ist letztlich dort, wo die Differenz zwischen standortbedingten Erträgen und standortabhängigen Aufwendungen die größtmögliche ist, sodass an diesem Ort das langfristige Gewinnmaximum erreicht werden kann.

Standortelastizität Zu beachten ist, dass für manche Unternehmen auf Grund natürlicher, rechtlicher, persönlicher und anderer Restriktionen kaum oder keine Standortalternativen vorhanden sind. So sind zB Gewinnungsbetriebe an die Lagerstätten der entsprechenden Bodenschätze gebunden. Verkehrs- und Versorgungsbetriebe bedürfen häufig einer behördlichen Konzession. In solchen Fällen besteht eine geringe **Standortelastizität**. Eine hohe Standortelastizität existiert demgegenüber bei Verwaltungssitzen von Luftfahrt- und Versicherungsunternehmen, Buchverlagen oder dem Versandhandel.

---

69 vgl Bertl/Eberhartinger/Djanani/Kofler/Tumpel (Hrsg), Handbuch der österreichischen Steuerlehre, Band V, 2012, 3. Auflage, 200ff

6.1. Nationale Standortwahl

6.1.1. Keine wesentlichen Besteuerungsunterschiede

Seit der Abschaffung der Gewerbesteuer mit 1.1.1994 gibt es in Österreich faktisch **keine wesentlichen lokalen Besteuerungsunterschiede**, welche die nationale Standortwahl maßgebend beeinflussen.

Keine wesentlichen lokalen Besteuerungsunterschiede

Allenfalls ist denkbar, dass die unterschiedliche Behandlung von gleichartigen steuerlichen Sachverhalten durch verschiedene Dienststellen des Finanzamts Österreich oder des Finanzamts für Großbetriebe bei der Standortwahl mitberücksichtigt wird. Für den rational entscheidenden Unternehmer ist es jedoch in der Regel nicht möglich, diese unbekannte Größe in sein Entscheidungskalkül einzubeziehen.

Lokale Besteuerungsunterschiede können sich grundsätzlich aufgrund des von einer bundesgesetzlichen Ermächtigung unabhängigen **Abgabenerfindungsrechts** der **Länder** ergeben. Den Ländern ist es allerdings verwehrt, ohne bundesgesetzliche Ermächtigung eine Abgabe einzuführen, welche einer bestehenden Bundesabgabe gleichartig ist.

Gründe für lokale Besteuerungsunterschiede

Den einzelnen **Gemeinden** kommt ein Abgabenerfindungsrecht nicht zu. Sie bedürfen zur Abgabenerhebung stets einer Ermächtigung durch den Bundes- oder durch den Landesgesetzgeber. In Einzelfällen kann jedoch der Bundes- oder Landesgesetzgeber Gemeinden ermächtigen, bestimmte Abgaben auf Grund eines Beschlusses der Gemeindevertretung auszuschreiben, sodass ihnen in diesen eingeschränkten Fällen das Recht zukommt, materielles Steuerrecht zu schaffen.

Für ein Unternehmen sind insbesondere folgende Abgaben relevant, welche zu nationalen Besteuerungsunterschieden führen können:

Relevante lokal unterschiedliche Abgaben

- Grundsteuer (vgl 2.9.1.)
- Zuschlag zum Dienstgeberbeitrag (vgl 2.6. und 6.1.2.)
- Tourismusabgabe (vgl 6.1.3.)
- Vergnügungssteuer (Lustbarkeitsabgabe ohne Zweckwidmung des Ertrages)
- Lustbarkeitsabgaben mit Zweckwidmung des Ertrages (Kriegsopferabgaben, Sportförderungsabgaben etc)
- Interessentenbeiträge (zB für Anschluss an öffentliche Versorgungs- und Entsorgungsnetze, für die Errichtung von Verkehrsflächen)
- Benützungsgebühren (zB Wasser-, Kanal- oder Müllabfuhrgebühren)
- Parkgebühren
- Naturschutzabgaben (zB Besteuerung von Steinbrüchen, Skipisten)

6.1.2. Zuschlag zum Dienstgeberbeitrag – Unterschiede

Zur Finanzierung der Bundeswirtschaftskammer sowie der Landeswirtschaftskammern wird ein Zuschlag zum Dienstgeberbeitrag (DZ) erhoben. Dieser ist

Beitragsschuldner

von den der Wirtschaftskammer zugehörigen Dienstgebern als **Beitragsschuldner** zu entrichten.

Bemessungsgrundlage

Als **Bemessungsgrundlage** dient die Summe der Arbeitslöhne, die jeweils in einem Kalendermonat an die Dienstnehmer entrichtet wurden. Bis zu einem Betrag von € 1.095 ist kein DZ abzuführen (Freigrenze). Beträgt die Bemessungsgrundlage zwischen € 1.095 und € 1.460, ist nur vom € 1.095 übersteigenden Betrag der DZ zu entrichten. Bei einer Bemessungsgrundlage von mehr als € 1.460 ist der DZ vom gesamten Betrag zu entrichten.

Höhe des DZ

Die **Höhe des DZ** wird in den einzelnen Bundesländern in unterschiedlicher Höhe erhoben und beträgt im Jahr 2022:

in Oberösterreich	0,34 %
in Vorarlberg und in der Steiermark	0,37 %
in Niederösterreich und in Wien	0,38 %
in Kärnten und Salzburg	0,39 %
in Tirol	0,41 %
im Burgenland	0,42 %

6.1.3. Tourismusabgaben

Interessentenbeiträge

Tourismusabgaben werden traditionell sowohl in Form von Ortstaxen (Aufenthaltstaxen, Kurtaxen etc) als auch in Form von **Interessentenbeiträgen** (Fremdenverkehrsförderungsbeiträge etc) erhoben. Die Abgaben werden von Unternehmern erhoben, welche unmittelbar oder mittelbar einen Nutzen aus dem Fremdenverkehr ziehen.

Landesabgabe

Die Tourismusabgabe ist eine ausschließliche **Landesabgabe**. Die Landesgesetzgebung kann aber darüber entscheiden, ob diese Abgabe zwischen Land und Gemeinde aufgeteilt wird oder ob sie nur den Gemeinden überlassen wird.

6.2. Internationale Standortwahl

6.2.1. Steuergefälle

Ausnützung des Steuergefälles

Die fortschreitende Globalisierung der Wirtschaft eröffnet den Unternehmen vermehrt neue Steuergestaltungsspielräume. So soll etwa durch gezielte **Standortwahl das auf internationaler Ebene** bestehende Steuergefälle zur Reduktion der Gesamtsteuerbelastung ausgenützt werden. Die so erreichbare Reduzierung der Steuerbelastung kann zu einem nicht unerheblichen Wettbewerbsvorteil führen.

Gründe für Steuergefälle

Folgende **Gründe** sind für das Entstehen des internationalen Steuergefälles vor allem maßgeblich:

- international unterschiedliche Höhe der Steuersätze,
- international unterschiedliche Ermittlung der Steuerbemessungsgrundlagen,
- gezielte Steuervergünstigungen für Ausländer (Steuerprivilegien).

6.2.1.1. Industriestaaten

Charakteristisch für Industriestaaten sind meist hohe Steuersätze im Bereich der Ertrag- und Substanzsteuern. Die Einkommensteuertarife verlaufen idR progressiv, der Spitzensteuersatz beträgt üblicherweise zwischen 40 bis 50 %. Die Körperschaftsteuersätze sind zumeist proportional und liegen, wenn keine Differenzierungen zwischen Ausschüttung und Thesaurierung vorgesehen sind, erheblich darunter.

Obwohl die Körperschaftsteuersysteme der einzelnen Industriestaaten zT erheblich voneinander abweichen, wird zumeist angestrebt, für an natürliche Personen ausgeschüttete Gewinne unter Berücksichtigung der Körperschaftsteuervorbelastung auf Ebene der Gesellschaft und der Einkommensteuer auf Ebene des Gesellschafters eine Steuerbelastung herzustellen, welche dem (höchsten) Einkommensteuersatz entspricht.

Als Ausgleich für die zumeist hohe Steuerbelastung bieten Industriestaaten eine bessere Infrastruktur und eine ausgeprägtere Gerichtsbarkeit verbunden mit einem hohen Maß an Rechtssicherheit.

Ein zusätzlicher **Vorteil von Industriestaaten** ist das zumeist gut ausgebaute DBA-Netzwerk, welches bei grenzüberschreitenden Geschäftsbeziehungen das Entstehen von Doppelbesteuerungen im Ansässigkeits- und Quellenstaat verhindert.

Charakteristikum

Vorteile

6.2.1.2. Steueroasen

Unter dem Begriff „**Steueroasen**" können sowohl Länder, welche keine (Nulloasen) oder geringe (Niedrigsteuerländer) direkte Steuern erheben, als auch Länder mit wesentlicher Vorzugsbesteuerung für bestimmte Steuerpflichtige subsumiert werden.

Begriffsdefinition

Typische Merkmale, welche eine Steueroase ausmachen, sind ua:

Charakteristika

- keine oder nur geringe Steuerpflicht
- das Fehlen eines effektiven Informationsaustausches in steuerlichen Angelegenheiten mit anderen Staaten
- fehlende Transparenz
- kein Erfordernis für Unternehmen, nachhaltige wirtschaftliche Betätigungen zu entfalten

Zu beachten ist allerdings, dass das DBA-Netzwerk mit Steueroasenländern nicht sehr stark ausgeprägt ist. Bei grenzüberschreitenden Transaktionen kann somit in vielen Fällen eine Doppelbesteuerung nicht vermieden und die Steuerbelastung des Hochsteuerlandes nicht eingeschränkt werden. Die ursprünglich erhofften steuerlichen Vorteile können somit oftmals nicht ausgenützt werden.

Nachteile

In den letzten Jahren wurden mit vielen Steueroasen Informationsaustauschabkommen abgeschlossen, sodass die Transparenz der erzielten Einkünfte gesteigert werden konnte. Mit der Umsetzung des BEPS-Projekts („Base Erosion and Profit Shifting") durch die OECD[70] und die Anti-Tax-Avoidance-Richtlinie (ATAD)[71] der EU wurden von den Industriestaaten Maßnahmen ergriffen, um die Steuerumgehung und Steuerhinterziehung effektiv zu bekämpfen. 2021 haben sich die OECD/G20-Staaten sowie weitere insgesamt 137 Staaten auf eine Mindestbesteuerung von 15 % geeinigt (Pillar 2), welche in der EU durch eine Richtlinie implementiert werden soll[72].

Bei grenzüberschreitenden Geschäftsbeziehungen sollte somit auch immer das DBA-Netz berücksichtigt werden, bevor voreilige Entscheidungen getroffen werden.

---

70 https://www.oecd.org/tax/beps/
71 Richtlinie (EU) 2016/1164 des Rates vom 12. Juli 2016 mit Vorschriften zur Bekämpfung von Steuervermeidungspraktiken mit unmittelbaren Auswirkungen auf das Funktionieren des Binnenmarkts, ABl L 193/2016, 1.
72 https://ec.europa.eu/taxation_customs/taxation-1/minimum-corporate-taxation_en (Abruf 28.12.2021).

6.2.2. Vermeidung der Doppelbesteuerung

Besteuerungssouveränität

Grundsätzlich können die Staaten kraft ihrer Souveränität Steuern erheben. Damit ein Staat allerdings seine Steuern nicht völlig willkürlich festlegen kann, ist die **Besteuerungshoheit** nicht schrankenlos. Vielmehr muss nach Maßgabe des steuerrechtlichen Völkergewohnheitsrechts zum besteuernden Staat entweder ein persönliches oder ein sachliches Anknüpfungsmerkmal bestehen.

Persönliche Anknüpfungsmerkmale

Als persönliche Anknüpfungsmerkmale gelten in Österreich bei natürlichen Personen entweder der **Wohnsitz oder der gewöhnliche Aufenthalt**. Die Staatsbürgerschaft ist demgegenüber idR nicht von Bedeutung. Bei juristischen Personen werden der statutarische Sitz der Gesellschaft oder der Ort der Geschäftsleitung als persönliche Anknüpfungsmerkmale herangezogen.

Unbeschränkte Steuerpflicht

Erfüllt ein Steuerpflichtiger eines der oben genannten persönlichen Anknüpfungsmerkmale, so ist er in Österreich idR **unbeschränkt steuerpflichtig**. Österreich darf somit das gesamte **Welteinkommen** des Steuerpflichtigen besteuern, unabhängig davon, ob die Einkünfte aus inländischen oder ausländischen Quellen stammen (Universalitätsprinzip).

Sachliche Anknüpfungsmerkmale

Hinsichtlich des Vorliegens von sachlichen Anknüpfungsmerkmalen genügt es, wenn zumindest **Teile des Sachverhalts den besteuernden Staat betreffen** (zB Einkünfte im Zusammenhang mit einem nicht im Wohnsitzstaat gelegenen Grundstück) oder auch nur der Gegenstand der Handlung einen Bezug zum entsprechenden Staat hat (zB Vortrag eines ausländischen Wissenschaftlers im Inland).

Beschränkte Steuerpflicht

Besteht demnach nur eine sachliche Nahebeziehung, unterliegt der Steuerpflichtige in Österreich lediglich der **beschränkten Steuerpflicht**. Österreich darf in diesen Fällen nicht das gesamte Welteinkommen besteuern, sondern nur die **im Inland bezogenen Einkünfte** (Territorialitätsprinzip).

Doppelbesteuerung

Trotz des Erfordernisses von persönlichen oder sachlichen Anknüpfungsmerkmalen kann bei internationalen Sachverhalten das Problem auftreten, dass auf Grund unterschiedlicher Steueranknüpfungsmerkmale Steueransprüche zweier oder mehrerer Staaten zueinander in Konkurrenz stehen. In diesem Fall spricht man vom Vorliegen einer „Doppelbesteuerung".

Fälle von Doppelbesteuerung

Grundsätzlich kann es in den folgenden Fallvarianten zu **Doppelbesteuerungen** kommen:

- Unbeschränkte Steuerpflicht in zwei Staaten
- Unbeschränkte Steuerpflicht in einem Staat und beschränkte Steuerpflicht in einem anderen Staat
- Beschränkte Steuerpflicht in zwei Staaten

Unbeschränkte Steuerpflicht in zwei Staaten

Ein Steuerpflichtiger kann zu zwei oder mehreren Staaten enge persönliche Nahebeziehungen (Wohnsitz, gewöhnlicher Aufenthalt) unterhalten.

Beispiel

Eine natürliche Person, die in Österreich wohnt und in Deutschland einen Zweitwohnsitz besitzt, ist in beiden Staaten unbeschränkt steuerpflichtig. Sowohl Österreich als auch Deutschland besteuern – wenn nicht ein Doppelbesteuerungsabkommen eingreift – das gesamte Welteinkommen.

Besitzt eine Person enge persönliche Nahebeziehungen (Wohnsitz oder gewöhnlicher Aufenthalt) zu einem Staat und bezieht sie Einkünfte aus Quellen des anderen Staates, so unterliegt sie mit diesen Einkünften sowohl der unbeschränkten Steuerpflicht im erstgenannten Staat als auch der beschränkten Steuerpflicht im Quellenstaat. Die aus dem Ausland bezogenen Einkünfte werden somit doppelt besteuert.

Unbeschränkte und beschränkte Steuerpflicht

Beispiel

Ein Steuerpflichtiger, der seinen Wohnsitz oder seinen gewöhnlichen Aufenthalt in Österreich hat und aus diesem Grund in Österreich unbeschränkt steuerpflichtig ist, ist an einer Schweizer Kapitalgesellschaft beteiligt, von welcher er Dividenden bezieht. Diese Dividenden werden in Österreich besteuert, da der Steuerpflichtige mit seinem gesamten Welteinkommen in Österreich der Steuerpflicht unterliegt. In der Schweiz besteht beschränkte Steuerpflicht, sodass die Dividenden auch dort einer Besteuerung unterliegen.

Im Regelfall kann es bei Vorliegen einer **beschränkten Steuerpflicht in zwei Staaten** nicht zu Doppelbesteuerungen kommen, da jeder Staat nur das Besteuerungsrecht für die Einkünfte wahrnimmt, die aus dort stammenden Quellen bezogen werden. Aufgrund der fehlenden Harmonisierung der nationalen Steuersysteme muss allerdings der Umfang der beschränkten Steuerpflicht in beiden Staaten nicht aufeinander abgestimmt sein, sodass es auch in diesen Fällen zu Doppelbesteuerungen kommen kann.

Beschränkte Steuerpflicht in zwei Staaten

Beispiel

Eine Person, die in Italien auf Grund ihres Wohnsitzes unbeschränkt steuerpflichtig ist, bezieht Dividenden von einer Kapitalgesellschaft mit Sitz in Deutschland und Ort der Geschäftsleitung in Österreich. Die Dividenden werden aufgrund der Anknüpfungsmerkmale (Ort der Geschäftsleitung bzw Sitz) in Österreich und in Deutschland besteuert. Es kommt hier zu einer dreifachen Steuerbelastung, da die Dividenden sowohl in Österreich und Deutschland als auch in Italien besteuert werden (falls nicht ein Doppelbesteuerungsabkommen abhelfen würde).

Aufgrund der großen Bedeutung von grenzüberschreitenden Wirtschaftsbeziehungen können die Staaten dadurch entstehende doppelte oder mehrfache Steuerbelastungen nicht ignorieren. Es gilt daher Wege zur **Vermeidung der Doppel-**

Beseitigung der Doppelbesteuerung

besteuerung zu finden, damit es zu keiner Beeinträchtigung der grenzüberschreitenden Wirtschaftsbeziehungen kommt.

Als Maßnahmen zur Vermeidung der Doppelbesteuerung dienen

- Doppelbesteuerungsabkommen (vgl 6.2.2.1.) und
- unilaterale Maßnahmen (vgl 6.2.2.2.).

6.2.2.1. Doppelbesteuerungsabkommen

Bilaterale völkerrechtliche Verträge

Doppelbesteuerungsabkommen (DBA) sind meist zwischen zwei Staaten (bilateral) abgeschlossene **völkerrechtliche Verträge**, welche regeln, welcher der beiden vertragsschließenden Staaten jeweils in welchem Umfang die vom Steuerpflichtigen erzielten Einkünfte besteuern darf.

Zweck von DBA

Durch den Abschluss eines DBA soll neben der **Vermeidung von Doppelbesteuerungen** jedoch auch der Steuerertrag möglichst gerecht auf beide Staaten aufgeteilt werden, weshalb beim Abschluss eines DBA auf die bestehenden Wirtschaftsbeziehungen zwischen den Vertragspartnern Rücksicht zu nehmen ist. Aus diesem Grund sind zB DBA zwischen zwei Industriestaaten bzw zwischen einem Industriestaat und einem Entwicklungsstaat unterschiedlich ausgestaltet.

Ähnlichkeit von verschiedenen DBA

Obwohl jedes DBA zwischen den beteiligten Staaten gesondert ausverhandelt wird, sind die abgeschlossenen DBA einander sehr ähnlich.

OECD- und UN-Musterabkommen

Dies ist darauf zurückzuführen, dass internationale Organisationen Vertragsmuster entwickelt haben. Das bedeutendste Musterabkommen ist das **OECD-Musterabkommen** (OECD-MA). Es gibt jedoch auch ein **UN-Musterabkommen**, welches nur in einigen wenigen Punkten vom OECD-MA abweicht und den Bedürfnissen der Entwicklungsstaaten besonders Rechnung trägt.

Mit Hilfe der Musterabkommen sollen die Verhandlungen zwischen den Staaten vereinfacht und auch verkürzt werden. Die meisten Staaten (auch Österreich) legen bei Verhandlungen das OECD-MA zugrunde.

Abweichungen vom OECD-MA

Obgleich das OECD-MA als Grundlage der Vertragsverhandlungen dient, kann das tatsächlich abgeschlossene Abkommen in einigen Punkten vom OECD-MA abweichen. **Abweichungen** sind idR auf folgende Faktoren zurückzuführen:

- Die Staaten können sich nicht mit allen Regelungen des OECD-MA identifizieren,
- das eigene wirtschaftspolitische Interesse wird berücksichtigt,
- Rücksichtnahme auf die Besonderheiten der eigenen Rechts- und Gesellschaftsordnung.

„Eigene Musterabkommen"

Einige Staaten (etwa USA) haben auch „**eigene Musterabkommen**" erarbeitet, welche idR allerdings ebenfalls vom OECD-MA abgeleitet wurden. Den Verhandlungen werden dann diese eigenen Musterabkommen zugrunde gelegt.

Der **Aufbau des OECD-MA** folgt folgendem Schema:

- Persönlicher Anwendungsbereich
- sachlicher Anwendungsbereich
- Verteilungsnormen
- Methodenartikel
- sonstige Abkommensvorschriften (Diskriminierungsverbote, Verständigungsverfahren, Informationsaustausch, Amtshilfe bei der Erhebung von Steuern, Mitglieder diplomatischer Missionen und konsularischer Vertretungen, Schlussbestimmungen)

Dieser Aufbau ist auch bei der praktischen Anwendung des OECD-MA zu berücksichtigen. So ist in einem ersten Schritt zu untersuchen, ob das Besteuerungsgut überhaupt unter den persönlichen und sachlichen Anwendungsbereich des Abkommens fällt. Nur sofern dies zutrifft, ist in weiterer Folge eine Zuordnung des Besteuerungsgutes zu einer Verteilungsnorm vorzunehmen. Über die Vermeidung der Doppelbesteuerung selbst wird in aller Regel erst im Methodenartikel entschieden. Die sonstigen Abkommensvorschriften ergänzen idR nur das Abkommen.

Der **persönliche Anwendungsbereich** wird im OECD-MA in den Artikeln 1 und 4 geregelt. Nach Art 1 OECD-MA gilt das Abkommen für Personen, die in einem Vertragsstaat oder in beiden Vertragsstaaten ansässig sind. Unter „einer in einem Vertragsstaat ansässigen Person" wird nach Maßgabe von Art 4 Abs 1 OECD-MA eine Person verstanden, die nach dem Recht des anwendenden Staates auf Grund ihres Wohnsitzes, ihres ständigen Aufenthaltes, des Ortes der Geschäftsleitung oder eines anderen ähnlichen Merkmals steuerpflichtig ist.

Im Ergebnis kann somit geschlossen werden, dass ein dem OECD-MA nachgebildetes DBA nur dann anwendbar ist, wenn (zumindest) in einem der beiden Vertragsstaaten unbeschränkte Steuerpflicht besteht.

Der **sachliche Anwendungsbereich** wird in Art 2 OECD-MA festgelegt. Er regelt, für welche Steuerarten das DBA anzuwenden ist. Art 2 Abs 1 OECD-MA ordnet an, dass das Abkommen für Steuern vom Einkommen (ESt, KöSt) und Vermögen (in Österreich wird seit 1.1.1994 keine Vermögenssteuer mehr erhoben; weiterhin unter den sachlichen Anwendungsbereich fallen jedoch ua die Grundsteuer und die Bodenwertabgabe) anzuwenden ist, die für Rechnung eines Vertragsstaates oder seiner Gebietskörperschaft erhoben werden. Wie die Steuern erhoben werden, ist für den sachlichen Anwendungsbereich nicht relevant.

Die **Verteilungsnormen** sind im OECD-MA in den Art 6 bis 21 geregelt. Sie sind nur dann von Bedeutung, wenn das Abkommen in persönlicher und sachlicher Hinsicht anwendbar ist. Die Verteilungsnormen stellen das eigentliche Kernstück jedes Doppelbesteuerungsabkommens dar. Hier wird festgelegt, welche Besteuerungsverzichte die beiden Vertragsstaaten leisten müssen.

Die wichtigsten Verteilungsnormen sind:

- Unternehmensgewinne (Art 7 OECD-MA)
- Dividenden (Art 10 OECD-MA)
- Zinsen (Art 11 OECD-MA)
- Lizenzen (Art 12 OECD-MA)
- Gewinne aus der Veräußerung von Vermögen (Art 13 OECD-MA)
- Unselbständige Arbeit (Art 15 OECD-MA)
- Andere Einkünfte (Art 21 OECD-MA)

Wirkung der Verteilungsnormen

Durch die Verteilungsnormen wird die Doppelbesteuerung jedoch im Regelfall noch nicht vermieden. Die Beschränkung der Besteuerung erfolgt in diesen Fällen erst im so genannten Methodenartikel.

Die Verteilungsnormen

- schränken entweder das Besteuerungsrecht des Quellenstaates ein oder
- schließen das Besteuerungsrecht eines der beiden Vertragsstaaten zur Gänze aus.

Einschränkung des Besteuerungsrechtes

Eine **Beschränkung des Besteuerungsrechtes des Quellenstaates** ist nach Maßgabe des aktuellen OECD-MA bei Dividenden (Art 10) vorgesehen. Ältere DBA sehen zT allerdings auch Beschränkungen des Besteuerungsrechtes für Zinsen (Art 11) und Lizenzgebühren (Art 12) vor. Dabei wird idR normiert, dass der Quellenstaat lediglich bis zu einem bestimmten Prozentsatz besteuern darf. Über die Vermeidung der dann noch verbleibenden Doppelbesteuerung wird im Methodenartikel entschieden.

Beispiel

Gemäß Art 10 Abs 1 DBA Liechtenstein-Österreich dürfen Dividenden, die eine in einem Vertragsstaat ansässige Gesellschaft an eine im anderen Vertragsstaat ansässige Person zahlt, im anderen Staat besteuert werden. Bezieht demnach eine in Österreich ansässige Person Dividenden von einer Liechtensteiner Kapitalgesellschaft, so sind die Dividenden in Österreich zu besteuern. Das Besteuerungsrecht des Fürstentums Liechtenstein wird dadurch aber nicht eingeschränkt. Art 10 Abs 2 DBA Liechtenstein-Österreich ordnet jedoch an, dass die Dividenden in dem Vertragsstaat, in dem die die Dividenden zahlende Gesellschaft ansässig ist, nur einer Steuer im Ausmaß von 15 % des Bruttobetrages der Dividenden unterworfen werden dürfen.

Anzumerken ist zum obigen Beispiel, dass durch die Anwendung der Verteilungsnorm die Doppelbesteuerung nicht ausgeschlossen wird, da sowohl Österreich als auch das Fürstentum Liechtenstein (allerdings beschränkt mit 15 %) die Dividenden besteuern dürfen. Für eine Vermeidung der Doppelbesteuerung ist in diesem Fall der Methodenartikel heranzuziehen.

Gänzlicher Ausschluss des Besteuerungsrechtes

In manchen Fällen können jedoch die Verteilungsnormen das **Besteuerungsrecht** eines Staates bereits **zur Gänze ausschließen**. Dies ist dann der Fall, wenn in der jeweiligen Verteilungsnorm die Rede davon ist, dass bestimmte Einkünfte „nur in diesem Staat besteuert werden dürfen".

Beispiel

Gemäß Art 7 Abs 1 DBA Österreich-Schweiz dürfen Gewinne eines in einem Vertragsstaat ansässigen Unternehmens nur in diesem Staat besteuert werden, es sei denn, das Unternehmen übt seine Tätigkeit im anderen Vertragsstaat durch eine dort gelegene Betriebsstätte aus. Gewinne, die ein in Österreich ansässiges Unternehmen somit aus in Österreich gelegenen Betriebsstätten erzielt, dürfen nur in Österreich besteuert werden. Es bedarf zur Vermeidung der Doppelbesteuerung somit nicht der Anwendung des Methodenartikels.

Zuordnung zu einzelnen Verteilungsnormen

Grundsätzlich müssen alle Einkünfte, die sowohl vom persönlichen als auch vom sachlichen Anwendungsbereich eines DBA erfasst sind, einer Verteilungsnorm zugeordnet werden. Dabei können Einkünfte jeweils nur unter eine Verteilungsnorm – nicht aber unter mehrere – fallen. Kommen mehrere Verteilungsnormen in Betracht, dann ist durch Auslegung der DBA zu klären, welche Verteilungsnorm letztendlich anzuwenden ist. In einigen Fällen geben auch explizite Subsidiaritätsregeln Anhaltspunkte.

Auffangtatbestand

Kommt keine der in Art 6 bis 20 OECD-MA normierten Verteilungsnormen in Betracht, greift der **Auffangtatbestand** in Art 21 OECD-MA, welcher eine ausschließliche Besteuerung im Ansässigkeitsstaat vorsieht. Darunter sind alle Einkünfte zu subsumieren, die in den vorstehenden Artikeln nicht behandelt wurden.

Wie oben ausgeführt, verpflichten sich im Rahmen eines DBA die beteiligten Vertragsstaaten, das ihnen nach nationalem Recht zustehende Besteuerungsrecht einzuschränken, um Doppelbesteuerungen zu vermeiden.

Methodenartikel

Das OECD-MA kennt im Wesentlichen zwei Methoden zur Vermeidung der Doppelbesteuerung, welche im **Methodenartikel** (Art 23 OECD-MA) normiert sind:

- Befreiungsmethode,
- Anrechnungsmethode.

Befreiungsmethode

Bei Anwendung der **Befreiungsmethode** (oder Freistellungsmethode) werden die Einkünfte nur einem der beteiligten Staaten zur alleinigen Besteuerung zugewiesen. Im anderen Staat sind die befreiten ausländischen Einkünfte aus der Steuerbemessungsgrundlage auszuscheiden.

Progressionsvorbehalt

Die Befreiungsmethode ist idR mit einem **Progressionsvorbehalt** verbunden. Demnach darf der Wohnsitzstaat zwar nicht die ausländischen Einkünfte in die Besteuerung einbeziehen, er darf diese aber bei Ermittlung des auf die inländischen Einkünfte anzuwendenden Steuersatzes berücksichtigen, sodass sich bei progressivem Tarifverlauf eine Höherbesteuerung der inländischen Einkünfte ergibt.

Beispiel

Ein österreichischer Unternehmer hat eine Betriebsstätte in Österreich und in Griechenland. Die Gewinne der griechischen Betriebsstätte betragen € 5 Mio. In Österreich werden Gewinne iHv € 1 Mio erwirtschaftet. Aufgrund von Art 7 Abs 1 DBA Griechenland-Österreich dürfen die Gewinne der griechischen Betriebsstätte in Griechenland besteuert werden. Griechenland darf somit € 5 Mio besteuern. Wie hoch die Steuerbelastung in Griechenland tatsächlich ist (dh welcher Steuerprozentsatz zur Anwendung kommt), richtet sich nach griechischem innerstaatlichem Recht. In Österreich ist gemäß Art 23 Abs 1 DBA Griechenland-Österreich die Befreiungsmethode anzuwenden. Die griechischen Einkünfte sind in Österreich von der Steuerbemessungsgrundlage auszuscheiden. Die Steuerbemessungsgrundlage setzt sich somit nur aus den inländischen Einkünften zusammen (€ 1 Mio). Für die Ermittlung des auf die inländischen Einkünfte anzuwendenden Durchschnittssteuersatzes dürfen jedoch gemäß Art 23 Abs 1 DBA Griechenland-Österreich auch die griechischen Einkünfte berücksichtigt werden, dh der Steuersatz wird auf der Grundlage von € 6 Mio ermittelt.

Erzielt ein Steuerpflichtiger im Ausland einen Verlust, so wirkt sich dieser im Jahr der Entstehung durch Minderung der Bemessungsgrundlage des Steuerpflichtigen aus (§ 2 Abs 8 EStG). Entstehen im Ausland positive Einkünfte, die aber wegen eines Verlustausgleiches unberücksichtigt bleiben, erhöht sich die Bemessungsgrundlage im Inland.

Anrechnungsmethode Bei der **Anrechnungsmethode** behält der Wohnsitzstaat das Recht, sämtliche Einkünfte zu besteuern. Es wird somit zunächst ein Steuerbetrag ermittelt, der sich auch ohne Anwendung des DBA so ergeben hätte. Der Betrag der ermittelten inländischen Steuer ist allerdings um die im Ausland (Quellenstaat) tatsächlich entrichtete Steuer zu kürzen.

Die Anrechnung kann jedoch nicht unbeschränkt erfolgen. Sie darf vielmehr den Betrag nicht übersteigen, mit dem die ausländischen Einkünfte anteilsmäßig mit österreichischer Steuer belastet sind. Die Anrechnung kann somit nicht höher als die österreichische Durchschnittssteuerbelastung sein. Ist der im Ausland angewandte Steuersatz höher als die österreichische Durchschnittssteuerbelastung, können nicht die gesamten im Ausland entrichteten Steuern angerechnet werden.

Zu beachten ist, dass die Anrechnungsmethode zur Vermeidung der Doppelbesteuerung bei Dividenden, Zinsen und Lizenzen auch bei DBA angewandt wird, welche grundsätzlich die Befreiungsmethode zur Vermeidung der Doppelbesteuerung vorsehen.

Vergleich der beiden Methoden Die **Befreiungsmethode** ist für den Steuerpflichtigen grundsätzlich **günstiger als** die **Anrechnungsmethode**. Die Anrechnungsmethode führt nämlich bei einem niedrigeren Steuerniveau des Quellenstaates zu einer Hinaufschleusung der Gesamtsteuerbelastung auf das höhere Niveau des Wohnsitzstaates. Demgegenüber bleibt bei Anwendung der Befreiungsmethode die Steuereinsparung durch einen niedrigeren Steuersatz des Quellenstaates voll erhalten.

Die von **Österreich abgeschlossenen DBA** sehen in der Mehrzahl die Befreiungsmethode vor (teilweise auch nur einseitig auf österreichischer Seite). Die reine Anrechnungsmethode findet sich in den Abkommen mit angelsächsischen Ländern (Großbritannien, Irland, USA, Kanada) sowie ua in den Abkommen mit Schweden, Italien und Japan.

Österreichische Abkommenspraxis

Zurzeit hat Österreich mit etwa 90 Staaten[73] Doppelbesteuerungsabkommen auf dem Gebiet der Ertragsteuern und etwa 10 Erbschaftssteuerabkommen abgeschlossen.

Am 7. Juni 2017 hat Österreich gemeinsam mit 68 anderen Staaten das „Mehrseitige Übereinkommen zur Umsetzung steuerabkommensbezogener Maßnahmen zur Verhinderung der Gewinnverkürzung und Gewinnverlagerung" (**MLI**) unterzeichnet. Mit diesem Übereinkommen werden Ziele des **BEPS**-Aktionsplans der OECD umgesetzt. Der BEPS-Aktionsplan verfolgt das Ziel, dass Gewinne dort besteuert werden sollen, wo die wirtschaftliche Tätigkeit und Wertschöpfung stattfindet. Folgende Punkte des BEPS-Aktionsplans werden durch das MLI umgesetzt:

- Probleme aufgrund hybrider Gestaltungen (doppelte Nichtbesteuerung) vermeiden
- Abkommensmissbrauch vermeiden
- Umgehung des Betriebsstättenstatus vermeiden
- Streitbeilegung verbessern

Das MLI ist neben die bestehenden Doppelbesteuerungsabkommen (DBA) getreten und modifiziert die zugrundeliegenden DBA. Einerseits beinhaltet das MLI Bestimmungen, die den BEPS-Mindeststandard darstellen und verpflichtend in die Doppelbesteuerungsabkommen aufzunehmen sind. Andererseits enthält das MLI optionale und alternative Bestimmungen, die freiwillig in die Doppelbesteuerungsabkommen aufgenommen werden können. Das MLI kann ein Doppelbesteuerungsabkommen aber nur insoweit modifizieren, als Vorbehalte und Notifikationen der Republik Österreich mit jenen des DBA-Partners übereinstimmen.

6.2.2.2. Unilaterale Maßnahmen zur Vermeidung der Doppelbesteuerung

Das weltweit bestehende Netz an DBA ist nicht so dicht, dass bei allen grenzüberschreitenden Beziehungen eine Doppelbesteuerung tatsächlich vermieden werden kann. Somit haben viele Staaten nationale Normen geschaffen, um auch in diesen Fällen eine Doppelbesteuerung zu vermeiden. Es handelt sich hier um einseitige (unilaterale) Maßnahmen, die in folgenden Fällen von **Bedeutung** sind:

Bedeutung

---

73 https://www.bmf.gv.at/themen/steuern/internationales-steuerrecht/doppelbesteuerungsabkommen/dba-liste.html (Abgerufen am 28.12.2021).

- Es gibt kein DBA,
- ein bestehendes DBA ist nicht anwendbar (weil zB die persönlichen oder sachlichen Anwendungsvoraussetzungen nicht erfüllt sind),
- trotz eines bestehenden DBA kann die Doppelbesteuerung nicht vermieden werden (weil etwa einzelne Vorschriften des DBA in beiden Staaten unterschiedlich ausgelegt werden).

Unilaterale Maßnahmen in Österreich

Auch der österreichische Gesetzgeber hat die Notwendigkeit der Normierung unilateraler Maßnahmen zur Vermeidung der Doppelbesteuerung in den oa Fallkonstellationen erkannt. Rechtsgrundlage für unilaterale Maßnahmen bietet in Österreich **§ 48 BAO**.

§ 48 BAO

Gemäß § 48 Abs 5 BAO kann das Bundesministerium für Finanzen bei Abgabepflichtigen, die der Abgabenhoheit mehrerer Staaten unterliegen, anordnen, bestimmte Gegenstände der Abgabenerhebung ganz oder teilweise aus der Abgabenpflicht auszuscheiden (Befreiungsmethode) oder die im Ausland auf solche Gegenstände erhobene Steuer ganz oder teilweise auf die inländischen Abgaben anzurechnen (Anrechnungsmethode).

Ein **(einseitiger) Steuerverzicht** nach Maßgabe von § 48 Abs 5 BAO ist hinsichtlich aller Bundesabgaben iSd BAO zulässig.

Ermessensnorm

Die Erlassung von auf § 48 Abs 5 BAO gestützten Bescheiden liegt im **Ermessen des Bundesministeriums für Finanzen**. Sind jedoch die Tatbestandsvoraussetzungen des § 48 Abs 5 BAO erfüllt, besteht ein Rechtsanspruch des Steuerpflichtigen auf Erlassung eines begünstigenden Bescheides. Lediglich in der Methode der getroffenen Steuerentlastung (Befreiungs- oder Anrechnungsmethode) besteht sodann ein Ermessensspielraum (idR richtet sich die Ermessensausübung allerdings nach der österreichischen Abkommensrechtspraxis).

Tatbestandsvoraussetzungen

Die **Tatbestandsvoraussetzungen** für die Erlassung eines auf § 48 Abs 5 BAO gestützten Bescheides sind:

- Erzielung einer den Grundsätzen der Gegenseitigkeit entsprechenden Behandlung (bspw wenn bestimmte steuerliche Erleichterungen im grenzüberschreitenden Wirtschaftsverkehr international üblich geworden sind, wie zB die Steuerbefreiung für Repräsentanzen ausländischer Luftfahrtunternehmen für Gewinne aus dem internationalen Luftverkehr);
- Ausgleichung der in- und ausländischen Besteuerung (setzt eine tatsächliche ausländische Besteuerung voraus).

Verfahrensfragen

Maßnahmen nach § 48 Abs 5 BAO sind antragsgebunden und werden durch **Bescheid** des Bundesministeriums für Finanzen erteilt. Vereinzelt können jedoch auch Maßnahmen nach § 48 BAO durch **Verordnung** getroffen werden (zB Hilfsgüterverordnung).

Verordnung zur Vermeidung der Doppelbesteuerung

Das Bundesministerium für Finanzen hat eine auf § 48 BAO gestützte **Verordnung zur Vermeidung der Doppelbesteuerung** (BGBl II Nr 474/2002) erlassen, die es ermöglicht, die Vermeidung der Doppelbesteuerung durch die Steuerpflichtigen in ihrer Steuererklärung (Einkommensteuer oder Körperschaftsteuer) zu beanspruchen. Ist die Verordnung anwendbar, sind die Auslandseinkünfte in Österreich steuerfrei, wenn die durchschnittliche ausländische Steuerbelastung über 15 % liegt, wobei diese Auslandseinkünfte in Österreich zum Progressionsvorbehalt herangezogen werden. Das bedeutet, dass Österreich diese Einkünfte bei der Ermittlung des Steuersatzes hinzurechnet, der dann auf die in Österreich steuerpflichtigen Einkünfte angewendet wird. Die Einkünfte erhöhen somit den in Österreich anzuwendenden Steuersatz, ohne jedoch selbst in Österreich besteuert zu werden. Beträgt die durchschnittliche ausländische Steuerbelastung 15 % oder weniger, so wird die Auslandssteuer auf die österreichische Einkommen- oder Körperschaftsteuer angerechnet, wobei eine länderweise Begrenzung des anrechenbaren Höchstbetrages zur Anwendung kommt („per country limitation").

6.2.3. Territorialitätsprinzip – Bestimmungslandprinzip – EU-Binnenmarkt

Territorialitätsprinzip

Die Umsatzsteuer vollzieht die Abgrenzung von steuerbaren zu nicht steuerbaren Umsätzen nach dem Steuerobjekt (Objektsteuer): Steuerbar sind nach dem **Territorialitätsprinzip** grundsätzlich nur Umsätze, die im Inland ausgeführt werden, unabhängig davon, ob sie von einem inländischen oder einem ausländischen Unternehmer ausgeführt werden. Auslandsumsätze sind hingegen generell nicht steuerbar.

Bestimmungslandprinzip

Unabhängig davon ist die Frage der umsatzsteuerlichen Behandlung von Waren und Dienstleistungen, die grenzüberschreitend gehandelt werden, zu beurteilen: Grenzüberschreitend gehandelte Waren und Dienstleistungen werden grundsätzlich mit der Umsatzsteuer jenes Staates belastet, für das sie bestimmt sind und in dem sie daher verbraucht werden (**Bestimmungslandprinzip**).

Grenzausgleich

Um das Bestimmungslandprinzip im Warenverkehr erfolgreich durchzusetzen, bedarf es eines **Grenzausgleiches**. Dies erfolgt im Wesentlichen dadurch, dass exportierte Waren durch Gewährung einer echten Steuerbefreiung (mit Vorsteuerabzug) von der inländischen Umsatzsteuer (Steuerbefreiung für Ausfuhrlieferungen § 7 UStG) entlastet werden. **Steuerfreie Ausfuhrlieferungen** liegen vor, wenn ein Unternehmer einen Gegenstand der Lieferung in das Drittlandsgebiet befördert oder versendet (in diesem Fall ist ein ausländischer Abnehmer nicht erforderlich) oder der Unternehmer das Umsatzgeschäft mit einem ausländischen Abnehmer (kein Wohnsitz oder Sitz im Inland) abgeschlossen hat und dieser den Gegenstand der Lieferung in das Drittland befördert oder versendet. Über die erfolgte Ausfuhr ist ein Ausfuhrnachweis zu erbringen; im Übrigen müssen die genannten Voraussetzungen buchmäßig nachgewiesen (dh leicht prüfbar dokumentiert) werden.

Einfuhrumsatzsteuer

Aus dem Drittlandsgebiet (Staaten, die nicht der EU angehören) importierte Gegenstände werden dagegen nach § 1 Abs 1 Z 3 UStG mit einer **Einfuhrumsatzsteuer** belastet. Bemessungsgrundlage für die Einfuhrumsatzsteuer bildet nach § 5 UStG grundsätzlich der Zollwert des eingeführten Gegenstandes. Dazu gehören üblicherweise neben dem Kaufpreis auch der auf die Ware entfallende Zoll und sonstige Eingangsabgaben, Beförderungs- oder Versicherungskosten bis zum ersten Bestimmungsort im Gemeinschaftsgebiet sowie die Kommissions- und Verpackungskosten. Im Fall des Veredelungsverkehrs (Ausbesserung oder Bearbeitung von Gegenständen im Drittland) ist das Entgelt für die im Ausland durchgeführte Verbesserung oder Veredelung oder die Wertsteigerung die Bemessungsgrundlage für die Einfuhr.

EU-Binnenmarkt

Im **EU-Binnenmarkt** ist ebenfalls grundsätzlich das Bestimmungslandprinzip vorgesehen. Innergemeinschaftliche Lieferungen (als äquivalent zu den steuerfreien Ausfuhrlieferungen) sind im Ursprungsland von der Besteuerung befreit und unterliegen der Besteuerung von innergemeinschaftlichen Erwerben an Stelle der Einfuhrumsatzsteuer im Bestimmungsland, wenn der Erwerb durch einen Unternehmer erfolgt. Nur in Ausnahmefällen ist das Ursprungslandprinzip verwirklicht (so zB im privaten Reiseverkehr). Werden Gegenstände im Versandhandel aus einem anderen Mitgliedstaat an Privatpersonen in Österreich geliefert und vom Lieferer ein Schwellenwert von € 10.000 pro Jahr überstiegen, wird auch bei diesen Verkäufen das Bestimmungslandprinzip umgesetzt und es ist österreichische Umsatzsteuer zu entrichten. Das Bestimmungslandprinzip gilt (unabhängig von Wertgrenzen) auch für die Lieferung neuer Fahrzeuge an Privatpersonen.

Innergemeinschaftliche Lieferung

Eine **innergemeinschaftliche Lieferung** liegt im Wesentlichen dann vor, wenn ein Gegenstand aus dem Inland in das übrige Gemeinschaftsgebiet gelangt. Der Abnehmer ist Unternehmer oder eine juristische Person ohne Unternehmereigenschaft. Der innergemeinschaftliche Erwerb ist unter diesen Voraussetzungen im Exportland steuerfrei, wenn eine Steuerbarkeit des innergemeinschaftlichen Erwerbs im anderen Mitliedstaat gewährleistet ist.

Innergemeinschaftlicher Erwerb

Der **innergemeinschaftliche Erwerb** ist ein zusätzlicher Umsatzsteuertatbestand, der dadurch gekennzeichnet ist, dass ein Gegenstand bei einer Lieferung aus dem Gebiet eines Mitgliedstaates in das Gebiet eines anderen Mitgliedstaates der EU gelangt, wobei der Lieferant ein Unternehmer (kein Kleinunternehmer) ist und der Abnehmer entweder ein anderer Unternehmer oder eine juristische Person ist, ausgenommen Schwellenerwerber, die unter der Erwerbsschwelle liegen.

6.2.4. Abwicklung der Mehrwertsteuer

Allgemeines

Der Umsatzsteuer unterliegen nicht nur Lieferungen und sonstige Leistungen inländischer Unternehmer, sondern auch Lieferungen und sonstige Leistungen ausländischer Unternehmer, welche aufgrund der allgemeinen Voraussetzungen im Inland erbracht werden.

Für die umsatzsteuerlichen Belange ausländischer Unternehmer, welche im Inland weder über eine Betriebsstätte verfügen noch Umsätze aus der Nutzung von im Inland gelegenem Grundbesitz erzielen, ist das Finanzamt Österreich (Dienststelle Graz-Stadt) zuständig.

Für Lieferungen und sonstige Leistungen, welche ausländische Unternehmer im Inland erbringen, sind jedoch folgende Besonderheiten zu beachten:

Besonderheiten für ausländische Unternehmer

- Übergang der Steuerschuld (reverse charge)
- Abfuhrverpflichtung und Haftung des inländischen Leistungsempfängers (§ 27 Abs 4 UStG)
- Vorsteuerrückerstattungsverfahren für ausländische Unternehmer
- Leistungsort für elektronisch erbrachte sonstige Dienstleistungen, Telekommunikations-, Rundfunk- und Fernsehdienstleistungen sowie One-Stop-Shop (MOSS)
    - Unternehmer, die nur gelegentlich Telekom-, Rundfunk- oder elektronische Dienstleistungen an Nichtunternehmer in anderen Mitgliedstaaten erbringen. Diese bleiben am Unternehmerort steuerbar.
    - Die Regelung gilt auch für Versandhandelslieferungen und Leistungen in anderen Mitgliedstaaten bis zu einem Gesamtumsatz von insgesamt € 10.000 gelten. Bei Überschreiten dieser Grenze ist weiterhin am Sitz des Leistungsempfängers zu versteuern.

Erbringt ein ausländischer Unternehmer (der im Inland weder Wohnsitz, gewöhnlichen Aufenthalt noch eine Betriebsstätte hat) eine sonstige Leistung oder eine Werklieferung an einen Unternehmer oder eine juristische Person des öffentlichen Rechts, so wird die Umsatzsteuer für diese sonstige Leistung nicht vom leistenden Unternehmer, sondern vom Leistungsempfänger geschuldet (reverse charge). Zu beachten ist, dass der leistende Unternehmer auf Grund des **Übergangs der Steuerschuld** seine Leistung nur ohne gesonderten Ausweis der Umsatzsteuer in Rechnung stellen darf.

Reverse charge

Der inländische Leistungsempfänger hat die Umsatzsteuer selbst zu ermitteln, kann diese Steuer jedoch nach Maßgabe der allgemeinen Voraussetzungen wie eine in Rechnung gestellte Umsatzsteuer im selben Voranmeldungszeitraum als Vorsteuer abziehen, sodass **kein Finanzierungsnachteil** erwächst.

Erbringt ein Unternehmer, der im Inland weder einen Wohnsitz (Sitz) noch einen gewöhnlichen Aufenthalt oder eine Betriebsstätte hat, eine im Inland umsatzsteuerpflichtige Leistung und kommt das Reverse-charge-System nicht zur Anwendung, ist der Leistungsempfänger (wenn er ein Unternehmer oder eine Körperschaft des öffentlichen Rechts ist) zur **Einbehaltung der USt** verpflichtet (§ 27 Abs 4 UStG). Der inländische Unternehmer muss die einbehaltene USt im Namen und für Rechnung des ausländischen Unternehmers an das zuständige Finanzamt (idR Finanzamt Österreich, Dienststelle Graz-Stadt) abführen. Kommt der inländische Unternehmer dieser Verpflichtung nicht nach, haftet er für einen etwaigen Steuerausfall.

§ 27 Abs 4 UStG

Vorsteuerrückerstattungsverfahren für EU-Unternehmer

Ausländische Unternehmer, welche in Österreich weder Sitz noch eine Betriebsstätte haben, erhalten für in Österreich bezogene Leistungen auch dann die Vorsteuer **rückerstattet**, wenn sie selbst in Österreich keine Umsätze tätigen.

Für Unternehmer aus dem übrigen EU-Gemeinschaftsgebiet erfolgt ein elektronisches Vorsteuerrückerstattungsverfahren, welches über ein Portal im Sitzstaat durchgeführt wird.

Vorsteuerrückerstattungsverfahren für Drittlandsunternehmer

Das Verfahren der Vorsteuerrückerstattung **für Drittlandsunternehmer** ist in der 13. MwStSyst-RL geregelt und wird weiterhin schriftlich durch den Staat der Rückerstattung durchgeführt. Der Drittlandsunternehmer hat beim **Finanzamt Österreich (Dienststelle Graz-Stadt)** innerhalb einer Frist von sechs Monaten nach Ablauf des Kalenderjahres, in dem der Erstattungsanspruch entstanden ist, einen Antrag (mittels eines amtlichen Vordrucks) auf Erstattung der Vorsteuer einzubringen. Für die Lieferung von Kraftstoffen kann keine Erstattung der Vorsteuern beantragt werden. Die Eigenschaft als „ausländischer Unternehmer" ist dem Finanzamt Österreich (Dienststelle Graz-Stadt) gegenüber durch Vorlage einer behördlichen Bescheinigung des Ansässigkeitsstaates nachzuweisen.

Der Drittlandsunternehmer muss den Erstattungsbetrag selbst berechnen und die Originalrechnungen seinem Antrag beilegen. Über den Erstattungsantrag wird bescheidmäßig abgesprochen.

Erstattungszeitraum

Der Erstattungszeitraum muss mindestens drei Monate betragen, darf aber ein Kalenderjahr nicht überschreiten. Ein Erstattungszeitraum von weniger als drei Monaten ist nur dann zulässig, wenn das restliche Kalenderjahr kürzer ist.

Erstattungsbetrag

Der Erstattungsbetrag muss mindestens € 400 betragen. Eine Ausnahme ergibt sich, wenn der Erstattungszeitraum das Kalenderjahr ist oder der letzte Zeitraum eines Kalenderjahres. In diesen Fällen muss der Erstattungsbetrag zumindest € 50 betragen.

A) Wiederholungsfragen

1) Was ist unter „Steuergefälle" im internationalen Steuerrecht zu verstehen?
2) Welche Merkmale weisen Steueroasen typischerweise auf?
3) An welche Merkmale knüpft in Österreich die unbeschränkte Steuerpflicht an?
4) Was ist unter „Welteinkommensprinzip", was unter „Territorialitätsprinzip" zu verstehen?
5) Welche Maßnahmen zur Vermeidung der Doppelbesteuerung existieren?
6) Was ist ein Doppelbesteuerungsabkommen?
7) Wie sind Doppelbesteuerungsabkommen üblicherweise aufgebaut?
8) Welche Funktion haben Verteilungsnormen und Methodenartikel?
9) Wie unterscheiden sich Befreiungs- und Anrechnungsmethode?
10) Was ist unter „Progressionsvorbehalt" zu verstehen?
11) Welche unilateralen Maßnahmen sind im österreichischen Steuerrecht zur Vermeidung von Doppelbesteuerung vorgesehen?

12) Wie unterscheiden sich „Territorialitäts-" und „Bestimmungslandprinzip" voneinander?

13) Was ist unter „Reverse charge" zu verstehen?

14) Wann muss Einfuhrumsatzsteuer bezahlt werden, wann ist ein innergemeinschaftlicher Erwerb zu versteuern?

B) Richtig/Falsch-Fragen

1) In Österreich existieren nahezu keine wesentlichen lokalen Besteuerungsunterschiede.

2) Für Industriestaaten sind hohe Ertragsteuersätze charakteristisch. Dafür bieten Industriestaaten im Vergleich zu Entwicklungsländern höhere Rechtssicherheit.

3) Typische Merkmale von Steueroasen sind die geringe Steuerpflicht, die fehlende Transparenz und der umfassende Informationsaustausch in steuerlichen Angelegenheiten mit anderen Staaten.

4) Jemand, der in Österreich zwar keinen Wohnsitz oder gewöhnlichen Aufenthalt hat, kann dennoch aufgrund seiner österreichischen Staatsbürgerschaft in Österreich unbeschränkt steuerpflichtig sein.

5) Wer in Österreich unbeschränkt steuerpflichtig ist, unterliegt mit seinem Welteinkommen in Österreich der Besteuerung. Das bedeutet, dass auch im Ausland erzielte Einkünfte grundsätzlich in Österreich der Besteuerung unterliegen.

6) Die Beseitigung von Doppelbesteuerungen kann entweder mittels Doppelbesteuerungsabkommen oder mittels unilateraler Maßnahmen erfolgen. Im österreichischen Steuerrecht sind keine unilateralen Maßnahmen vorgesehen.

7) Das OECD-MA bildet die Grundlage vieler Doppelbesteuerungsabkommen. Dennoch wird oft in einzelnen Punkten vom Musterabkommen abgewichen, um beispielsweise wirtschaftspolitische Interessen zu berücksichtigen.

8) In den Verteilungsnormen der Doppelbesteuerungsabkommen wird festgelegt, welche Besteuerungsverzichte die Vertragsstaaten leisten müssen. Die Verteilungsnormen schränken stets das Besteuerungsrecht des Ansässigkeitsstaates ein.

9) Im Methodenartikel werden im Wesentlichen die Anrechnungs- oder die Befreiungsmethode zur Vermeidung der Doppelbesteuerung angeführt, wobei grundsätzlich für den Steuerpflichtigen die Anrechnungsmethode günstiger ist als die Befreiungsmethode.

10) Unilaterale Maßnahmen kommen dann zur Anwendung, wenn entweder kein DBA existiert, ein bestehendes DBA nicht anwendbar ist oder die Doppelbesteuerung trotz eines bestehenden DBAs nicht vermieden werden kann.

11) Unabhängig davon, ob Umsätze von einem inländischen oder einem ausländischen Unternehmer ausgeführt werden, sind Umsätze, die im Inland ausgeführt werden, nach dem Territorialitätsprinzip steuerbar.

12) Steuerfreie Ausfuhrlieferungen liegen vor, wenn ein Unternehmer einen Gegenstand der Lieferung in das Drittlandsgebiet befördert oder versendet. Unter Drittland wird jeder ausländische Staat verstanden, der zur Europäischen Union gehört.

13) Eine innergemeinschaftliche Lieferung liegt im Wesentlichen dann vor, wenn ein Gegenstand aus dem Inland in das übrige Gemeinschaftsgebiet gelangt. Der innergemeinschaftliche Erwerb ist unabhängig von der Steuerbarkeit des innergemeinschaftlichen Erwerbs im anderen Mitgliedstaat im Exportland steuerfrei.

14) Als „reverse charge" wird der Übergang der Steuerschuld vom Leistungserbringer auf den Leistungsempfänger bezeichnet.

Lösungen S 147f

Lösungen

Kapitel 1

1) Richtig
2) Falsch (Lösung: Im Gegensatz zu **Beiträgen** werden **Gebühren** nur bei tatsächlicher Nutzung der öffentlichen Leistungen erhoben.)
3) Richtig
4) Falsch (Lösung: Wenn Steuerzahler und **Steuerträger** ident sind, wird von direkten Steuern gesprochen.)
5) Falsch (Lösung: Bei indirekten Steuern wird der **Steuerträger** bloß mittelbar erfasst, da der Steuerzahler die Steuerbelastung auf den Steuerträger überwälzen kann.)
6) Richtig
7) Falsch (Lösung: Die (monatlichen) Vorauszahlungen der Umsatzsteuer stellen eine **Selbstbemessungssteuer** dar.)
8) Falsch (Lösung: Gemeinschaftliche Bundesabgaben werden durch den Bund erhoben, der Ertrag fließt jedoch dem Bund, den Ländern und den Gemeinden zu. **Energieabgaben zählen zu den ausschließlichen Bundesabgaben.**)
9) Richtig
10) Falsch (Lösung: Führt ein Arbeitgeber für seine Arbeitnehmer Lohnsteuer ab, so wird er zum **Steuerzahler**, die einzelnen Arbeitnehmer werden jedoch durch den Lohnsteuerabzug wirtschaftlich belastet und deshalb als Steuerträger bezeichnet.)
11) Falsch (Lösung: **Freibeträge** mindern die Bemessungsgrundlage, bei Anwendung einer **Freigrenze** bleibt die Bemessungsgrundlage nur bis zu einem in den Steuergesetzen festgelegten Betrag steuerfrei.)
12) Richtig
13) Falsch (Lösung: Wird eine Steuererklärung nicht rechtzeitig eingereicht, kann ein **Verspätungszuschlag** von bis zu 10 % der festgesetzten Abgabe auferlegt werden.)
14) Richtig
15) Richtig
16) Falsch (Lösung: Wenn eine Abgabe nicht spätestens am Fälligkeitstag entrichtet wird, **sind die Behörden dazu verpflichtet**, Säumniszuschläge festzusetzen.)
17) Richtig
18) Richtig

Kapitel 2

B1) Einkommensteuer

1) Richtig
2) Falsch (Lösung: Einkommensteuerpflichtig sind **nur natürliche Personen.**)
3) Falsch (Lösung: Natürliche Personen mit einer Wohnung in Österreich sind nur dann von der unbeschränkten Steuerpflicht ausgenommen, wenn sich deren Mittelpunkt der Lebensinteressen länger als fünf Jahre im Ausland befindet und die inländische Wohnung im betreffenden Jahr weniger als 70 Tage benützt wird.)
4) Richtig
5) Richtig
6) Falsch (Lösung: Bei den **betrieblichen Einkunftsarten** ist der „Gewinn" zu ermitteln, bei den **außerbetrieblichen Einkunftsarten** ist der „Überschuss der Einnahmen über die Werbungskosten" anzusetzen.)
7) Richtig
8) Richtig
9) Falsch (Lösung: Veräußerungen aus dem Privatvermögen sind – soweit es sich nicht um Kapitalvermögen oder Grundvermögen handelt – grundsätzlich nur innerhalb der Spekulationsfrist steuerpflichtig. Von § 24 EStG werden nur die Veräußerung und die Aufgabe von Betrieben, Teilbetrieben oder Mitunternehmeranteilen erfasst.)
10) Richtig
11) Richtig
12) Richtig
13) Richtig

B2) Körperschaftsteuer

14) Falsch (Lösung: Eine Körperschaft stellt ein eigenes Steuersubjekt dar und wird somit getrennt von ihren Gesellschaftern besteuert. Dies wird als **Trennungsprinzip** bezeichnet.)
15) Richtig
16) Richtig
17) Richtig
18) Falsch (Lösung: Die Voraussetzung einer finanziellen Verbindung zur Bildung einer Unternehmensgruppe gilt ab einer Beteiligung von **mehr als 50 %** am Nennkapital und an den Stimmrechten am Gruppenmitglied als erfüllt.)
19) Falsch (Lösung: Die effektive Belastung von an natürliche Personen ausgeschütteten Gewinnen einer Kapitalgesellschaft beträgt **45,625 %**, welche sich aus der 25%igen Körperschaftsteuer und der 27,5%igen Kapitalertragsteuer [**bemessen von den verbleibenden 75 %**] für die Dividenden zusammensetzen.)

B3) Umsatzsteuer

20) Richtig
21) Richtig
22) Falsch (Lösung: Umsatzsteuerbefreiungen mit Vorsteuerabzug bewirken eine Umsetzung der Ware ohne Umsatzsteuerbelastung und werden als **echte** Steuerbefreiungen bezeichnet.)
23) Richtig
24) Falsch (Lösung: Ein Unternehmer iSd Umsatzsteuergesetzes kann zwar mehrere **Betriebe**, jedoch nur ein **Unternehmen** haben.)
25) Richtig
26) Falsch (Lösung: Die Umsatzsteuer ist eine Selbstbemessungsabgabe und muss **jeden Kalendermonat** (ausgenommen bei Jahresumsätzen bis € 100.000 vierteljährlich) an das zuständige Finanzamt abgeführt werden. Dennoch ist für jedes Kalenderjahr eine Jahresumsatzsteuererklärung abzugeben.)

B4) Kommunalsteuer/DB/DZ

27) Falsch (Lösung: Bemessungsgrundlage der Kommunalsteuer stellt im Wesentlichen die Summe der in einem Kalendermonat an die Dienstnehmer einer im Inland gelegenen Betriebsstätte des Unternehmens gewährten Arbeitslöhne dar, **inklusive der sonstigen Bezüge gem § 67 EStG [jedoch ohne Abfertigungen]**.)
28) Richtig

B5) Verkehrsteuern

29) Richtig
30) Falsch (Lösung: Zum Grundstück im Sinne des Grunderwerbsteuergesetzes zählen auch Gebäude und der Zuwachs, **nicht hingegen** Maschinen und sonstige Vorrichtungen, die zu einer Betriebsanlage gehören.)
31) Falsch (Lösung: Die Grunderwerbsteuer beträgt im Allgemeinen 3,5%)
31) Für unentgeltliche Erwerbe existiert ein begünstigter Stufentarif (0,5 %; 2 % sowie 3,5 %).

Kapitel 3

1) Richtig
2) Richtig
3) Falsch (Lösung: Ertragsteuern führen **grundsätzlich nicht** zu einer Erhöhung des Kapitalzinsfußes.)

Kapitel 4

1) Richtig
2) Falsch (Lösung: Unter Betriebsvermögensvergleich wird der Unterschiedsbetrag zwischen dem Betriebsvermögen am Schluss des Wirtschaftsjahres und dem Betriebsvermögen am Schluss des vorangegangenen Wirtschaftsjahres verstanden. **Unter Betriebsvermögen wird die Summe der einem Betrieb zuzuordnenden und somit in die Bilanz aufzunehmenden Wirtschaftsgüter verstanden.**)
3) Falsch (Lösung: Ausgangsbasis der Gewinnermittlung gem **§ 5 Abs 1 EStG** bildet die nach den Vorschriften des UGB erstellte Unternehmensbilanz. Zur Überleitung vom unternehmensrechtlichen auf den steuerlichen Gewinn wird die Mehr-Weniger-Rechnung herangezogen.)
4) Falsch (Lösung: Seit dem 1. StabG 2012 sind Wertänderungen von Grund und Boden des Anlagevermögens auch bei Gewinnermittlung gem § 4 Abs 1 EStG erfasst.)
5) Richtig
6) Richtig
7) Falsch (Lösung: Zu den steuerlichen Herstellungskosten gehören Fertigungsmaterial, Fertigungslöhne, Sonderkosten der Fertigung, Fertigungsgemeinkosten, **nicht jedoch Verwaltungs- und Vertriebskosten.**)
8) Falsch (Lösung: Unter **„gemeinem Wert"** wird jener Preis verstanden, der im gewöhnlichen Geschäftsverkehr nach der Beschaffenheit des Wirtschaftsgutes zu erzielen wäre.)
9) Richtig
10) Richtig
11) Falsch (Lösung: Werden aus einer Beteiligungsveräußerung stille Reserven aufgedeckt, ist eine Rücklagenübertragung auf andere unkörperliche Wirtschaftsgüter wie beispielsweise Mietrechte zulässig, nicht hingegen die Übertragung auf andere Beteiligungen [etwa Aktien oder GmbH-Anteile].)
12) Falsch (Lösung: Das „Maßgeblichkeitsprinzip" besagt, dass die unternehmensrechtlichen Grundsätze ordnungsmäßiger Buchführung bei der Gewinnermittlung für steuerliche Zwecke maßgebend sind, außer zwingende steuerrechtliche Vorschriften treffen abweichende Regelungen.)
13) Richtig
14) Falsch (Lösung: Im Zuge des Verlustausgleichs werden negative mit positiven Einkünften ausgeglichen. Dabei ist zuerst der innerbetriebliche, dann der **horizontale** und zuletzt der **vertikale** Verlustausgleich vorzunehmen.)
15) Richtig
16) Falsch

Kapitel 5

1) Richtig
2) Falsch (Lösung: Als Einzelunternehmen wird ein Betrieb bezeichnet, dessen Alleininhaber eine natürliche Person ist.)
3) Richtig
4) Richtig
5) Richtig
6) Richtig
7) Richtig

Kapitel 6

1) Richtig
2) Richtig
3) Falsch (Lösung: Typische Merkmale von Steueroasen sind die geringe Steuerpflicht, die fehlende Transparenz und **das Fehlen eines effektiven Informationsaustausches** in steuerlichen Angelegenheiten mit anderen Staaten.)
4) Falsch (Lösung: Jemand, der in Österreich keinen Wohnsitz oder gewöhnlichen Aufenthalt hat, kann **nicht** bloß aufgrund seiner österreichischen Staatsbürgerschaft in Österreich unbeschränkt steuerpflichtig sein.)
5) Richtig
6) Falsch (Lösung: Die Beseitigung von Doppelbesteuerungen kann entweder mittels Doppelbesteuerungsabkommen oder mittels unilateraler Maßnahmen erfolgen. **Rechtsgrundlage für unilaterale Maßnahmen bildet in Österreich § 48 BAO.**)
7) Richtig
8) Falsch (Lösung: In den Verteilungsnormen der Doppelbesteuerungsabkommen wird festgelegt, welche Besteuerungsverzichte die Vertragsstaaten leisten müssen. **Die Verteilungsnormen schränken entweder das Besteuerungsrecht des Quellenstaates ein oder schließen das Besteuerungsrecht eines der beiden Vertragsstaaten zur Gänze aus.**)
9) Falsch (Lösung: Im Methodenartikel werden im Wesentlichen die Anrechnungs- oder die Befreiungsmethode zur Vermeidung der Doppelbesteuerung angeführt, wobei grundsätzlich für den Steuerpflichtigen die **Befreiungsmethode** günstiger ist als die Anrechnungsmethode.)
10) Richtig
11) Richtig
12) Falsch (Lösung: Steuerfreie Ausfuhrlieferungen liegen vor, wenn ein Unternehmer einen Gegenstand der Lieferung in das Drittlandsgebiet befördert oder versendet. Unter Drittland wird jeder ausländische Staat verstanden, der **nicht** zur Europäischen Union gehört.)

13) Falsch (Lösung: Eine innergemeinschaftliche Lieferung liegt im Wesentlichen dann vor, wenn ein Gegenstand aus dem Inland in das übrige Gemeinschaftsgebiet gelangt. **Der innergemeinschaftliche Erwerb ist unter Einhaltung der Voraussetzungen im Exportland steuerfrei, wenn eine Steuerbarkeit des innergemeinschaftlichen Erwerbs im anderen Mitgliedstaat gewährleistet ist.**)

14) Richtig

Stichwortverzeichnis